한국어로 내려온
New Bible

새로운
성 경

제57권

4부 | 총10부

하얀마음

하나님 말씀 중에서

1. 사랑의 하나님

- 세상을 창조하신 하나님은 모두를 사랑하신다. 인간만 특별히 더 사랑하지 않고, 우주 만물을 다 똑같이 사랑하신다. 그러니 하나님이 창조하신 천지 만물과 화친하고, 미물까지도 소중히 대하라.

- 하나님은 특정 종파나 민족만을 더 사랑하지 않으신다. 자기 자신만 구원받겠다는 욕심을 버리고, 자기 종파만 구원받는다는 편협한 교리에서 벗어나야 한다. 종파를 초월해서, 모두를 사랑하라.

- 원수까지 사랑하라 했으니, 이 세상에 사랑하지 못할 자가 누가 있겠는가? 종파가 다르다고 해서 부모 형제와 원수처럼 지내는 자는 인간의 근본을 모르는 자다. 가장 가까운 가족부터 사랑할 때 남도 진심으로 사랑할 수 있다.

- 한 사람을 원수같이 생각하던 마음에서 사랑하는 마음으로 돌리면, 자기 자신의 마음이 가장 기쁘고 행복하다. 하나님께서는 인간의 마음속에 무거움이 없이 기쁘고 행복한 삶을 살기를 바라신다.

- 이웃을 "내 몸처럼" 사랑하라 했으니, 마지막 한 장 남은 천국의 티켓도 이웃에게 양보하라. 자기 중심적인 신앙에서 벗어나서 남을 위해 살아야 한다.

- 독초도, 약초도, 이단도 사탄도 천사도 다 필요하기에 존재한다. 독초일지라도 극소량을 사용해서 생명을 살릴 수 있고, 약초라 하더라도 남용하면 생명을 잃을 수 있다.

- 세상 모든 것을 명약으로 활용하는 것은 인간의 지혜에 달렸다. 어떤 것이든 어떤 사람이든 적재적소에 꼭 필요한 명약으로 승화시키라.

- 사탄도 이단도 천사도 모두 하나님의 주관하에 존재한다. 진정한 하나님의 백성은 사탄과 마귀까지도 감화시켜서 천사로 거듭나게 한다.

2. 기도

- 하나님은 인간의 생각까지 모두를 다 알고 계신다. 우리의 소원도 이미 알고 계시기에, 소원의 기도를 할 필요가 없다. 우리가 받을 자격이 되면 내려 주신다.

- 죄를 짓고 아무리 회개를 해도 용서받지 못한다. 도둑질한 자는 용서해 달라고 기도하고, 도둑맞은 자는 도둑을 잡게 해 달라고 기도하면, 공의의 하나님은 누구의 편에 서시겠는가?

- 자기가 잘못한 것은 그 사람에게 직접 갚고 용서를 구하라. 그가 용서하면 하나님도 용서하신다. 땅에서 매면 하늘에서도 매이고, 땅에서 풀리면 하늘에서도 풀리는 이치다.

- "회당에서 기도하지 말고 골방에서 기도하라" 했다. 눈에 보이는 골방이 아니라, 골방과 같이 고요한 마음이다. 잡념을 버리고 하나님을 향해 마음을 집중하며, 사랑하고 용서하는 아름다운 생각만 나오도록 하라.

- "두드리면 열릴 것이다." 하는 것은 육의 소원을 위해 두드리라는 것이 아니라, 진리의 깨달음을 얻기 위해 두드리라는 것이다.

- 기도하는 방법: 생활 속에서 수시로 기도하는 삶을 살아야 한다.

- "저의 죄를 용서하여 주옵소서." 하는 회개의 기도를 하라.
- 범사에 "하나님! 감사합니다." 하라. 현재 가진 것에 감사하며, 과욕하지 말라. 자기 노력 이상의 것을 더 갖고자 기도하는 것은 도둑놈심보다. 공의의 하나님은 각자 노력한 만큼 주신다.
- "하나님 뜻대로 살아가겠나이다." 하며 마음의 각오를 다지라.

- 기도는 하나님의 말씀을 받아서 "행하는 것"이다. 하나님이 계심을 굳건히 믿고, 하늘을 향하여 한 점 부끄럼 없이 사는 삶 자체가 가장 위대한 기도이며, 삶이 곧 예배다.

3. 지도자

- 똑같이 사랑한다는 말을 해도, 순수하게 하는 말은 천사의 말이지만, 사기 쳐서 재산을 가로채려고 하는 말은 사탄의 말이다.

- 종교 지도자가 아무리 훌륭한 설교를 해도, 신도의 재물을 거둬서 더 큰 교회를 짓고 자기의 부귀영화를 바라며 설교하면 사탄의 가르침이 된다.

- "저희 교회는 만원사례요, 믿음은 다 같으니 이웃의 개척 교회에 가서 예배를 드리시오." 하며, 이웃 교회의 부흥을 먼저 생각하여 제 신도를 보내는 종교 지도자가 있다면 그를 따르라. 그가 하나님의 사랑을 실천하는 자다.

- "부자가 천국에 들어가는 것은 낙타가 바늘구멍을 통과하는 것보다 더 힘들다" 하였거늘, 지금의 교회에서는 부자가 되기만을 기도하고 소원하니, 이는 곧 천국을 포기하고 지옥 행 열차의 티켓을 사는 것과 같다.

- 예수는 빈손이었다. 종교 지도자가 예수보다 더 호화롭고 편안하게 살아간다면 잘못된 것이다. 부귀영화와 명예를 바라는 자는 절대로 갈 수 없는 좁고 협착한 길이 종교 지도자의 길이다.

- 종교 지도자는 유리로 비춰 봐 한 점의 부끄러움이 없이 살아야 한다. 의식주도 직접 일해서 해결하고, 예수의 가르침과 행함을 그대로 따라야 한다.

- 종말은 없다. 지금의 잘못 가는 종교 집단에게만 종말이 있다. 보이지 않는 하나님은 보이는 육의 종말은 관여하지 않으신다. 환경 파괴로 인간이 스스로 멸망을 자초하는 것이다. 종파끼리 싸우기 전에, 무너진 인성을 바로잡고 지구의 몸살을 해결하는 데 뜻을 모으는 게 급선무다.

4. 성전이란

- 이 세상 자체가 하나님께서 만드신 성전이다. 자연보다 더 아름다운 성전이 있는가? 보이는 건물이 성전이 아니라, 성스러운 마음가짐이 성전이다.

- 반석 위에 교회를 지으라 했다. 지상의 단단한 돌은 인간이 쪼갤 수 있으나, 마음속의 굳은 결의는 세상 무엇으로도 쪼갤 수 없다. 바르고 굳건한 믿음으로 성경의 가르침을 실천하는 것이 마음의 반석 위에 교회를 짓는 것이다.

- 손으로 지은 건물의 교회에 모여서 복음을 전하는 것이 아니라, 교회를 개인과 가정에 심어 주어야 한다. 무너지고 부서지는 건물을 짓지 말고, 마음속에 영원히 불변하는 참진리의 교회를 지으라.

5. 십계명

- 십계명은 인간이 죽어서 반드시 통과해야만 하는 열 개의 관문이다.

- 부모를 공경하지 아니한 자는 "네 부모를 공경하라." 하는 제5계명의 관문이 열리지 않으니 구원받을 수 없다.
- 살인, 간음, 거짓, 우상 등의 나머지 계명도 마찬가지다.

- 십계명은 하나님의 친필이다. 모기소리만 한 하나님의 음성이라도 들어 보겠다고 여기저기 찾아 헤매지 말고, 십계명부터 암송하고 지키라.

- 십계명은 영혼을 구원하는 양식이며, 십계명을 지키는 것이 구원을 받는 길이다. 인간이기에 지키고자 노력하고 또 노력한다면 지킬 수 있다.

- 십계명을 지키고 천사처럼 아름답게 살아가는 그 마음 하나면 세상에 이루어지지 않는 것이 없다.

6. 보물

- 하나님은 재물이 아니라 우리의 마음을 받으신다. 사랑을 실천하며 천사처럼 변하는 마음이 하나님께 바치는 보물이다.

- 보이지 않는 하나님께 재물을 바치려 하지 말고, 너희를 길러 준 부모에게 용돈 드리고, 찾아뵙고, 효성을 다하라. 그것이 하나님께 효도하는 것이다.

- 하늘에는 선과 악의 창고가 있다. 자기 창고에 선이 많으면 천국으로 구원을 받고, 악이 많으면 심판받아 지옥으로 간다. 그것이 바로 "선한 일을 행한 자는 생명의 부활로, 악한 일을 행한 자는 심판의 부활로" 나오는 것이다.

- "선악과를 따먹지 말라"는 것은 양심을 지키라는 것이다. 선과 악을 구분할 수 있는 양심을 최초에 인간에게 주셨다. 선한 열매는 취하고, 악한 열매는 버리며, 양심에 비추어 부끄럼 없는 삶을 살아가라.

- 가장 작은 거짓말을 하지 않고, 가장 작은 죄를 짓지 않으며, 가장 작은 선행을 하고, 가장 작은 악행을 멀리하는 것이 율법의 일점 일획도 빠뜨리지 말고 다 지키는 삶을 사는 것이다.

7. 우상

- 박물관에 있는 불상은 하나의 예술품이다. 그 조각품에 대고 제 소원을 빌 때 우상숭배가 된다. 십자가라 하여도 그 앞에서 소원을 빈다면 우상숭배하는 것이며, 하나님께 소원을 빈다면 하나님을 우상으로 전락시키는 것이다.

- 지금 기복신앙에 젖어 있는 모든 사람이 우상 앞에 절을 하고 있다. 조각품을 우상이라며 파괴하지 말고, 네 마음속에 있는 욕심의 우상을 무너트리라.

- 생수를 약초가 먹으면 약을 만들고 독사가 먹으면 독을 만든다. 같은 성경을 봐도 선한 지도자는 신도를 천사로 만드는 데 활용한다. 그러나 욕심이 가득한 지도자는 재물을 거두어들여 제가 부귀영화를 누리는 데 악용한다. 그가 바로 성경을 우상숭배의 도구로 전락시키는 거짓 선지자다.

- 성경을 한 획도 빼거나 더하지 말라는 것은, 그 가르침을 빠트리지 말고 온전히 지키라는 것이다. 성경 속에서 자기에게 유리한 구절만 보는 것은, 자기에게 불리한 구절들을 빼 버리는 것이다. 믿음이 제일이요, 행함은 구원과는 관계없다는 것은 자신에게 유리한 쪽으로 성경을 악용하는 것이다.

- 진정한 종교 지도자는 종파에 관계없이 어떤 종파든 어떤 책이든 접하고 보고 깨우쳐 견문을 넓히도록 인도한다. 참진리를 모르고 자신이 없는 자가 남을 이단이라며 배척하고, 신도들의 눈과 귀를 가린다.

8. 예수

- 예수의 재림은 없다. 예수가 다시 온다 해도, 과연 누가 그를 예수라고 믿겠는가? 예수와 같은 삶의 행함이 곧 예수의 재림이다. 각자 모두가 "재림 예수"가 되는, 차원 높은 믿음으로 가야 한다.

- 예수는 "주여 주여 하지 말고, 아버지의 뜻대로 행하라"고 했다. 예수가 전한 하나님의 뜻이 곧 "길이요, 진리요, 생명"이며, 그 가르침이 예수의 보혈처럼 소중한 것이다. 예수를 믿는 것은, 예수의 가르침을 믿고 따르는 것이다.

- 예수는 낮은 자로서 만백성을 섬기고자 했다. 만나는 모든 사람을 다 하나님이라 생각하라. 돈을 벌수록 겸손하고, 높은 지위를 얻을수록 낮아지라.

▪ 예수는 종파를 만들지 않았다. 인간이 만든 종교와 인간의 교리를 따르지 말고, 예수를 통해 전한 하나님의 참진리를 연구하고 따르라.

▪ 예수가 2천 년 전에 만백성을 위해 죽었으니, 지금 이 땅에는 예수의 가르침대로 사는 천사만 존재해야 한다. 예수가 죽어 가면서 바란 것은 만백성이 천사가 되어 예수의 자리를 채워 주는 것이지, 지금과 같이 재물을 바치면서 중언부언 제 소원만을 비는 백성들을 바란 것이 아니다.

9. 구원

▪ 천사가 사는 천국에는 천사만 갈 수 있으니, 천사 같은 마음을 길러야 한다.

- "천국 열쇠를 네게 주리니 땅에서 무엇이든지 매면 하늘에서도 매일 것이라" 했다. 땅에서 천사같이 사는 자가 하늘에서도 천사가 되어 천국에 들어간다. 모든 사람에게 천사같다는 말을 듣는 삶을 살아야 한다.

▪ 천사의 곱고 아름다운 마음은 부모를 공경하고 어른을 어른으로 대접하는 데에서 출발한다. 효도하는 자는 형제와 화목하게 지내기에 가정이 화목해지고, 이웃과 화목해지고, 국가가 화목해지고, 온 인류가 화목해진다.

- 그러므로 지상의 아름다운 소왕국은 가정에서부터 이루어야 한다.

▪ 선택된 14만 명만 구원받는 것이 아니라, 천사처럼 변하고자 하는 14만 명을 기초로 온 인류가 천사처럼 거듭나는 영적인 개혁이 시작되는 것이다.

▪ 천 년에 걸쳐서 하늘에서 이루어진 것같이 이 세상을 낙원으로 만들어, 만백성이 지상의 천국에서 살다가 죽어서 그대로 하늘의 천국으로 들어가는, 영원한 지상 낙원을 건설하는 것이 하나님의 계획이다.

- **이것이 구약과 신약에 이어 "새로운 성경"으로 역사하시는 하나님의 창조의 완성이다.**

▪ 지금의 믿음으로 구원받을 수 있다면 그 길을 가라. 그러나 자신이 없다면 하나님께서 직접 내리신 160권의 "새로운 성경"을 읽고 구원의 길을 보라!

하나님 머리말씀

이 새로운 성경을 읽는 너희 모두는
이 율법에 따라 행하면 영원히 구원받을 것이니라.

너희 인간이 수년, 수십 년, 평생
성서를 공부하고 기도하는 것은
하늘나라 나의 곁으로 오고 싶은 소망일진대,

몇천 년 전의 너희 인성과 생각이
지금의 너희와는 판이하게 다르니,

꺾여 가고 병들어 가는 너희를 고칠 수 있는 길은,
오늘 내가 선지자에게 내리는 새로운 성경과 같이
너희가 변화되는 것뿐이니라.

나의 예수가 태어난 것처럼
내가 아들 선지자를 선택하여
나의 새로운 성경을 온 세계에 전하고자 하니,

묵은 것은 버리고 새로운 것은 취하여,
너희 모두는
'여호와 하나님! 저의 죄를 용서하여 주옵소서.'
하는 기도문으로 기도하고, 죄를 뉘우치라.

이 새로운 성경은
수천 년간 내려온 성서를 요약한 것이니,
너희는 이 책을 정독하여 쉽게 깨달음을 얻고,
이대로 실천하여 하늘에 오르라.

대역자 머리말

■ 하나님의 율법을 지키는 선지자로 선택을 받다.

저는 남들처럼 그저 열심히 살아온 평범한 사람이었습니다. 그러나 50대 중반에 사업에 실패하여 많은 부채에 시달렸으며, 건강도 악화되어 눈이 잘 안 보이고, 걷기도 어렵고, 두통이 심해서 잠을 이룰 수 없는 고통의 나날을 보냈습니다. 그때 제가 선택할 수 있는 것은 육의 삶을 끝내는 길뿐이었습니다.

죽기 직전에 그동안에 죄를 지은 이들에게 용서를 빌고 인생을 끝내기로 작정하였습니다. 어려서부터 지은 죄를 빌고 빌다 보니 끝이 없었고, 죽음으로도 그 많은 죄를 용서받을 길이 없다는 생각에 하염없이 눈물이 흘렀습니다. 그 순간 '재래식 화장실의 구더기는 죄를 짓지 않는데, 나는 인간으로서 구더기만도 못한 삶을 살았구나.' 하는 생각이 들면서 괴로움에 몸부림칠 때, 갑자기 하나님의 음성이 들렸습니다.

"나는 여호와 하나님이니라. 너는 십계명을 암송하고 내가 내려 주는 메시지를 받아 책으로 만들어 만백성을 구하라." 하시며, 제 눈을 손으로 문지르게 하시고, 아픈 머리와 다리를 손으로 두드리게 하셨습니다. 그러고 나니 눈도 잘 보이고 걸을 수 있었으며 머리의 통증도 말끔히 낫게 되었습니다. 그때부터 십계명을 암송하고 나면 들려주시는 말씀을 기록하였고, 1999년 8월부터 2004년 7월까지 권당 288쪽, 총 160권을 받아서 "새로운 성경"이라는 책으로 펴내게 되었습니다.

그러한 저에게 죽기보다도 힘든 길이 시작되었습니다. 모든 교인들이 저에게 사탄이요, 이단이요, 악마요, 마지막 시대에 온 거짓 선지자라 하면서 공격하였고, 저를 짐승을 보듯이 대하는가 하면, 편협한 종교 지도자들의 선동으로 신도들이 이 책을 직접 읽어 보고 평가할 기회마저 막아 버렸습니다. 그래서 하나님의 말씀을 세상에 내는 데 많은 어려움을 겪으며, 피를 토하는 심정으로 책을 전하고 있습니다.

그러나 아무리 인간의 힘으로 막으려 해도, 하나님의 뜻이 세상에 전해지는 위대한 역사는 계속될 것입니다. 책으로 전해지는 "하나님의 말씀"은 세상 끝날까지 항상 우리와 함께하실 것입니다. 사람은 죽어도, 책에 기록된 말씀은 영원히 남으니까요.

■ 따뜻한 실천

하나님께서는 어려운 사람들에게 삶의 터전을 마련해 주고, 미래를 열어 주는 것을 기뻐하십니다. 어려운 이웃이 스스로 자립할 수 있도록 이끌어 주는 것이 진정으로 이웃을 돕는 것이라고 말씀하셨습니다. 그래서 일자리가 없는 제자들에게 작은 사업장을 만들어 주는 "달란트 사업"을 하고 있습니다. 식당, 반찬 가게 등을 차려 주고, 기존의 어려운 사업장이 자립할 수 있도록 돕고 있습니다(커피숍, 미용실, 의상실 등).

하나님께서는 교회에 나와서 모든 시간과 재물을 쏟기를 원하지 않으시고, 그 시간과 재물을 교육에 투자하여 스스로 미래를 열어 가기를 원하십니다. 그래서 제때 공부하지 못한 제자들에게 학업을 이어 가도록 하였습니다. 중화요리 주방장을 하며 초등학교 검정고시부터 공부하여 2012년에 방통대를 졸업한 36세 남성, 만학도들의 2년제 중학교에 입학해서 2007년에 명지대학을 졸업한 38세 여성, 중학교 검정고시를 시작으로 숭의여자대학을 졸업한 47세 여성 등이 있습니다. 그밖에도 많은 제자들에게 나이를 초월하여 배우고 깨우쳐서 사회 속의 당당한 일원이 되도록 인도하고 있습니다.

학자금 대출로 힘겨워하는 젊은이들을 위해 "따뜻한 바람 장학회"를 발족하여(2016년 12월) 대출받은 학자금 전액을 매월 갚아 주고 있습니다. 또한, 다문화 가정을 위해 "다문화 가족 랜드"를 조성하여, 각종 시설을 무료로 활용하도록 하고 있습니다.

이러한 따뜻한 실천이 아직은 미약합니다. 그러나 책의 수입이 늘고, 저와 뜻을 같이하는 분들이 늘어나면 계속 확대할 것입니다. 지도자로서 신도의 재물을 헌금으로 거둬들여 착복하는 것이 아니라, 하나님께서 기뻐하시는 일에 사용하도록 중매 역할만 하며 살아가고자 합니다. 이런 제가 과연 사탄이고 이단인가요? 하나님께서 기뻐하시는 일이라면, 저에게 사탄이라 하든 거짓 선지자라 하든 굽히지 않고 실천해 나갈 것입니다.

끝으로, 일상의 삶 속에서 "지금 내가 하는 행동이 과연 하나님께서 기뻐하실까, 슬퍼하실까?" 생각하고, 매사에 하나님께서 기뻐하시는 길을 택하기 바랍니다. 교회에 모여서 집단적으로 예배 드리는 것이 아니라, 개인이나 가정 단위로 새로운 성경을 읽어 스스로 깨우치고 그대로 행하면 충분합니다. 그것이 마음속에 성전을 짓고, 신령과 진정으로 예배 드리는 길입니다. 그러면 천국의 문에 들어서게 됩니다.

2017.2.1.

하나님 말씀 대역자 김용철

차 례

십 계 명

이 책은 십계명을 암송하고 나면 내려 주시는 "하나님의 음성"을 듣고 그대로 받아쓴 기록입니다. 하나님께서 십계명을 모세에게 내려 주셨지만, 그것은 만백성에게 내려 주신 것입니다. 마찬가지로 이 책의 모든 말씀도 저에게 내려 주셨지만, 만백성 각자에게 들려주시는 말씀입니다. 여러분도 이 책을 접할 때마다 십계명을 암송하고 나서 정독해 주시기 바랍니다.

제일은, 너는 나 외에는 다른 신들을 네게 있게 말지니라.
제이는, 너를 위하여 새긴 우상을 만들지 말고, 또 위로 하늘에 있는 것이나, 아래로 땅에 있는 것이나, 땅 아래 물 속에 있는 것의 아무 형상이든지 만들지 말며, 그것들에게 절하지 말며, 그것들을 섬기지 말라.
제삼은, 너는 너의 하나님 여호와의 이름을 망령되이 일컫지 말라.
제사는, 안식일을 기억하여 거룩히 지키라.
제오는, 네 부모를 공경하라.
제육은, 살인하지 말지니라.
제칠은, 간음하지 말지니라.
제팔은, 도적질하지 말지니라.
제구는, 네 이웃에 대하여 거짓 증거하지 말지니라.
제십은, 네 이웃의 집을 탐내지 말지니라.

나 여호와가 존재함을 믿는 그 자체가 구원의 길에 들어서는 기본이요 근본이며, 나의 새로운 성경을 가슴에 안고 정독하는 자, 반석 위에 서서 하늘에 오르는 찬란한 빛을 보게 되는 영광을 얻게 됨이니라. 진정 나를 따르고 믿는 자는 감히 사탄이나 마귀도 근접하지 못하느니라.

〈하나님 말씀〉

2002년 12월

4,192 번째 하나님 말씀

2002년 12월 13일 09시 17분

1 사랑하는 나의 아들아!
2 "네, 아버님! 말씀하옵소서."
3 네가 오래간만에 만난 너의 벗이 말하
기를, 모든 스님이요, 도의 경지를 넘
은 사람은 어떠한 행위를 하든 그가
인간 세상이 아니며 그 경지를 초월하
기에 어떠한 일을 해도 그는 남들과
같이 그와 같은 행위를 할 수 있다 하
였음이니라.
4 도를 닦는 것이요, 어떠한 너희들이
말하는 깨달음을 얻었다 하여 그 경지
가 높은 그와 같은 자는 어떠한 행위
를 해도 그게 다 인간의 한계를 초월
해서 하기 때문에 그것에 철학이 있으
며 그것에 깨달음이 있다 그리 말하였
느니라.
5 그리하여 네가 말하기를, 정녕 벗이
하는 말은 개똥철학이라 네가 그리 반
박을 하며 말하였느니라.
6 바로 그러하니라.
7 경지가 높다 하여 해서는 안 될 일을
하는 것을 덮어 주며 그가 신의 경지
에 이르러 인간 너희들의 생각을 벗어
나서 하는 행위라 그리 말하는 그와
같은 깨우친 자들이 있기에 오늘에 이
와 같은 믿음의 세상이요, 너희들 백
성이 이리 갈피를 못 잡고 이와 같은
세상이 이루어졌음이니라.
8 지금의 종교 지도자들이 뭐라 말하느
냐?
9 그들도 그와 같은 소리를 하는 것이니
라.
10 그들은 한 술 더 떠서 말하느니라.
11 저희들이 하는 짓은 평가할 수 없으
며, 오로지 나 여호와만이 저희들의
잘못하는 것을 평가할 수 있으며, 저
희들을 신과 같이 받들어야 한다는 그
와 같은 말을 하는 것이 지금 모든 백
성들이 가고 있는 믿음의 형태며 그들
이 생각하고 있는 것이니라.
12 그리하여 지금의 이 세상이 이와 같이
되었으니, 그들이 나의 사랑하는 백성
들을 깨우쳐 하늘에 오르고자 하는 그
길을 가는 것이 아니요, 네가 너의 벗
에게 말했듯이 개똥철학을 하고 있는
것이 그들이 지금 하는 짓이라는 것을
너희들은 이제 알겠는가?
13 그러니 참진리를 벗어 두고 허튼소리
를 하는 그들과 내가 어찌 관계있다
말할 수 있는가?
14 그는 너에게 말하였느니라.
15 벗이 오래간만에 만났으니 우정이요,
그와 네가 오랜만에 만나 서로 지난날
의 모든 정을 생각해서라도 네가 이성
을 잃도록, 그저 너희들이 말하는 알
코올을 마시며 그 곡차를 마시며 그
독주를 마시는 것이 서로의 우정에 변
함이 없는 것을 표시함이라 하였음이
니라.
16 그러니 네가 그리 말하였느니라.
17 네가 지금 이와 같은 잘못된 것을 할

때 너의 제자들과 약속한 그것을 너는
위배하는 것이며 너 스스로 너의 제자
들 앞에 한 이야기에 거짓 함을 너는
견딜 수 없다 하였으며 그리할 수 없
다 하였느니라.
18 그리하여 너는 말하였느니라.
19 네가 오늘의 친구요 벗이 전하는 그
잘못된 행위를, 네가 약속을 위배했을
때 네가 하루종일 눈물로써 그 죄를
용서할 수 있으며 네 마음을 씻어낼
수 있다면 그리할 수 있으나,
20 너는 오늘의 한 번의 너의 제자들과
한 약속을 어기며 네가 해서는 아니
될 행동을 했을 때, 눈물로써 철판을
뚫는 그와 같은 눈물을 흘려도 너는
네 마음을 다스릴 수 없으니 너를 용
서해 달라 그리 말하였느니라.
21 그리고 네가 나의 법전 288쪽의 책
50권을 썼으니, 그것을 하루하루 계
산할 때 40년이 넘는 그 세월을 하루
도 빠지지 않고 네가 나로부터 가르
침을 받았음이니,
22 세상에서 하나님으로부터 창조주로
부터 그와 같이 하루하루 40년 동안
진리요, 참뜻을 배운 네가 그 인간관
계의 세속의 향락에 의하여 무너지는
것은 그 누구도 용서할 수 없으며, 너
자신이 갈 수도 없으며, 너 외에는 아
무도 지킬 수 없다 그리 말하며 그 자
리를 눈물을 흘리며 떠나는 네 모습이
요, 그와 같이 가는 것이 진정한 진리
이니라.
23 네가 나의 아들이기 때문에 너는 죄짓
는 행위를 할 수 있으며 나로부터 선
택된 목자이기에 너는 남들이 해서는
안 되는 것이 너에게 죄가 아니라 생
각하는 것, 그와 같은 것이 바로 네가
말하는 개가 싼 똥의 철학과 같은 짓
임을 알라.
24 모든 경지의 깨달은 자들이 그와 같은
행위를 했음이니, 그들이 바로 무엇이
던가?
25 육의 삶의 그 향락을 벗어날 수 없으
며 그를 지킬 수 없음이니, 너희들이
소위 이야기하는 도사요, 선구자라는
그들이 그 인간 세상의 향락을 벗어나
지 못하여 그를 행하므로 그것이 변명
에 지나지 아니한 것이며,
26 아무리 배운 자요, 깨달은 자요, 도의
경지에 올랐으며 종교 지도자라 하여
도 잘못된 것은 잘못된 것이니 그들이
더 엄히 무서운 죄를 짓는 것이며, 나
의 보통 백성들이 하는 것보다도 더
험악한 죄상임을 너희들은 알아야 될
것이며 너의 제자들 또한 그를 깨달아
야 될 것이니, 이를 네가 엄히 지키고
가야 될 것이니라.
27 그와 같은 것이 너희들이 가야 할 길
이며 네가 해야 할 길이며 네가 이룰
역사의 길임을 잊지 말라.

4,193 번째 하나님 말씀

2002년 12월 13일 09시 42분

1 사랑하는 나의 아들아!
2 "네, 아버님! 말씀하옵소서."
3 지금 너희들이 가장 두렵고 무서운 것
은 무엇인 줄 알겠는가?
4 너희들이 정녕 믿음을 잘못 가면서,
너희들이 또한 죄를 짓고 사는 삶을

살면서 그 자체가 죄라는 것을 모르고
사는 것이 가장 어리석은 것이며 두려
운 것이라 내가 너에게 말하였느니라.
5 너희들이 죄를 지으면서도 그 죄가 죄
라는 것을 모르는 그 백성들을 차라리
세상에 내보내지 아니하였으며 세상
에 나오지 않도록 했더라면 내 마음이
편할 것이라 나 여호와가 그리 생각한
다면 너희들은 내 마음을 어찌 이해할
수 있겠는가?
6 너희들이 죄를 짓고 와 그 죄의 대가
를 치르는 고통의 모습에 너무나도 내
가슴이 아프며 고통스럽기에,
7 차라리 나 여호와가 너희들을 세상에
만들어 내보내지 아니하였으며, 잘못
가는 자, 죄를 지으면서 죄라는 그 깨
달음을 모르는 자, 진정한 하늘에 오
르는 참진리를 모르며 사악한 깨달음
의 그 길로 달려가는 백성들을 내가
차라리 세상에 나오지 않도록 하여 너
희들에게 그 고통이 없었더라면 하는
그와 같은 생각을 내가 가지고 있으며
그를 내가 보기에 가슴 아파한다 하면
너희들은 어찌하겠는가?
8 너희는 지금의 믿음의 세계에 빠져들
어 가고 있는 것이 바로 지금의 너희
들이 잘못 가고 있음임을 알아야 될
것이니라.
9 지금 모든 종교 집단이요, 수천 년 동
안 흘러내려 오며 그것이 옳은 믿음의
길이라 말하는 그곳에 빠져들어 가는
자, 너희들이 바로 그와 같이 고통의
세계에서 죄의 대가를 치르는 그 길을
가고 있음이니, 진정한 나 여호와에게
오르는 그 길을 보라.
10 가장 밑에서부터, 가장 낮은 데부터
너희들이 사랑하며 살아가는 것이며
베풀며 나누는 것이 그것이거늘,
11 그를 실천할 수 없도록 가르치는 자,
그들의 종교 집단에 너희들이 발을 딛
는 순간에 내가 너희들이 태어난 것
을, 너희들을 세상에 탄생하도록 한
것을 나 창조주가 가슴 아파한다는 것
을 너희들은 알아야 될 것이니라.
12 세상사 살아가는 너희들의 육의 부모
도 말하느니라.
13 자식이 얼마나 속을 상하게 하며 또
그 자식이 부모의 마음을 얼마나 아프
게 하면, 그 자식을 둔 것을 남으로부
터 부끄러움을 견디지 못할 때, 그 부
모는 말하지 않더냐?
14 '열 손가락을 깨물어 아프지 않은 자
식이 없다 하지만, 차라리 그 자식이
태어나지 않았더라면…….' 하며 태어
난 것을 한탄하며 후회하여 눈물을 흘
리는 너희들의 부모가 있지 않은가?
15 나 여호와가 너희들을 원천적으로 세
상에 태어나도록 하였음이니, 나는 육
의 세상의 부모들이 후회하는 것보다
너희들을 내가 더 고통스러움으로 바
라보니, 그것을 나는 더 이상 볼 수 없
기에 내가 너희들에게 변하는 삶을 살
아 달라 함이니라.
16 육의 세상의 부모가 잘못된 자식을 보
며 '내가 낳지 아니하였더라면…….'
하고 후회하는 것은 너희들이 죽고 사
는 세상이 있으니 육의 영혼이 끝나면
그를 보지 못하는 짧은 세월이라 말할
수 있으나,
17 너희들이 죄를 짓고 나에게 와 고통받

는 것은 영원히 벗어나지 못하는 그
죄 속에서 허덕이는 자 있으며 그 세
월이 너무나도 길고 깊이니, 그를 보
는 나 여호와의 마음이 더 아픔을 너
희들은 알아야 될 것이니라.
18 너희 부모가 후회하는 그것보다 몇천
배 더 후회하는 마음이라는 것을, 너
희들은 정녕 나 여호와 창조주의 마음
을 모르는가?
19 이제 나 여호와요, 너희들의 창조주인
아버지의 마음을 더 아프게 하는 그와
같은 삶을 살지 않는 너희들이 될 수
는 없겠는가?
20 그저 너희들이 하늘에 오르는 길이요,
참진리의 길이라 하여 달리고 달리는
그와 같은 곳에서 너희들이 달리는 발
길을 좀 멈춰, 십계명을 지켜야 된다
는, 지키고 사는 것이 하늘에 오른다
는 깨달음을 얻을 것이며,
21 또한 그 십계명을 알기 쉽도록 기록하
여 너희들에게 전하는 나의 법전, 이
를 보고 너희들이 진정한 하늘에 오르
는 그 진리의 깨달음을 얻는 그와 같
은 변화의 역사를 얻어 나 여호와의
가슴 아픔을 덜어 줄 수 있는 너희들
이 되어 주기를 나 여호와가 간곡히
간곡히 부탁하는 바이니, 너희들은 나
의 법전을 읽고 나의 아픈 이 가슴을
이해하도록 그리하라.

4,194 번째 하나님 말씀

2002년 12월 13일 09시 48분

1 사랑하는 나의 아들아!
2 "네, 아버님! 말씀하옵소서."
3 내가 성서에 기록되어 너희들에게 가
르치는 것을, 너희들은 예수가 마지막
죽음으로써 흘리는 그 피는 너희들의
죄를 사하여 주며 너희들의 죄를 모두
지고 가며 너희들을 그 죄로부터 용서
해 주는 그와 같은 나의 아들의 죽음
이라 그리 말하며, 성서에 그리 기록
하여 너희들이 가르치고 있음이니라.
4 너희들의 죄를 대속하였으니 너희들
은 어떠한 죄를 짓는다 하여도 회개하
고 반성하며 나의 아들의 이름을 부름
으로써 구원을 받는다 그리 말하며,
너희 손으로 지은 그 성전에 가 나의
아들을 찾으며 나의 아들의 이름으로
기도함으로써 너희들은 구원을 받는
다 그리 생각하며 너희들의 모든 죄를
대속하여 지고 간 것이라 그리 말하
니, 너희들이 마음을 가볍게 생각하느
니라.
5 그러나 너희들은 그리 생각해서는 아
니 됨이니라.
6 그것이 얼마나 잘못된 것이며 너희들
이 잘못 해석하고 있는지 너희들은 알
아야 될 것이니라.
7 나 여호와로부터 너희들이 진정한 참
진리의 길을 깨달으며, 너희들이 살아
가며 짓는 모든 죄요, 너희들이 잘못
생각하는 그때그때마다 너희들이 깨
달음을 얻어 바로 하늘에 오르는 그
길을 보도록 하고자 그가 그리 기록하
고 또한 그리 행한 뜻임을 너희들은
알아야 될 것이니라.
8 나의 아들은 너희들의 모든 죄를 대신
짊어지고 죽음의 길을 간 것이 아니
요, 너희들의 죄를 대속하여 가고자

한 것이 아니라,
9 그가 죽음으로써 나 여호와가 존재하
며, 정녕 나 여호와가 원하는 것이 무
엇인가를 너희들이 스스로 깨달아 하
늘에 오르는 그 길을 선택하도록 그와
같이 너희들에게 깨달음을 주기 위하
여 그 죽음의 길을 선택했음을 너희들
은 알아야 될 것이니라.
10 그 의미를 내가 성서에 기록하여 놓았
음이니라.
11 예수가 말하여 너희들에게 뭐라 전하
였는가?
12 새로운 포도나무에서 열리는 그 포도
로써 새로운 포도주를 지어서 너희들
과 같이 마시는 그와 같은 영광을 얻
고자 함이라 하였음이니, 그게 바로
무엇이더냐?
13 새로운 포도나무요, 새로운 포도주라
는 것은 지금의 너희들이 가고 있는
그 믿음으로써는 도저히 지키고 하늘
에 오를 수 없음이니, 새로 변하는 자,
새로 깨닫는 자를 의미함이니,
14 지금 새로운 포도나무는 바로 제3의
시대에 만백성을 구하고자 세상에 내
리는 나의 법전을 말하는 것이며, 그
법전을 읽고 깨우친 백성들이 바로 그
들과 더불어 새로운 포도나무에서 열
린 새로운 포도주를 마시겠다 함을 나
의 아들이 일찍이 기록하여 전하였음
이니, 너희들은 이를 알아야 될 것이
니라.
15 새로운 포도나무라 함은 너희들이 지
금 늙어 있는 포도나무를 말하는 것이
아니며 지금 너희들의 살아 있는 그
포도나무를 의미하는 것이 아니니,
16 너희들이 지금 믿음의 길을 가고 있는
그 나무에서는 새로운 포도를 얻을 수
없으며 새로운 포도주를 만들 수가 없
기에 너희들과 같이 마실 수 없음을
말하였음이니,
17 바로 너희들의 깨달음이 변하며 십계
명을 지키며 변화되는 자, 다시 태어
나는 자가 바로 새로운 포도주이니라.
18 그러니 지금 너희들의 믿음의 집단의
형국으로써는 너희들이 구원을 받을
수 없음이니, 너희들이 변하는 것이
바로 새로운 포도나무니,
19 그 새로운 포도나무는 나의 법전이 세
상에 내려가 너희들이 깨우치도록 가
르치는 그 법전이 근본이요, 뿌리임을
알아야 될 것이며,
20 그리하여 변화된 백성 너희들이 한 송
이 하나하나의 포도알이니, 너희들로
서 그와 같이 나의 아들 예수가 너희
들과 대작하며 그와 같이 너희들과 만
날 수 있으며 너희들과 더불어 살아갈
수 있는 것을 미리 의미한 것임이니,
그 뜻을 깊이 깨우쳐 행하도록 하라.
21 새로운 포도나무가 바로 나의 법전임
을 너희들은 잊어서는 아니 될 것이니
그리 행하도록 하라.

4,195 번째 하나님 말씀

2002년 12월 13일 09시 54분

1 사랑하는 나의 아들아!
2 "네, 아버님! 말씀하옵소서."
3 나의 아들이 너희들에게 뭐라 말하였
느냐?
4 '오늘 밤, 제자 너희들이 나를 버리리

라.' 그 한 구절이 얼마나 무서운 말인
지를 알겠는가?
5 너희들이 그때의 정황을 다시 돌이켜
보며 성서의 그 깨달음을 얻어야 될
것이니라.
6 오늘 밤 사랑하는 제자 너희들이 나를
버릴 것이라 말하였으나, 그들은 정녕
버리지 아니한다 그리 말하였음이니
라.
7 그리하여 그 뜻이 기록되었음이니, 너
희들은 그 의미를 알아야 될 것이니라.
8 나의 사랑하는 아들 예수가 성령을 갖
고 나의 뜻을 전하고자 세상에 내려갔
음이니, 그가 종말을 거둘 때 그는 제
가 종말을 거두는 것을 알았으며, 그
가 그 나의 뜻을 전하여 가장 가까이
에서 배우고 깨달으며 저희들과 죽음
을 같이하겠다는 그 제자들 또한 그들
이 그를 믿지 아니하고 있었음을 예수
는 알고 있었음이니라.
9 너희들이 아무도 그를 믿지 아니하였
으며 그를 믿으려 하지 아니하였음이
니,
10 그 얼마나 예수의 마음이 아팠는가를
너희들은 과연 생각할 수 있는가?
11 모두를 같이하고자 모든 세상의 뜻을
가장 가까이에서 많이 듣고 깨우친 그
제자들이 버릴 것을 미리 예견하였음
이니,
12 가장 가까운 제자 한 사람도 남는 자
가 없었음이니,
13 나의 아들 예수가 세상에 내려가 만백
성을 깨우치고자 그가 그 목숨을 바쳐
이루었으나, 과연 거기서 얻어진 것이
무엇이 있던가?
14 하나도 얻음이 없었음이니라.
15 가장 가까이에 있는 그 제자들이 버리
지 아니하며 등 돌리고 떠나지 아니하
여 그 뜻을 전하고자 하였을 때, 너희
들의 새로운 생명의 생수는 그치지 않
고 전하여졌을 것이니라.
16 그리하여 그 목숨으로써 만백성을 깨
우치고자 하여 그 길을 선택하며 그
길을 간 것이 나의 아들의 예수의 종
말이며 인생의 삶이었느니라.
17 그리하여 피 흘려 죽음으로써 제자들
이 이해하지 못하며 제자들이 정녕 나
의 뜻에 따라가지 못하는 것을, 그것
을 깨우치고자 하였으며,
18 예수가 나의 아들이요, 정녕 나의 성
령을 가지고 만백성을 구하는 그와 같
은 모두의 구원자라는 것을, 그 의미
를 그 제자들부터 먼저 다시 한 번 깨
우치기 위하여 예수는 그 길을 선택하
였음을 너희들은 알아야 될 것이니라.
19 너희들을 깨우쳐 바른길을 갈 수 있도
록 그리하려고 그는 최후의 방법으로
그 길을 선택하였느니라.
20 그 제자들까지도 그에게서 등을 돌리
는 그 시대의 사람들의 삶의 형국이
요, 그 길을 바라볼 수 없기에 그 길을
선택하였음이니,
21 만백성에게 경종을 울리며 만백성에
게 계명대로 살지 아니하면 아니 된다
는 그것을 전하고 부르짖기 위하여 그
는 그 고통스러운 죽음의 길을 갔음이
니,
22 오로지 너희들을 구원하기 위한 그 길
이였음을 너희 스스로 알아야 될 때가
되었음이니, 이제 성서에 기록된 그

의미를 알라.
23 모든 그를 따랐던 가장 가까운 제자들
이 그를 버릴 것이라는 것을 알고 있
었으며,
24 그들이 예수가 가르친 그것을 생명을
바쳐 지키고자 하지 않았으며 깨달음
이 없었음이니,
25 이 세상에 나의 아들이 죽음으로써 무
엇인가를 남기고자 했던 것이 하나도
뿌리를 내리지 못한 것이 지금의 형국
이라 내가 말함이니라.
26 나의 법전을 읽는 백성 너희들은, 그
리고 너를 따르는 너의 제자들은 과연
어떠한 마음으로 오늘을 살아가는 것
인가를,
27 그 나의 법전의 진리를 얼마나 깨달으
며 그들이 얼마나 그를 지키고자 하는
것인가를 그들이 스스로 알아야 할 것
이니, 그리 알도록 가르쳐 주도록 하
라.

4,196 번째 하나님 말씀

2002년 12월 13일 10시 45분

1 사랑하는 나의 아들아!
2 "네, 아버님! 말씀하옵소서."
3 예수가 성서에 기록한 그 한 구절의
내용을 이곳에 기록하여 너를 따르는
제자들에게 눈을 뜨도록 그리하라.
4 성서에 그 한 구절을 반드시 기록하여
너의 제자들의 눈과 귀가 뜨이며 만백
성이 깨우침을 얻도록 그리하라.
5 너희들의 성서에 기록된, 예수가 이와
같은 말을 하였느니라.
6 그가 죽음에 직면한 것을 스스로 알면
서 그 제자들에게 말하기를, '내 마음
이 심히 고민하여 죽게 되었음이니,
너희는 여기에 머물러 나와 함께 깨어
있으라.' 그리하며 예수는 나에게 기
도드리고자 왔음이니라.
7 그리하여 그는 말하였느니라, 그는 정
녕 나 여호와로부터 그가 가야 하는
어렵고 힘든 그 길을 가지 아니할 수
없는 것인가를.
8 그리하여 그는 거기에 머물러 그 제자
들에게 깨어 있으라 말하였으며 그들
에게 전하였음이니라.
9 그리고 예수가 나에게 와 그가 정녕
그 길을 가지 아니할 수 없겠느냐 그
애절한 기도를 드리며 그들에게 깨어
있으라 말하였음이니라.
10 죽음의 순간이 임박한 나의 아들 예수
가 그 기도를 나에게 드리러 오면서
그 제자들에게 그들이 깨어 있어 같이
기도를 드리기를 원했건만,
11 그와 같은 애절한 마음을 나의 아들
예수가 전한 것이 성서에 기록되었으
니, 그 의미를 깨달아 너희 것으로 만
들라 그리 전하라.
12 그는 나에게 기도하기를, '내 아버지
여! 만일 할 수만 있으시거든 이 잔을
나에게서 지나게 하옵소서.' 하는 그
와 같은 애절한 기도를 드렸느니라.
13 '그러나 정녕 저 예수의 뜻대로 하지
마옵시고 아버님이 원하는 대로, 아버
님 뜻대로 하옵소서.' 하는 그와 같은
애절하고 눈물 어린 기도를 드리는 그
순간에 그들에게 깨어 있으라 그리하
였음이니라.
14 너희들 인간사에 살아가면서 인간과

인간 사이에 만난 그 인간관계에도 한
사람이 죽음을 면할 수 있는, 그리고
그들의 죄를 사할 수 있는 방법이요,
한 생명을 구원할 수 있기에,
15 한 시간 동안 모르는 사람이라도 저를
위하여 당신이 이 자리에서 잠을 자지
말며 눈을 뜨고 기다려 달라 애원한다
면 그 누구라도 그 뜻을 들어주었을
것이니라.
16 너희들은 여기서 알아야 될 것이니라.
17 인간과 인간 사이에 죄를 사하고자 애
원함도 아니요, 창조주 나 아버지께
대하여 예수는 그와 같은 기도를 드리
기 위하여 잠에서 깨어 있어 달라 제
자들에게 그리 간곡히 부탁하였음이
니라.
18 그와 같은 내용을 어찌 너희들이 생각
하는가?
19 인간 대 인간의 죄요, 잘못된 것을 용
서받는 그와 같은 기다림의 기도도 아
니요, 창조주 나 여호와 앞에 그가 죽
음의 아픈 시련을 넘을 수 있는 그 길
을 위하여 기도를 드리고자 나에게 왔
음이니,
20 너희들은 그 예수의 아팠던 정황의 마
음을 들여다보는 자들이 되어야 함을
알아야 할 것이니라.
21 '너희가 나와 함께 한 시간 동안 그렇
게 깨어 있을 수 없었더냐?' 그리하여
예수가 그들에게 그 원망 섞인 말을
전했으니,
22 예수가 곧 그 생명이 죽음을 알며 나
에게 기도를 드리러 오는 그 사이에
자고 있던 것이 그 제자들이었으며,
23 그를 보다 못한 예수가 '정녕 나와 함
께 너희들이 한 시간 동안 깨어 있는
그와 같은 인간관계도 아니었던가?'
하는 그들을 원망하는 그와 같은 말
의 뜻이 거기에 기록되어 있음이니라.
24 그것이 그 당시의 그 제자들이었으며
나의 아들을 따르는 그 백성들의 실태
였음이니라.
25 나의 아들 예수가 나에게 기도드리며
그들에게 깨어 있으라 말한 것은 그들
을 위해서 나의 아들은 그리하였음이
니라.
26 그들이 나의 아들 예수를 따르며, 나
의 아들 예수의 제자로서 나 여호와가
존재함을 믿으며, 나로부터 저희들이
나의 아들이 세상에 나갔으며 만백성
을 구하는 참진리의 뜻이라는 것을 그
제자들이 알고 있음을, 예수는 나에게
그 제자들이 바른 믿음을 가고 있는
것을 보여 주어,
27 그들에게 축복을 받을 수 있는 그와
같은 기회를 만들어 주기 위하여 나에
게 마지막 기도를 드리면서 그들에게
잠을 자지 말며 기다려 달라 그리 말
하였음이니라.
28 그리하여 그 제자들이 얼마만큼 나 여
호와의 뜻에 따르며 그리고 예수가 가
르친 그 참진리의 뜻을 그들이 얼마나
받아들이는지, 후세에 그를 지키고 갈
수 있는 제자들이라는 것을 나 여호와
에게 보여 주기 위하여,
29 그리하여 나로부터 그들을 깊이 쓰며
중히 쓰며 은혜와 은총을 내릴 수 있
도록 그와 같은 길을 열어 주기 위하
여 예수가 나에게 마지막 기도를 드리
는 그 순간에 그들에게 잠을 자지 말

며 깨어 있으라 그리 애원했음을 너희
들은 과연 알겠는가?
30 예수는 제자들이 나로부터 은혜를 받
도록 하고자 그들에게 깨어 있으라 하
였음이니라.
31 그리하여 기도하라는 마음이었으며,
그들에게 기도하라는 그 간절한 마음
을 전하였음이니라.
32 그러나 그들은 마음으로는 기도를 한
다 생각하며 저희들이 기도를 하는 것
처럼 생각했으나 그들은 그 육신의 생
각이 앞섰음이니,
33 믿음이요, 그 원하는 기도는 마음으로
하며 나의 뜻에 따라 살아가고자 그들
이 마음으로는 그리 생각하였으나,
34 육신에 현실적으로 부닥치는 삶의 한
계 또한 넘지 못한 것이 그의 제자들
이었음이니라.
35 너희가 말로써는 나를 따랐으나 행동
은 진정 없었음이니라.
36 속과 겉이 다르며, 목적하는 바가 있
었으며, 나를 따르는 것은 저희들이
구원받고 무엇인가를 얻고자 하는 그
와 같은 계산된 그 속에서 나 여호와
를 따랐으며 나의 아들을 따랐다는 것
을 너희들은 여기서 깨우쳐 알아야 될
것이니라.
37 그리하여 나의 아들 예수가 두 번째
또 나에게 기도드리기 위하여 그 장소
를 떠나며 그들에게 또 깨어 있으라
간곡히 부탁하였음이니라.
38 그러나 그들은 어찌하였는가?
39 그를 듣지 아니한 것이 그 제자들의
그날의 행동이었으며, 그 당시 그들의
믿음이었음이니라.
40 아무리 모르는 자라도 한 생명을 구하
기 위하여 눈을 뜨고 한 시간만 지켜
달라 부탁했을 때,
41 모르는 사람을 위해서도 한 생명을 구
원한다 하면 그 약속을 누구든 지켰을
것이며 그리 행하는 것이 너희들 인간
의 마음 자세일 것이니라.
42 그러나 그를 따르지 아니했던 것이 그
예수의 제자들의 상황이니,
43 나의 아들이 얼마나 처참한 삶을 살았
으며 그 제자들 또한 얼마나 무섭고
독한 환경 속에서 그들이 속과 겉이
다른 그와 같은 믿음으로 갔겠는가?
44 그리하여 그들은 두 번째도 또한 약속
을 지키지 아니하였음이니라.
45 그리하여 내가 너희들에게 말하지 아
니하였던가?
46 그들을 너희들이 어찌 봐야 되는가를
다시 한 번 깨우치라 말하였음이니라.
47 내가 나의 아들 예수를 따르는 그 제
자들이 그와 더불어 잠에서 깨어 있었
으며, 그의 뜻을 믿었으며, 그리고 나
의 아들 예수가 그와 같이 죽음으로써
만백성을 구하는 그 길을 그들이 정녕
제 목숨보다 더 소중히 생각하는 그와
같은 마음의 자세를 갖고 그들이 나의
뜻을 전하고자 했으며 그와 같은 마음
으로 만백성을 위하여 지금까지 전했
다면,
48 내가 문을 닫는 암흑의 2천 년의 세월
은 흐르지 아니했을 것이며,
49 나의 약속의 땅으로 갈 수 있는 너희
들이 이미 그쪽으로, 그 땅으로 갔을
것이니라.
50 그러나 그들마저도 나의 아들 예수의

그 작은 약속도 따르지 아니하였음이
니,
51 누가 나의 약속의 땅에 가 살아갈 수
있는 백성이 있다 말할 수 있는가?
52 그리하여 나의 약속된 땅, 준비된 땅
으로 나의 피조물 만백성들이 가지 못
하였음이니라.
53 그리하여 내가 법전을 내려, 이 법전
을 읽고 깨우치는 백성들을 그 약속의
땅으로 보내고자 마지막으로 내가 역
사함을 너희들은 알아야 될 것이니라.

4,197 번째 하나님 말씀

2002년 12월 13일 17시 34분

1 사랑하는 나의 아들아!
2 "네, 아버님! 말씀하옵소서."
3 네가 지금 나의 법전 열여섯 권을 써
세상에 나왔으며, 네가 그 누구도 넘
을 수 없는 50권의 법전을 지금 기록
하여 세상에 나가며,
4 네가 지금 나의 성전이요, 내가 원하
는 달란트 사업이요, 모든 역사의 이
루어지는 것이 너는 어찌 이루어지며
어찌 행하여지는가를 알고 있지 아니
한가?
5 "네, 여호와 아버님! 저는 알고 있사
옵나이다.
6 아버님께서 하나하나 주관하시며 하
나하나 역사하시는 것을, 그 모두를
알고 있사옵나이다.
7 열여섯 권의 법전을 제가 기록하여 전
할 때, 그를 위하여 하얀 눈이 쌓일 때
세상에 그 모두를 낼 수 있다는 말씀
을 주셨으며,
8 그리하여 그 많은 책들을 세상에 내
어 전할 수 있도록 하였으며, 또한 성
전을 정리할 수 있는 그 역사와,
9 또 3부가 세상에 나왔을 때 그를 정리
하면 그 모든 역사를 이룰 것이라 하
여 그를 이루고자 많은 사람들이 찾아
오며 이루는 그 역사를 저는 체험하
고 깨달아서 알고 있사옵나이다.
10 그 모두는 아버님께서 주관하시지 아
니하며 아버님께서 역사하시지 아니
하면 이룰 수 없다는 것도 알고 있사
오며,
11 저는 그 모두를 피부로 느끼고 경험하
여 알고 있사오니, 세상에 이보다 더
위대한 기적은 없다는 것을 알고 있
사옵나이다."
12 나의 아들아, 두려워하지 말라.
13 네가 무엇이 두렵고 무엇이 그리도 불
안하여 네 마음이 편안할 시간이 그
리도 없는가?
14 모든 것은 내가 주관하며 세월이 지나
면 그 일들은 다 이루어지게 되어 있
음이니라.
15 너는 그것을 알고 있으면서 어찌하여
그 기다리는 마음이 그리도 불안한가?
16 너의 제자들에게 네가 느끼고 행하는
그 모두를 상세히 알려 줄 것이며, 그
들로 하여금 불안한 마음, 초조한 마
음을 갖지 말라 그리 전하도록 하라.
17 너희들이 인간사의 세상에 살아가면
서 과일 장수가 어찌하더냐?
18 수박이라는 과일을 파는 장사꾼이 그
속이 익었는지 안 익었는지 알기 위
하여 수박이라는 과일을 쪼개서 그
속을 보여 준다면 그걸 사갈 사람이

어디 있으며, 수박 장사를 어찌 할 수
있겠느냐?
19 그는 그 수박을 한번 튕겨 봄으로써
그것이 익었는지 안 익었는지를 정확
하게 파악하는 것이며,
20 또한 그가 그와 같이 두드려 봐서 그
소리로써 수박이 익고 안 익은 것을
구분할 수 있는 그 단계를 지나게 되
면 그는 바라만 보아도 그 수박이 익
었는지 안 익었는지를 다 알 수 있는
것이거늘,
21 어찌하여 너희는 과일을 파는 그 장사
꾼만큼도 깨달음이 그리 없느냐?
22 지금 나의 피조물 만백성이 수천 년
동안 믿음의 길을 오는 것이 바로 저
희들이 수박을 쪼개서 그 속이 익었는
지 안 익었는지를 보는 그와 같은 어
리석은 변화 없는 믿음을 가고 있음이
니라.
23 그러나 너는 나로부터 그 많은 성령의
뜻을 받았으며, 네가 네 입으로 말하
듯이, 하루에 한 장씩 네가 나에게 내
가 내리는 그 성령의 뜻을 받아 기록
했다 하면 너는 50년이라는 그 세월
을 하루도 빼놓지 아니하고 나로부터
성령을 받아 기록한 그 책자를 만들어
만백성을 구하는 나의 법전을 세상에
만들어 냈음이니,
24 어찌하여 처음에는 두드려 봐서 그 수
박이 익고 안 익은 것을 아는 농부요,
그리고 이제는 그것을 봄으로써 익었
는지 안 익었는지를 판단할 수 있는
그와 같은 농부의 지혜만도 못하더냐?
25 지금도 그 수박을 쪼개 봐야만 익었
는지 안 익었는지를 아는, 지금의 수
천 년 동안 깨우치지 못하는 믿음의
길을 가는 그들이 그 판단의 기준을
벗어나지 못하고 있음이나,
26 이제 너는 손으로 한번 튕겨 봄으로써
그것이 익었는지 안 익었는지 아는 그
단계를 지나지 아니하였던가?
27 그래서 바라만 보아도 그것이 익고 안
익은 것을 알 수 있는 그 경지에 올라
있는 사랑하는 나의 아들이요, 만백성
을 구하는 목자인 네가,
28 어찌 그리 알면서 자신이 없어 그리
행하지 못하느냐?
29 네가 만백성을 치료하며 고쳐줄 때,
내가 너에게 명하라 하나 네가 그를
행하지 않고 명하지 아니함은 네 믿
음이 약함이니라.
30 이제 너는 내가 명하는 대로 행할 수
있는 그 길을 가도록 그리해야 함을
잊지 말라.
31 이제는 네가 두드려 보지 아니하여도
그 속에 수박이 익고 안 익은 것을 알
듯이, 멀리서 바라만 봐도 알 수 있는
그 경지에 오른 너이니,
32 네가 그와 같이 익고 안 익은 것을 판
단할 수 있는 자신을 가져 그리하도록
하라, 사랑하는 나의 아들아!

4,198 번째 하나님 말씀

2002년 12월 13일 17시 50분

1 사랑하는 나의 아들아!
2 "네, 아버님! 말씀하옵소서."
3 지금 수천 년 동안 나의 백성들이 믿
음의 길을 향해 달려간다 하며 구원의
길이라 하여 달려가고 있는 그 형국이

과연 어찌 되었다 너는 보느냐?
4 지금의 믿음의 길을 가는 모든 백성들
이 자기 자신의 감정에 빠져, 자기 자
신의 감정에 도취되어 자기 자신이 가
는 그 믿음을 믿고 있다면 너는 이를
믿겠는가?
5 지금 저희들이 구원의 길이라 하여 저
희 손으로 지은 성전에 가 울고불고
기원하며 기도하는 그들이 제 감정에
빠져 저 스스로 감정을 못 이기는 믿
음으로 가고 있다 하면 그들은 너를
정신 나간 자라 말할 것이니라.
6 그러나 그들은 참진리요, 하늘에 오르
는 길이요, 내가 원하는 그 진리의 뜻
이요, 내가 이루고자 하는 것을 알지
못하고 있음이니, 그들이 그와 같은
형국이 되어 있음이니라.
7 저 자신의 감정을 제가 이기지 못하여
그 감정에 의한 믿음으로 가기 때문에
자신을 보지도 못하며 자신의 지혜에
빠져 자신을 들여다보지 못하는 그와
같은 형국의 믿음을 그들이 가고 있음
이니라.
8 그러하니 그들이 어찌 진리를 알며,
하늘에 오르는 길이요, 나의 뜻에 의
하여 살아가는 백성이라 말할 수 있는
가?
9 그들은 인간사의 삶의 그 한계를 벗어
나지 못하며, 인간 세속의 삶의 벽에
막혀 그 이상을 넘어 다음의 세상을
바라보는 그와 같은 아름다운 믿음으
로 가지 못하고 있는 것이니라.
10 인간관계에 부닥치는 모든 장벽이요,
세속에 살아가면서 부닥치는 그 모든
장벽을 넘지 못하며 거기서 헤어나지
못하는 그와 같은 믿음 속에서 그들이
가고 있기에 진정한 진리의 그 길을
못 가고 있음을 너희들은 알아야 될
것이니라.
11 이제 그들이 깨우칠 때가 왔음을 알라.
12 저희들이 저희 나름대로 믿으며, 참진
리요, 나의 아들 예수를 부름으로써
구원을 받으며 그 보혈로써 구원받았
다 하는 그들이 제 감정에 제가 지쳐
저 자신을 바라보지 못하고 그와 같은
믿음의 형국으로 가고 있음을 깨우쳐
야 그들을 그곳에서 구원할 수 있는
길을 바라볼 수 있으며,
13 정녕 참진리의 뜻이 무엇인가를 알게
될 것이니라.
14 그들의 그 믿음의 길이 진정 잘못 가
는 것이며,
15 참진리를 깨우친다는 것은, 너희들이
무한정한 변화의 그 역사가 이루어지
는 것이 참진리의 길인 것을 너희들은
알아야 될 것이니라.
16 너희들은 여기서 많은 백성들에게 깨
우쳐 주어야 될 것이니라.
17 너희들이 손으로 만지는 것이며 눈으
로 보이는 것은 그 무게를 달 수 있으
며 그 무게를 알 수 있으나,
18 너희들이 깨끗이 깨닫는 마음이 아닐
때, 너희들의 마음의 무게는 끝이 없
음을 알아야 될 것이니라.
19 너희들은 마음의 무게가 없어야 됨을
알아야 될 것이니라.
20 그러나 너희들은 보이는 앞에 있는 동
산보다도 너희들의 마음의 무게가 더
있음을 알아야 될 것이니라.
21 너희들이 사악한 생각, 죄를 짓고 사

는 그 모든 무게를 너희들은 모르는
것이니라.
22 너희들은 천사와 같은 삶을 살기 위해
나와 같은 심성이요, 성령으로 변화될
때 무게가 없는 것이며, 너희 자신이
가벼우며 날 수 있는 그와 같은 경지
에 오르게 됨이니,
23 너희들이 죄를 짓고 사는 것은 무게
를 달 수는 없으나, 그 무게가 얼마나
무겁고 너희들에게 그 무게의 비중이
큰 것인가를 너희들은 모를 것이니라.
24 이를 깨우쳐 알아야 될 것이니라.
25 너희들이 손으로 가지고 있는 보석이
요, 과일이요, 그 모두는 너희들이 정
성스럽게 닦았을 때 빛을 내며, 너희
들이 육으로 볼 수 있는 모든 물질은
닦고 또 문지를 때 그만큼 빛이 나고
아름답게 보이나,
26 너희들의 마음의 빛은 닦을 수가 없으
며 씻어낼 수 없는 것이 너희들의 마
음이요, 생각이니라.
27 그러나 너희들은 씻어낼 수 없으며 닦
아낼 수 없는 그 마음이야말로 어떠한
물체로써도 닦을 수 없으나,
28 그 마음이 변화되어 스스로 그 마음을
닦아 낼 때에는 세상의 모든 이치를
알게 되며, 모든 짐승들이 우는 소리
요, 웃음소리를 다 들을 수 있는 위대
한 깨우침을 얻게 되는 것이니,
29 이제 너희들은 가장 세상에서 가벼운
너의 제자들이 되어야 할 것이니라.
30 너희들이 가장 가벼운 마음이요, 무게
를 달 수 없는 그와 같이 가벼운 마음
으로 되어야 할 것이니라.
31 너희들이 정녕 제 마음이 무거워 기계
로 달 수 없는 그와 같은 마음을 갖고
있다면 너희들은 구원을 받을 수가 없
음이니라.
32 사악한 생각, 추한 생각, 죄짓는 생각,
질서를 파괴하는 생각은 보이지 아니
하나, 그 무게는 너무나 무겁고 무거
워 달 수 없으니,
33 이는 곧 너희들이 그 영광스러운 구원
의 길을 오를 수 없는 그와 같은 무서
운 형벌이니, 그 무게가 얼마나 무거
운 것인가를 너희들이 깨우쳐야 될 것
이니 그리 알라, 사랑하는 나의 백성
들아!

4,199 번째 하나님 말씀

2002년 12월 13일 17시 55분

1 사랑하는 나의 아들아!
2 "네, 아버님! 말씀하옵소서."
3 너희들이 정녕 구원을 받고자 하며 창
조주요, 전지전능한 나 여호와라 말하
고 기도함이니, 너희들이 나를 알고자
하며 참진리요, 하늘에 오르는 길을
깨우쳐 구원을 받고자 한다면,
4 너희들이 성서를 가지고 평생 동안 거
기서 배우고 깨우치며 그를 암송하고
그 내용을 상기하는 자가 구원을 받을
것이며 그 길만이 천국의 열쇠를 열고
들어올 수 있다 그리 생각하나,
5 너희들은 오늘 이후부터 그와 같은 생
각을 바꾸고 버려야 됨을 알라.
6 너희들이 성경 속에서 얻고 그곳에서
깨우쳐 하늘에 오르는 것이 아니요,
7 성경 밖의 세상에서 얻어지는 진리를,
거기서 이루어지는 모든 세속의 삶을

봐야 되며,
8 성경 밖의 진리를 얻는 것이 얼마나
위대한 것이며, 그게 창조주 나의 뜻
을 아는 길이라는 것을 너희들은 알아
야 될 것이니라.
9 너희들이 진정한 진리를 얻는 것은 자
연의 그 오묘한 움직임이요, 자연 속
에서 배워야 하는 것이며,
10 그리고 나를 전지전능한 창조주 아버
지라 부를 수 있는 것은 내가 모두를
주관하여 하나의 실수 없이 돌아가는
이 세상에, 성서가 아닌 성서 밖의 세
상에서 너희들이 그 무엇을 깨닫고 얻
을 때 하늘을 볼 수 있으며 나의 뜻을
알 수 있음을 알라.
11 너희들이 성서를 가지고 오로지 한 획
도 고쳐서는 안 되며 하나도 빼서도
안 되며 더해서도 안 된다 하며 수천
년 동안 너희들의 조상이 그를 믿고
하늘에 오르는 길이라 하였으며,
12 또한 너희도 그렇고 너희 후손들이 그
와 같이 성서를 가지고 암송하며 외우
면 된다 하니, 그 속의 진리를 알 수
없음이니라.
13 그리하여 성서 밖의 세상이요, 자연의
그 위대함 속에서 배우고 깨달음을 얻
는 자만이 정녕 전지전능한 나를 알
수 있으며 하늘에 오르는 길을 볼 수
있다 하였음이니라.
14 그리하여 내가 성서란 하늘에 오르는
길의 안내자가 아니요, 너희들이 하늘
에 오르는 그 길을 볼 수 있는, 길들이
는 채찍이라 일찍이 너희들에게 말하
였음이니,
15 성서 밖의 세상에 자연의 위대함 속에
서 참진리요, 진정한 하늘에 오르는
그 빛을 볼 수 있는 그와 같은 깨달음
을 얻어야 될 것이니,
16 여기는 너희들의 행함이 필요하며, 직
접 보고 피부로 느끼는 것이 있으며,
나 여호와의 전지전능한 무한대한 능
력을 너희들이 볼 때, 정녕 너희들이
두 무릎 꿇고 전지전능한 나 여호와를
찾을 수 있는 그 깨달음을 얻게 될 것
이니라.
17 내가 내린 십계명이요, 나의 법전 또
한 너희들이 그 속에서 무엇을 얻어
하늘에 오르는 길이요, 삶을 얻는 것
이 아니라, 너희들이 그 위대한 삶이
요, 참진리요, 하늘에 오르는 그 역사
를 들여다볼 수 있는 그와 같은 깨우
침을 가르치기 위하여 내가 법전을 세
상에 내려보낸 그 깊은 뜻을 알아야
될 것이니라.
18 모든 세상의 이치를 깨닫도록 하며,
자연 속의 위대함을 너희들이 들여다
볼 수 있으며, 성서를 들여다볼 수 있
는 그와 같은 길잡이로서 나의 법전을
세상에 내려보냄이니,
19 나의 법전을 정독하는 자만이 성서의
의미를 알며 자연의 위대함을 들여다
볼 수 있음이니라.
20 너희들의 세상 속에서 인간이 살아감
이 무엇이며 사랑하는 것이 무엇이며
지키고 가야 하는 것이 무엇이며 하늘
에 오르는 자가 행해야 할 길이 무엇
인가를,
21 그 모두의 너희들의 눈을 뜨게 하며
귀를 열게 하며 그 길을 볼 수 있도록
깨우쳐 주는 것이, 촛불의 역할을 하

는 것이 나의 법전임을 잊어서는 아니
될 것이니 그리 알라.
22 성서 밖의 세상에 자연의 그 위대함
속에서 너희들이 참진리를 같이 얻어
깨우쳐 가도록 그리하라.
23 그것이 너희들이 진정한 나 여호와의
전지전능함을 보고 알 수 있는 길임이
니라.

4,200 번째 하나님 말씀

2002년 12월 13일 18시 10분

1 사랑하는 나의 아들아!
2 "네, 아버님! 말씀하옵소서."
3 지금 나의 피조물 만백성들이, 그 많
은 세월 속에 그 많은 사랑하는 나의
백성들이 살아오며 하늘에 오르고자
지키고 간 길이 잘못되었다 함이니,
이를 그들은 과연 어찌 받아들이겠느
냐?
4 너희들은 여기서 깨우쳐야 될 것이니
라.
5 하늘에 오르는 길은 나의 계명을 너희
들이 어긋나지 않게 지키고 그를 행하
고 살며, 창조주 나 여호와의 뜻에 따
라 지키며 사느냐 살지 않느냐 거기에
달린 것이며, 거기에 너희들이 모두를
알게 되어 있음이니라.
6 너희들이 나의 계명대로 살고자 노력
한다면 깨달음을 얻을 것이며 그대로
행한다면 구원을 받는 것이거늘,
7 그를 깨닫고 알고 행하고자 하는 것이
너희들의 지금의 가고 있는 믿음의 형
국이 아닌 것을 어찌하겠는가?
8 너희들은 나의 진리를 깨닫기 위하여
그 진정한 믿음의 길을 가는 것이 아
니요,
9 너희 손으로 지은 성전에서 너희들을
지도한다는 종교 지도자의 가르침이
요, 그가 이끄는 대로 맹목적으로 순
종을 얼마나 하느냐 하는 것에 너희들
이 그 믿음을 잣대로 재고 있으며,
10 너희들이 얼마나 많은 헌금이요, 재물
을 그가 바치라는 대로 그 성전에 바
치느냐에 따라서 너희들의 믿음이 축
복이요, 나로부터 영광을 받고 못 받
는다는 생각을 하고 있는 것이 너희들
의 믿음이며,
11 하늘에 많은 재물을 쌓아 놓음으로 인
하여 그만큼 너희들이 죄를 용서받으
며 구원을 받으며, 나의 하늘에 왔을
때 내 품에 안길 수 있다는 그와 같은
착각 속에서 너희들이 지금 가고 있는
믿음이요,
12 너희들의 믿음의 잣대로써 그 모두를
평가하고 거기에 대한 믿음을 가지고
있음이니,
13 과연 너희들이 지금 가는 것이 얼마나
왜곡되어 있으며 나와는 관계없는 길
을 가고 있는가 내가 수천 번 나의 법
전에 기록하여 너희들에게 전함이니,
14 이러고도 너희들이 이를 깨우치지 못
하며 너희들의 귀가 열리지 아니하여
눈이 뜨이지 아니한다면 너희들은 정
녕 그 고통의 길을 어찌 가려 하는가?
15 너희들은 너희들의 믿음이요, 그와 같
은 것을 지도자에게 너희들이 어찌 순
종하느냐 하는 거기에 믿음의 잣대를
가지고 있기에, 너희들이 남들이 가는
종교 집단이요, 남들이 믿음의 길을

가는 것까지도,
16 나 여호와가 직접 나의 성령을 나의
아들에게 내려보내어 160권의 법전을
세상에 내려보냄이니, 이가 만백성을
구원하는 것이며, 심판하는 것이며,
구약과 신약 성경의 그 뼈대를 덮고
새로운 역사요, 새로운 보혜사가 내려
가 지금 새 역사를 이루는 나의 이 법
전까지도 너희들이 사탄이요, 이단이
요, 나의 아들을 마지막 시대에 오는
거짓 선지자요, 사악한 자라 너희들이
그리 헤아리며 그리 생각하며,
17 그리하여 그들이 세상에 존재하지 못
하도록 그리하는 것이 너희들이니라.
18 유혈 사태요, 생명까지도 앗아 가면서
그를 존재치 못하도록 하는 것이 지금
의 너희들이 가고 있는 믿음의 형태이
니,
19 거기서 너희들이 진리를 연구하여 깨
우치는 자들인가?
20 너희들은 종교 지도자의 그 가르침에
현혹되어 맹종하며 순종하는 그 척도
를 가지고 믿음이 어떠하다는 것을 평
가하며 가는 것은 아닌가 너희 스스로
따져 봐야 될 것이니라.
21 나 여호와가 원하는 뜻에 따라 행하지
못하고 종교 지도자의 뜻에 따라 너희
들이 행하며,
22 믿음을 같이 가는 너희 형제라는 다른
동료의 눈치를 보며,
23 너희 형제라 하여 너희들이 가르치고
지도하며 인도하는 다른 사람들을 의
식하여 행동하며,
24 그들을 의식하면서 가는 것이 정녕 지
금의 믿음은 아닌가?
25 너희들은 내면의 진실한 깨달음을 얻
어 너희 스스로 변화되는 삶을 살아
천사와 같은 마음으로 변하는 그와 같
은 믿음으로 가야 하거늘,
26 너희들은 그와 같은 변화되는 믿음으
로 가는 것이 아니요,
27 외면과 위선적이며 남에게 보이고자
하는 자만과 오만의 그와 같은 행동에
서 믿음을 갖고 성서라는 성경을 들고
너희들이 정해 놓은 안식일에 가 울고
불고 기도하는 그와 같은 삶을 사는
것이 아닌가?
28 너희들은 그리하면서 정녕 그것이 구
원의 길이라 생각하고 가며 구원을 받
았다 그리 말하나, 꿈에서 깨야 될 것
이니라.
29 지금 너희들이 가고 있는 그 길은 지
옥을 향하여 달려가는 것이니, 행함이
없는 그와 같은 믿음은 죽음의 믿음임
을 알아야 될 것이니라.
30 나의 참진리를 깨우치며 나의 뜻을 깨
우치는 것이 아니라,
31 내가 이루고자 하는 그 뜻을 알지 못
하면서 지도자의 눈치에, 같이 가는
동료의 눈치에, 그들의 이끎에 따라서
믿음의 길을 간다는 것은 얼마나 어
리석은 것인가?
32 믿음은 스스로 가는 것이며, 남이 구
원해 줄 수도 없으며 남이 이끌어 줄
수 없는 것이 하늘에 오르는 길이며,
33 스스로 판단하여 옳고 그름을 얻어서
구원을 받고 못 받는 것이 얼마나 너
희들에게 중요한 것인가를 알아야 될
것이니라.
34 너희들의 오늘과 같은 그 작태를 들여

다보면 어떤 길이 정녕 하늘에 오르는
길인가를 깨우칠 수 있거늘,
35 뜨거운 물에 손을 넣었을 때 너희 손
이 뜨거우며 찬물에 넣었을 때 그 손
이 시리듯이 그와 같이 엄격히 알 수
있는 것을, 어찌하여 그를 깨우치지
못하는가?
36 모두가 다 너희들이 환상에 젖어 있기
때문이니라.
37 그리고 너희들이 모두가 착각 속에서
헤매며 살아가기 때문에 그러함을 너
희들은 알아야 될 것이니라.

4,201 번째 하나님 말씀

2002년 12월 13일 18시 35분

1 사랑하는 나의 아들아!
2 "네, 아버님! 말씀하옵소서."
3 나를 향하여 너희들이 하늘에 오르는
그 길은 내가 뭐라 말하였느냐?
4 어린아이들이 소달구지 타며 동요 부
르는 그와 같은 아름다운 모습이요,
편안한 모습으로 오는 것이 하늘에 오
르는 길이라 하였음이니라.
5 나의 품에 나의 자식 너희들이 돌아오
는 길은 가장 편안하며 행복한 길이며
자유로운 그 길의 삶을 살도록 되어
있으며,
6 너희들이 그와 같은 마음으로 세상을
살도록 한 것이 나 여호와가 이루고자
하는 뜻임을 너희들은 알아야 될 것이
니라.
7 자유로운 삶 속에서 이 세상을 이루고
자 하는 것이 나 여호와의 뜻임을 너
희들은 굳게 믿어야 될 것이며, 그것
이 내가 바라는 것임을 알아야 될 것
이니라.
8 너희들이 하늘에 오르는 길이요, 믿음
의 그 길이 부담되는 길이며 고통의
길이 되어서는 안 된다는 것을 알아야
될 것이니라.
9 너희들이 믿음의 길을 선택하며 그 길
에 들어서기 시작하는 순간부터 너희
들은 나의 은혜를 알며, 자유로움을
알며, 삶이 얼마나 즐거운 것인지 알
며,
10 해방이라는 것을 맞이한 사람처럼 그
와 같이 기쁘고 영광된 삶을 사는 것
이 나에게 오를 수 있는 길이며, 내가
이루고자 하는 것이며,
11 내가 원하는 나의 백성들이 살아가는
그 방법임을 알아야 될 것이니,
12 이를 간곡히 이루고자 하는 것이 나
여호와의 뜻이니라.
13 그러나 너희들이 믿음을 가는 길이 무
거운 짐을 지고 가는 나귀와 같은 힘
든 길을 가도록 하는 그것은 믿음이
아니며, 나 여호와의 뜻이 아니며,
14 나와는 아무런 관계도 없으며 나의 뜻
자체도 모르는 자들이니라.
15 지금 너희들이 믿음의 길을 가고 있는
것이 과연 어떠한 길인가?
16 너희들이 구원을 받으며 아버지라는
나의 나라에 나의 자식들이 오는 그
길이 무거우며 또한 부담스러운 그와
같은 길을 간다 하면, 그 길을 너희들
이 와야 한다면, 이는 정녕 나의 뜻이
아님을 어찌하여 너희들은 그리도 모
르는가?
17 너희들은 나의 법전을 들어 만백성에

게 이 뜻을 전해야 될 것을 잊지 말라.
18 지금의 너희들이 믿음의 길을 가는 것
은 무거운 짐을 지고 제 몸이 지탱하
기도 어려운 나귀가 가는 것같이 그
힘들고 어려운 길을 가도록 만든 것이
종교 지도자이며,
19 너희들이 생각과 판단을 할 수 없도
록, 슬기로운 지혜도 갖지 못하도록
하는 것이 지금의 종교 지도자들이 너
희들을 이끌어 가는 길이거늘 어찌하
여 너희들은 이를 바라보지 못하며,
20 이를 바라보는 나 여호와의 마음이 얼
마나 저리고 아픈가를 과연 알겠는가?
21 모두를 바치며 살아가야 하며, 열심히
일하여 얻은 그 즐거움이며, 너희들이
살아가면서 나를 향하여 내가 내린 그
계명 속에서 육의 삶이요, 너희들의
가정이요, 형제요, 이웃을 위하여 열
심히 일하고 살아가면서 너희들이 그
휴가의 기간을 얻는 것이니라.
22 그리하여 너희들이 열심히 일한 자 휴
가라는 것을 받게 되며, 휴가의 그 시
간을 가지니,
23 그것은 너희들이 열심히 일하고 살아
간 그 보상의 안식을 위하여 재충전하
는 그와 같은 것이 너희들에게 내려지
는 즐거운 시간이 아니던가?
24 너희들이 열심히 살아오며 힘들게 살
아온 그 삶에 휴식을 위하여 가장 즐
겁고 행복한 휴가라는 그 시간마저도
너희들의 성전이요, 손으로 지은 그
성전에 가 지도자 앞에 그를 바쳐야
되며 그를 반납하여야 되며,
25 그 모두의 고통을 들여다보지 못하도
록 그리 강요하며 이끌어 가는 것이
지금 지상에서 너희들이 행하고 있는
행위이니,
26 그와 같이 자유요, 그 행복한 휴가마
저도 빼앗아 가는 그와 같은 것은 너
희들이 지상에서 지옥의 삶을 살아가
도록 인도하는 것이며, 너희들을 그리
이끌어 가고 있는 것임을 알라.
27 그리하여 그들은 너희들을 지상에서
지옥의 삶을 살게 하며, 죽어서 또한
지옥으로 이끌어 가 영원히 너희들이
벗어나지 못하는 그와 같은 삶을 살아
가도록 협박하고 강압하여 너희들의
삶을 모두 다 빼앗아 가는 것이 지금
의 종교 집단들이 가고 있는 길이니,
이를 어찌하여야 되겠는가?
28 내가 내려 주어 너희들이 편안히 살며
아름답게 살며 평화롭게 살라 내린 그
모든 은혜를 다 빼앗아 가는 사악한
자들이 사탄이요, 이단이 아니고 무엇
이던가?
29 내가 너희들에게 자유로운 행동이요,
자유로운 삶을 살아갈 수 있도록 내려
준 내가 명한 그 혜택과 은혜와 영광
까지도 그 모두를 강제로 짓밟으며 빼
앗아 가는 것이 지금의 종교 지도자들
이 가는 그 길이니,
30 그들이 과연 나의 백성이요, 나로부터
선택된 목자라 할 수 있는가?
31 그 사악한 자들을 너희들 스스로 단죄
해야 됨을 알라.
32 너희들이 노력하여 단죄하는 그와 같
은 역사를 이루지 아니한다면 너희들
스스로 그들의 노예가 되어 쇠사슬에
얽매어 지옥으로 끌려가는 그 길에서
그 누구도 벗어나지 못할 것이니, 그

쇠사슬을 단죄하여 끊고 뛰쳐나오는 백성이 되어야 함을 잊지 말라.

4,202 번째 하나님 말씀

2002년 12월 13일 18시 43분

1 사랑하는 나의 아들아!
2 "네, 아버님! 말씀하옵소서."
3 네가 너의 제자에게 그리 말하였느니라.
4 네가 인생을 살아오면서 네 인생에 꽃을 남에게 전해 주며 그 꽃의 아름다움은 알았으나 그 꽃을 받는 사랑하는 사람의 아름다움은 그 꽃에 가려 보지 못하는 그와 같은 어리석은 삶을 살았다 하였음이니,
5 그 사랑하는 사람이 그 꽃보다 몇천 배 더 아름답고 소중한 것을 네가 느꼈다 하였음이니라.
6 그리하여 그 한 송이의 꽃을 전할 수가 없는 네 마음이라 네가 그리 말하였음이니,
7 네가 그와 같이 지금 변해 가는 삶을 사는 것이니라.
8 너희들은 그 꽃으로써 사람의 아름다움을 감추는 그와 같은 삶을 살아왔다 네가 그리 말하였으니,
9 사랑하는 사람의 그 마음과 그 얼굴과 그 생각을 네가 들여다볼 수 있기 때문이니라.
10 아무리 아름다운 꽃이라 해도 그 아름다운 꽃보다 사람이 더 아름다우며 더 소중하니,
11 그를 들여다볼 수 있는 것은 네가 그만큼 인간의 소중함을 깨닫는 경지에 올랐으며,
12 또한 인간의 내면을 들여다볼 수 있는, 그 내면의 아름다운 마음을 볼 수 있는 그와 같은 경지의 깨달음이니라.
13 과연 그러하니라, 사랑하는 아들아!
14 아무리 꽃이 아름답다 하여도 인간의 그 웃음보다 더 아름다운 것이 없으며,
15 너희들의 사랑하는 사람이 그 꽃보다 천배 만배 아름답고 소중한 것을 깨달았을 때, 너희들은 인간의 소중함을 알게 되며 네 마음이 또한 그리 변화되는 것이니,
16 오늘의 네 마음의 변화요, 깨달음에 나 여호와가 한없이 기쁜 마음을 너에게 전하는 것이니라.
17 네가 또한 말하였느니라.
18 너희들의 마음이요, 생각은 달 수 없으나, 그를 달 수 있을 때 그 무게가 얼마나 무거운 것인가를 알아야 된다 하였음이니라.
19 너희들의 마음이 죄악이요, 사악한 것이요, 추한 것으로 변했을 때, 그것을 다는 저울이 얼마나 무겁고 힘든 것인가?
20 그는 어떤 기계로도 달 수 없는 그와 같은 무게라 네가 말하였음이니,
21 그 모두가 네가 오늘에 변하는 그 과정임이니 나 여호와가 너를 바라보는 마음이 그와 같이 기쁨이니,
22 너는 오늘 너의 제자들과 더불어 이 뜻을 전하도록 그리하며,
23 너의 제자들 또한 그와 같이 무한한 마음의 변화의 역사를 이룰 수 있도록 그리 전하도록 하라, 사랑하는 나의 아들아!

4,203 번째 하나님 말씀

2002년 12월 14일 09시 10분

1 사랑하는 나의 아들아!
2 "네, 아버님! 말씀하옵소서."
3 내가 농담의 거짓이요, 작은 거짓말도
하지 말라, 그는 살인과 같다 하였음
이니라.
4 너희들 인간들이 살아가는 그 속에서
한 번의 작은 거짓말을 하면 그 거짓
말을 위하여 계속 거짓말을 하게 되어
있음이니,
5 그는 눈덩이가 불어나듯이 그리 불어
나는 거짓말을 하게 되어 있다 하였음
이니라.
6 그리하여 너희들은 그 하나의 거짓말
을 덮기 위하여 거짓과 거짓을 계속하
게 되어 있음이니, 그것이 너희들 인
간의 본성이며,
7 그 거짓을 밝히고자 하는 자를 너희를
괴롭히는 자요, 원수요, 적과 같이 생
각하는 것이 인간의 삶의 상태이니라.
8 너 자신을 밝히려는 자를 스승이라 생
각하고 감사하며 회개하고 반성하고
털어놓으면 되는 것을,
9 그를 밝히고자 하는 많은 사람들을 원
망하며 제 스스로 그를 덮어 두고자
그 거짓을 계속하게 됨이니라.
10 제가 늦게나마 그 모든 진실을 밝히고
바로 간다 하면 그는 그 고통에서 벗
어날 수 있으나,
11 그것을 밝히려는 자를 원망하며 또한
거짓을 거짓으로 계속 이끌어 가다 보
니, 너희들이 말하는 겨울에 쌓인 눈
으로 눈덩이를 굴리면 굴릴수록 계속
불어나는 그와 같은 형국이 되는 것이
니,
12 이것이 너희들의 어리석음이니라.
13 지금 종교의 집단이요, 그 가르침이
어찌하던가?
14 너희들은 수천 년 동안 처음에 시작하
는 그 아름다운 나의 성령을 전하는
것이 변질되기 시작하여
15 은으로 변했을 때 그 덩어리가 늘어났
으며, 동으로 변했을 때 그 덩어리가
더 늘어나고 쇠로 될 때 그 덩어리가
또 늘어남이니,
16 너희들이 지금 진실한 하늘에 오르는
참진리를 모르고 나 여호와가 이루고
자 하는 것을 모르기에 거짓과 거짓으
로써 나의 피조물 만백성을 이끌어 감
이니,
17 너희들이 그 거짓을 숨기기 위하여 그
들에게 많은 고통과 제약을 내리며 그
들이 지켜야 할 것을 수없이 만들어
전함이니라.
18 그리고 할 말이 없기에 너희들은 재물
과 금화와 은화로써 구원을 받는다 하
며,
19 그리하여 결국 너희들의 거짓말의 그
종착역은 무엇이던가?
20 인간인 신도가 지도자인 너희들을 평
가할 수 없으며,
21 너희들을 편안하고 아름답게 살도록
하며 신과 같이 받드는 그와 같은 믿
음으로 가는 것이 구원을 받는 길이라
하여 동면의 개구리처럼 입을 덮어 버
리는 그와 같은 것이 지금의 거짓과
거짓이 극에 달한 종교 집단이요, 믿
음을 끌고 가는 형국이 그러하니라.

22 너희들이 더 이상 갈 수 없음이니라.
23 더 이상 간다면 또 거짓과 거짓으로써
너희들이 잘못함을 덮어 가고자 함이
니, 그때 가서는 그를 알게 됨이니,
24 그를 안 백성들이 수천 년 동안 속아
온 것에 대하여 그 분노를 막을 길이
없음이니라.
25 그리하여 그들의 마음을 서서히 달래
며 그들이 속은 것을 깨닫게 하고자
내가 유한 방법으로써 너희들을 다스
리고자 함이니, 이게 곧 나의 법전이
요,
26 그리하여 가장 기초적인 깨달음 속에
서 서서히 너희들이 변해 갈 수 있는
그와 같은 것으로써 나의 성령을 기록
한 법전이 하늘에 오르는 길이요, 만
백성을 구원하며 심판하는 근본임을
너희들이 잊어서는 아니 될 것이니라.

4,204 번째 하나님 말씀

2002년 12월 15일 0시 41분

1 사랑하는 나의 아들아!
2 "네, 아버님! 말씀하옵소서."
3 이 지상이 아름다운 낙원이요,
4 이 세상에 수천 년 동안 흘러오면서
모든 백성들이 살아갔으며 나의 피조
물 만백성들이 살아갔음이니라.
5 그들이 육의 삶을 살면서 가장 갈구하
고 소원하는 것이 무엇이었겠는가?
6 생각이 있고 지혜를 가진 자들은 육의
세상의 삶이 아니요, 저희들이 나온
곳으로, 다시 그 세상으로 돌아가는
즉, 하늘에 오르는 그것이 가장 영광
된 것이며 가장 축복된 것이며,
7 그 길을 위하여 너희들이 살아왔다 하
면 이 세상에 내가 만든 이 지상의 낙
원의 형체보다 더 소중하고 귀한 것이
너희들이 구원을 받는 길이요, 하늘에
오르는 길임이니라.
8 그 길을 위하여 수천 년 동안 수많은
나의 피조물 만백성이 살다 갔으며,
9 또한 그들을 가르치며 하늘로 인도한
다는 종교 지도자가 수없이 세상에 와
살다 갔음이니라.
10 그러나 구약 시대에 그 뜻을 이루지
못하여 신약 시대에 내가 역사하였으
며,
11 그 신약의 시대에 또한 이와 같은 역
사를 이루지 못하여 몇천 년 동안의
세월이 암흑의 세상의 삶이라 하였음
이니라.
12 그리하여 제3의 시대를 맞이하여 내
가 직접 나의 뜻이요, 나의 성령을 세
상에 내려보내 만백성을 구하는 그 역
사를 시작한다면, 지금까지 너희들이
그리도 소중하게 살아왔던 인생의 삶
이 다 허무한 삶이었으며,
13 이제부터 너희들이 하늘에 오르는 길
이요, 구원의 길을 가는 그 역사가 시
작되는,
14 나 여호와 창조주가 새로운 시대를 열
며 새로운 세상을 만들고자 하는 그
역사가 지금 시작되었다 하면, 거기에
참여하는 나의 백성들이요, 그를 듣고
깨우치는 너희들이 과연 어떠한 자세
요, 어떠한 백성의 형태로 살아가야
되는 것인가를,
15 너희들은 스스로 그를 깨우치지 못한
다 하면 너희들이 정녕 악의 씨를 버

리며 선한 형태로써 존재하는 그와 같
은 깨달음을 얻을 수 없음을 알아야
될 것이니라.
16 이제는 너희들이 너희 스스로 오늘의
깨달음이요, 너희들이 이것은 해서는
아니 되며 저것은 해서는 아니 된다는
그와 같은 규제요, 그와 같은 계명에
귀를 기울이며 그곳에 맞춰 깨우쳐 가
는 그와 같은 삶을 살아서는 아니 될
것이며,
17 이제 너희들이 나로부터 선택된 백성
이요, 나의 아들에게 내리는 나의 성
령을 들으며, 그를 책으로 만들며, 그
의 강론을 듣는 너희들이야말로 어떠
한 백성들이며 얼마나 소중한 백성들
인가를 알아야 될 것이며,
18 너희들의 양어깨에 짊어지고 있는 그
대명이 얼마나 소중하고 무서운 것인
가를 안다 하면, 너희들 스스로 모두
의 살아가는 육의 삶에서 이 세상 만
백성에게 가장 모범이 되는 그와 같은
삶으로 변해 가고 살아가야 한다는 것
을 너희들이 이제 깨우쳐야 될 것이니
라.
19 너희들이 얼마나 무서운 일을, 얼마나
위대한 역사를 시작하며 그 역사의 소
용돌이에 서 있는가?
20 이 지상에 모든 내가 만든 창조물이
요, 이 자연의 움직이는 그것보다도
더 소중한 것이 바로 너희들이 구원받
는 것이니,
21 구원을 받고자 지금까지 수많은 백성
들이 갈구했으며 거쳐 갔으며 애원하
며 기도한 그와 같은 삶의 세월에서
이제 정녕 나의 뜻이요, 창조주가 너
희들의 하늘에 오르는 길이요, 구원의
길을, 그 성령의 기본의 뜻을 내려보
냄이니,
22 이를 하늘에서 내리는 것은 바로 무엇
이던가?
23 지금까지 살아왔던 모든 백성들은 하
늘의 그 길을 막았으며, 하늘에 오를
수 있는 통로를 막았으며, 하늘의 뜻
을 들을 수 있는 그 통로를 막고 사는
것이 지금의 백성들이니라.
24 이는 바로 너희들이 마음을 비우지 아
니하였기 때문이요,
25 마음을 비우는 자만이 하늘에 오르는
그 통로를 볼 수 있음이니,
26 바로 내가 너희들을 그와 같이 마음을
비워 하늘을 보며 하늘의 천기를 알며
내가 이루는 그 뜻을 알 수 있도록 그
리 깨우쳐 쓰고자 하여 너희들이 선택
된 백성이라 한다면, 너희들 자신이
어찌 살아가야 되는가를 너희들은 알
아야 될 것이니라.
27 너희들의 머리카락 하나가 세상에 떨
어지는 것도 나와 직결되는 것이라 생
각해야 될 것이며,
28 너희들이 하는 행동 하나하나 그 모두
가 다 너희 것이 아니요, 내가 너희들
을 쓰고자 선택했음이니,
29 창조주 내가 너희들을 선택하였음이
니, 그 모두가 다 나의 것이며, 내가
이루고자 하는 그 하나의 틀 속에서
너희들이 움직이는 것이며,
30 너희들 개인이 존재하는 것이 아니며
개인의 삶이 아니요, 개인의 행동이
아니라 하나의 틀을 이루어 너희들이
이룰 목적이 있으며 쓰일 곳이 있으며

할 것이 있다는 것을 깊이 깨우쳐 행
하는 자세로 이제 먼저 깨우쳐야 될
것이니라.
31 너희들이 계명을 지키며 나의 법전을
지키고 사는 것 또한 중요한 것이며,
너희들이 행해야 될 것, 행하지 말아
야 될 것을 내가 가르쳐 그를 따라 행
하는 것도 소중하나,
32 너희들은 이와 같은 대명을 받은 자들
이기에 너희들이 어찌 바로 서야 될
것이며 어찌 행해야 될 것인가 하는
것을 그리 바로 행하지 못하며 바로
서지 못할 때, 나의 법전을 버리는 것
이며 나의 뜻을 거역하는 것이며 그와
같이 무서운 죄를 짓는다는 것을 알아
야 될 것이니라.
33 내가 너희들에게 음식을 먹을 때 학과
같이 먹으라 하였으며, 걸을 때 천사
와 같은 모습으로 걸으며, 앉는 자세
요, 움직이는 자세를 바르게 고치라
하였거늘,
34 너희들이 과연 변화된 것이 무엇이며
정화된 것이 무엇이며 새로 서 있는
것이 무엇이며 새로 난 것이 무엇인가
를 알아야 될 것이니라.
35 구원을 받는 것이요, 하늘에 오르는
것이요, 나에게 선택됨은 너희들이 다
시 태어나는 것이라 하였음이니라.
36 깨달음을 얻어, 깨우침을 얻어 다시
태어나 그 깨달음 속에서 살아가는 것
이 너희들의 삶이라 하였으니,
37 그 모두의 외형이요, 내적인 면에서
변화되지 아니한다면 너희들은 정녕
나의 뜻을 거역하는 자들이요, 내 뜻
의 그 대명이 얼마나 소중하고 무섭고
두려운지를 모르는 것이니,
38 너희들 스스로 자세를 어찌해야 될 것
인가 그것부터 깨우치는 시간을 갖도
록 너의 제자들에게 그리 전하도록 하
라.

4,205 번째 하나님 말씀

2002년 12월 15일 0시 46분

1 사랑하는 나의 아들아!
2 "네, 아버님! 말씀하옵소서."
3 너희들의 깨우침을 위하여 성서에 기
록되어 내가 이미 비유하여 너희들에
게 가르쳤느니라.
4 포도밭에 와 일하는 자, 아침에 일찍
부터 제시간에 와서 해가 질 때까지
일한 자의 품삯이나 해질 무렵에 와
한두 시간 일한 자의 품삯이 똑같다
하였을 때, 그를 보고 불평하는 백성
이요, 품삯꾼이 있다 하였음이니라.
5 그러나 그를 주고 안 주는 것은 주인
의 뜻이며, 그를 평가하는 것은 그 주
인의 뜻이며, 짧은 시간 일한 자와 긴
시간 일한 자를 평가하는 것 또한 그
주관하는 주인이 알아서 행함이니,
6 너희들은 여기에서 하루 종일 일했다
하여, 또는 늦게 왔다 하여, 일찍 왔다
하여 그와 같은 시시비비를 해서는 안
되는 것이 너희들의 믿음임을 알아야
될 것이니라.
7 너희들은 수십 년 동안 믿음의 길을
왔으며 평생 나 여호와를 위하여 기도
하고 경배하며 헌금을 바치며 재물을
바치며 성전을 지으며 그와 같은 믿음
의 길을 왔으나, 방탕한 생활을 하다

가 뒤늦게 깨달음을 얻는 백성이 있다
하여 그들과 너희들이 똑같이 구원을
받는다면 너희들은 억울하고 분하다
그리 말할 것이니라.
8 너희들은 그리 생각할 것이며 그 불만
이 또한 이루 말할 수 없을 것이나,
9 너희가 그와 같은 구원을 받고 못 받
는 것은 너희들이 믿음을 행함에 있어
서 어찌 실천하며 어찌 살아왔느냐가
중요한 것이니, 이를 너희들에게 깨우
쳐 주고자 하는 그 비유임을 알아야
될 것이니라.
10 너희들은 또한 말할 것이니라.
11 몇십 년 동안 너희들이 믿음의 길을
갔으며, 그리고 방탕한 생활이요, 잘
못된 생활을 평생 하다가 마지막 순간
죽음 직전에 나 여호와를 찾으며 나를
부르면 구원을 받을 수 있다는 그와
같은 생각을 하는 백성이 있을 것이
며, 또한 그와 같은 믿음으로 갈 수 있
다 생각할 것이니라.
12 그리고 그와 같은 것으로도 구원을 받
을 수 있으며 죽음 직전에 정녕 깨우
치면 구원을 받을 수 있는 것을, 너희
들만 평생 그리 믿음의 길을 가는 것
은 너무나 억울하고 차별된 것이 아닌
가 생각할 것이니라.
13 그러나 내가 너희들에게 일찍이 깨우
쳐 전하였음이니라.
14 너희들이 나 여호와로부터 구원받는
것은 너희들이 모르고 짓는 죄도 그
죄의 몇 배의 선을 쌓아야 한다 하였
으며, 너희들이 알고 짓는 죄는 정녕
용서를 받지 못한다 하였음을 여기서
기억한다면, 그와 같은 것을 너희들이
깨달을 수 있는 깨달음을 얻을 것이니
라.
15 그러니 너희들은 일꾼에게 일정한 품
삯을 주는 것이 주인의 뜻이며, 또한
그를 부린 자가 알아서 준다는 그 비
유는 곧 무엇이던가?
16 너희들이 믿음의 길을 어떠한 형태요,
어떠한 길에 왔느냐 하는 것을 말하는
것이 아니요,
17 너희들이 어찌 믿음의 길을 왔느냐가
가장 중요한 것임을 알아야 될 것이며,
18 또한 여기서 너희들이 깨달을 것이 있
느니라.
19 구원을 받을 것이며 구원을 받았다 생
각하는 자, 그와 같은 착각 속에서 깨
어나야 함을 알아야 될 것이니라.
20 너희들을 구원해 주고 안 해 주는 것
은 나 여호와의 뜻이요,
21 너희들이 천국의 문에 들어오고 못 들
어오는 것은, 내가 그 열쇠로써 천국
을 열어 주느냐 못 열어 주느냐 하는
것은 나의 고유의 권한이거늘,
22 감히 너희들이 구원을 받았다 하며,
구원의 대상이 되었으며 너희들은 선
택된 백성이라는 그와 같은 착각에서
살아가서는 아니 되니,
23 이 모두를 너희들에게 깨우쳐 주고자
오늘에 그 비유로써 내가 전함을 성서
에 기록하였음을 너희들이 알아야 될
것이니라.
24 오만하며 자만하는 그와 같은 자세에
서, 너희들이 정녕 바로 하늘에 오르
는 길이 무엇인가를 알며 내가 직접
써 내린 그 십계명을 지키고 사는 것
이 얼마나 소중한 것인가를 깨우치는

깨달음을 얻어야 할 것이니 그리 알라.

4,206 번째 하나님 말씀

2002년 12월 15일 0시 52분

1 사랑하는 나의 아들아!
2 "네, 아버님! 말씀하옵소서."
3 나의 피조물 만백성들이 구원의 길이
라 하여 수천 년 동안 믿어 온 그 믿음
의 방향과 지금 너희들이 가고 있는
그와 같은 방법으로써는 너희들이 구
원의 길이 아니요,
4 너희들이 계속 그와 같은 길을 가고
있는 것은 인간의 깨달음의 믿음이 아
니요, 짐승과 같은 한계를 벗어나지
못하는 믿음이라 내가 너희들에게 일
찍이 깨우쳐 가르쳐 주었음이니라.
5 그리하여 나의 백성들을 하늘에 오르
는 길이 아니요, 지옥으로 인도하는
것이 종교 지도자들이 지금 이끌어 가
는 형국이라 내가 말하였음이니,
6 너희들의 믿음은 인간의 깨달음이요,
지혜로움의 변화의 역사에 맞춰 그들
을 이끄는 것이 아니요,
7 계속 같은 방법으로써 그들을 가르치
고 또 가르치며 그와 같이 반복된 그
믿음으로써는 정녕 짐승의 한계를 벗
어나지 못한다 내 그리 무서운 말을
너희들에게 전하였으니, 너희들은 그
뜻을 깊이 깨우쳐 알아야 될 것이니라.
8 짐승이란 바로 무엇이던가?
9 주면 먹는 것이니라.
10 그리고 그들을 길들이기 위하여 인간
은 어찌하는가?
11 그들에게 먹이를 주며 때로는 매로 다
스리며 그를 길들이니라.
12 그러나 그 짐승들은 왜 제가 맞으며
왜 그와 같이 길들어 가는지, 제가 인
간으로부터 고통과 시련의 훈련을 받
아 가면서 왜 그와 같은 행동을 해야
하는지를 알지 못하는 것이며, 그 이
상도 그 이하도 생각하지 못하는 것이
짐승의 한계라 하였음이니라.
13 지금 너희들이 믿음이라는 길을 오며
수천 년 동안 지금까지 오는 그 형태
로부터 너희들은 변화되는 믿음이 아
니니, 어찌하여 너희들을 그리 깨우치
는가?
14 나로부터 명을 받아 세상에 나간 만물
의 왕이요, 만물의 지도자라는 너희
인간들은 어떠한가?
15 너희들은 그러하지 아니한 것이니라.
16 아무리 어린아이라도 어려서부터 부
모가 그 아이가 잘했을 때 칭찬하며
격려해 주며, 그리고 미래의 꿈을 심
어 주며,
17 그 자식이 또한 행동을 바르게 잘했을
때 그 부모는 기쁜 마음으로 그 아들
을 가슴에 안아 주며 칭찬하고 그를
사랑하는 마음이요, 사랑을 표현하면
서 아이들을 길러 가느니라.
18 그러나 아이는 어려서는 그 부모의 뜻
과 의미를 그때는 모르느니라.
19 어머니가 머리를 쓰다듬어 주며 칭찬
하며 잘했을 때 가슴으로 안아 주는
그와 같은 그 의미를 그 아이는 모르
나,
20 서서히 자라면서 부모가 왜 그러한 행
동으로써 저에게 표현했으며 왜 사랑
의 표현을 했으며 제 머리를 쓰다듬어

주면서 또 듣고 깨우쳐야 될 그 많은
가르침을 주고자 했는가를 그 아이는
서서히 커 가면서 알게 되는 것이니라.
21 너희들이 바로 깨우치며 하늘에 오르
는 그 공부 또한 그리해야만 하느니라.
22 어린아이가 서서히 자라서 부모가 저
희를 보듬어 주며 사랑의 뜻을 전했던
그 의미와 그 부모의 깊은 뜻을 알듯
이,
23 성경의 공부를 하는 것이요, 또 하늘
에 오르는 것이 그와 같은 변화가 아
니 되면 너희들은 알 수 없는 것이니
라.
24 믿음의 세월이 가면서 부모의 마음을
아는 아이처럼, 너희들은 믿음의 세월
이 가면 갈수록 성서의 깊이를 알게
되는 것이며,
25 정녕 하늘의 뜻이 무엇이며 나 여호와
창조주가 이루고자 하는 것이 무엇인
가를 아는 것이 진정한 믿음이거늘,
26 너희들은 그를 알지 못하며 그를 가르
치는 자가 없으며 그를 인도하는 자가
없기에 그저 항상 제자리걸음을 하는
그와 같은 믿음으로써 그와 같은 방법
으로써 수천 년 동안 흘러왔으니,
27 아무리 가르쳐도 그 뜻이 무엇이며 왜
그를 가르치는지를 모르는 우매한 짐
승과 같은 행동이라 함이 여기 있으니,
28 너희들은 이 무서운 뜻을 깊이 새겨
너희 것으로 만들어 변화되는 삶을 살
지 아니해서는 너희들은 정녕 구원을
얻을 수 없음이니라.
29 어린아이가 서서히 자라면서 부모의
그 속의 뜻을 알고 그 마음을 알듯이,
30 성서의 깊은 뜻을 알며 변해 가는 인
간이 아니며 변해 가는 삶이 아니라면
너희들은 나와는 아무런 관계도 없으
며,
31 정녕 구원의 그 빛이요, 길조차도 볼
수 없는 것이 너희들의 운명임을 잊어
서는 아니 될 것이니라.

4,207 번째 하나님 말씀

2002년 12월 15일 0시 58분

1 사랑하는 나의 아들아!
2 "네, 아버님! 말씀하옵소서."
3 사랑하는 만백성 너희들을 깨우치고
가르쳐 하늘에 오르는 길을 보도록 하
기 위하여 내가 성서에 기록하여 너희
들에게 깨우쳐 준 한 구절의 대목이
있음이니라.
4 탕자를 비유하여 내가 기록하여 너희
들에게 전했으니, 너희들은 그를 깊이
읽고 깨우쳐 그 뜻을 알아야 할 것이
니라.
5 형제를 둔 부모에게 한 자식이 제 재
산의 몫을 부모로부터 받아 떠나니,
그 아들이 그 재산을 다 탕진하여 거
지가 되어 돌아왔을 때, 그 부모는 그
자식을 어찌 맞이한다 하였느냐?
6 그 부모는 탓함이 없으며 꾸짖음이 없
으며, 그저 기쁜 마음으로 아무런 조
건 없이 그 아들을 받아들여 그 아들
이 돌아옴을 기쁨으로써 잔치를 베풀
어 축하하며 기뻐했느니라.
7 그보다 몇천 배 몇만 배 더 너희들을
사랑하는 나 여호와가 너희들을 구원
하고자 하는 그 사랑이 어떠한 것인가
너희들은 한번 돌이켜 봐야 할 것이니,

8 그보다 더 진한 마음으로, 그보다 더
진한 뜻으로써 나 여호와 창조주가 너
희들을 사랑하며 너희들을 구원하고
자 하는 내 마음을 너희들이 어찌 그
리도 모르는가?
9 탕자로 돌아온 형제를 그 형은 거부
하며 그를 받아들이려 하지 않았음이
니라.
10 그러나 그 형이 끝까지 제 부모의 뜻
을 거역하며 그를 받아들이지 아니하
였을 때 과연 어찌하겠는가?
11 끝까지 부모의 뜻을 거역하고 제가
돌아온 동생을 반대하며 형제로 인정
하지 아니하며 그가 그 가정으로 돌아
오는 것을 반대하였다면 부모는 어찌
하였겠는가?
12 그 부모의 마음과 그 부모의 처신은
어찌하겠는지 너희들은 생각해 보았
는가?
13 그 부모는 모두를 다 포기해서라도,
집에 있는 자식을 버려두고서라도 그
탕자의 자식을 버리지 아니할 것이며
그를 받아들이는 것이 그 부모의 마음
일 것이니라.
14 지금의 믿음의 길을 가고 있는 너희
들이 과연 어떠하던가?
15 지금의 믿음의 길을 가며 구원을 받
으며 하늘에 오르는 길이요, 사랑을
베풀며 저희들은 구원을 받았으며 나
의 아들 예수의 피의 보상으로써 구
원을 받았다 말하는 그 백성, 그들은
탕자의 길을 가다 돌아온 동생을 위
하여 잔치를 베푸는 그 잔칫상을 들
어엎을 것이며,
16 그 부모에게 자식과 부모의 관계를
끊자고 대드는 것보다도 더 사악한
방법으로 그 잔칫상을 들어엎는 그와
같은 형국으로 되어 있음이니라.
17 돌아온 형제를 받아들이지 아니할 것
이며 형제로 인식하지도 아니할 것이
며,
18 그와 같은 행위를 하고도 남는 것이
지금의 믿음의 길을 가고 있는 자들
이니라.
19 너희들은 그 형제요, 이웃지간에도 같
이 믿지 않는다 하여 경원시하며 사람
으로서 취급하지 아니함이니, 그와 같
이 너희들이 사악한 자들로 되어 있
음이니,
20 나의 아들이요, 나의 딸들이, 그들이
방탕한 길을 갔다 하여, 이단의 길이
라 하여, 그들이 잘못 갔다 하여 너희
들이 과연 그들을 바라보며 용서할 수
있는 자가 될 수 있는가?
21 너희들은 그들을 죽음으로써 거부할
것이며, 너희들은 그들과 겸상하지 아
니하려 하며 그들을 용서하지 아니하
는 것이 너희들의 그 사악한 형국임을
알아야 할 것이니라.
22 너희들은 형제로서 용서치 아니하며
이웃으로서 용서치 아니하며, 부모까
지도, 너희 마음속으로 그 부모의 사
랑하는 마음까지 거둬들이고자 하는
것이 너희들의 지금의 그 형태이니라.
23 지금 가고 있는 종교의 지도자요, 또
한 배우고자 하는 너희들을, 이를 어
찌 깨우쳐야 할 것인가?
24 오로지 이를 바로 깨우치며 이와 같은
마음의 자리를 잡을 수 있는 것은 나
의 법전을 정독하고 깨우치는 그 속에

서만이 너희들이 탕자로서 돌아온 그
형제를 받아들일 수 있는 마음으로 돌
릴 수 있는 것이며,
25 지금의 백성 너희들에게 가장 소중한
보배가 지금 내가 내리는 법전임을 잊
어서는 아니 될 것이니 그리 알라.
26 너를 따르는 제자들, 또한 나의 법전
을 읽은 백성, 너희들은 이웃에 있는
모든 형제들에게 그 뜻을 깨우치며
법전을 전하는 데 최선을 다하여,
27 돌아온 탕자를 받아들이지 아니하며
그 잔칫상을 들어엎으며 그 형제를 받
아 준다 하여 부모에게 대들며 부모
와 자식 간의 연을 끊는 그와 같은 지
금의 종교 집단 그들을 바로 깨우치는
것이 너희들이 해야 할 일임을 잊어서
는 절대로 아니 되며,
28 법전을 접하지 아니하는 백성은 그리
변할 수 없음을 알아야 할 것이니라.

4,208 번째 하나님 말씀

2002년 12월 15일 01시 06분

1 사랑하는 나의 아들아!
2 "네, 아버님! 말씀하옵소서."
3 정녕 너희들이 바로 살고자 할 때, 무
조건 너희들에게 사랑을 베푸는 나
여호와이며,
4 사랑을 행함에 있어서 주저하지 아니
함이 나 여호와이니라.
5 만백성 너희들을 내가 사랑함이니,
6 내가 너희들이 바로 서고자 할 때 못
난 자, 잘난 자, 가진 자, 갖지 아니한
자 구분없이 무조건 너희들에게 사랑
을 베풀며 내가 너희들을 사랑함을
알아야 할 것이니라.
7 그러나 지금의 믿음의 길을 가고 있
는 백성의 가는 형태와 그 길이 어떠
하던가?
8 어떠한 자든 만백성은 나 창조주의 아
들딸이니, 너희들을 내가 무조건 사랑
하며 그 사랑을 베풀고자 내가 존재함
을 의식하지 아니함이니라.
9 너희들이 이와 같은 일을 하며 이와
같은 행동을 하며 이와 같은 조그마
한 선행을 함으로, 제가 이와 같은 행
동을 함으로 나 여호와가 너희들을 기
억하며 내가 너희들에게 은혜를 주며
너희들에게만 특별히 사랑을 베푸는
옹졸하고 치졸한 나 여호와라 하여 너
희들이 그와 같은 믿음으로 가서는 아
니 됨을 알아야 할 것이니라.
10 이제 너희들이 조그마한 일을 했다
하여 내가 그를 사랑하며 그를 기억
하며, 내가 그와 같이 너희들이 작은
선행을 했다 하여 너희들만을 특별히
생각하고 사랑한다는 그와 같은 치졸
한 방법의 믿음에서 벗어나지 못하면
너희들은 깨달음을 얻을 수가 없음을
알아야 할 것이니라.
11 너희들이 지금의 믿음은 어떠한 형국
으로 가는가?
12 아주 치밀한 계산이요, 아주 철저한
이해관계의 계산속에서 너희들이 조
용히 구원을 받으며 천국에 오고자 아
양을 떠는 그와 같은 믿음의 형국으로
가는 그 추한 모습을 나 여호와가 이
제는 더 이상 보기가 역겨움을 너희들
은 알아야 할 것이니라.
13 너희들은 계산적이며 치밀한 계산속

에서 아양을 떠는 그와 같은 믿음에서
벗어나야 할 것이며,
14 그를 벗어나지 아니하는 자, 아무리
울고불고하며 기도를 한다 해도 내가
그를 들어주지 아니하며 들을 수 없음
을 너희들은 알아야 할 것이니라.
15 나 여호와는 만백성을 똑같이 사랑하
며, 그 모두에게 무조건 사랑을 베풀
고자 하는 것이 나의 뜻이라는 것을
너희들이 알아야 할 것이니라.
16 그리하여 너희들이 이제 정녕 하늘에
오르고자 한다면 나 여호와는 너희들
이 어떠한 형태로 세상을 살아가든,
착하고 선한 마음으로 변하고자 하는
그 마음을 가지고 있는 모든 백성에게
무조건 사랑과 은혜를 베푼다 함을 잊
어서는 아니 될 것이니,
17 이와 같은 나 여호와의 깊은 뜻을 알
고 너희들이 묵묵히 나의 뜻에 의하여
하나하나 변해 가는 그와 같은 자세의
삶을 살 때, 그것이 바로 너희들이 구
원을 받으며 하늘에 오를 수 있는 중
요한 것임을 알아야 할 것이니, 이를
잊어서는 아니 될 것이니라.
18 너희들이 묵묵히 나를 향하여 오는 그
믿음 속에서 스스로 변하고자 하는 그
마음의 자리가 세월이 가면 갈수록 더
깊어지는 그 말 없는 믿음 속에서 갈
때 구원의 길에 들어설 수 있다는 것
을 알아야 할 것이니라.
19 너희들의 변화되는 마음이요, 너희들
의 마음이요, 계산이요, 세속적인 삶
의 그 뜻에 따라 수시로 변하는 그와
같은 자세로써는 나에게 오를 수 없음
이니,
20 내가 너희들에게 표현하기를 아양 떠
는 그와 같은 믿음으로 오지 말라 하
였음이니,
21 이를 깊이 깨우쳐 너희들이 진지하고
깊은 믿음의 세상을 들여다보도록 그
리하라.
22 마음을 비우면 세상사의 모두를 다
볼 수 있는 것이거늘,
23 마음을 비우지 못하기에 너희들이 그
와 같이 치졸한 방법으로 믿음의 길
을 가느니라.
24 작은 선한 일 하나 했다 해서 그를 기
억하며 그를 따라 사랑을 주며 내가
너희들을 기억한다는 그와 같은 믿음
에서 탈피해야 함을 잊어서는 아니
될 것이니라.

4,209 번째 하나님 말씀

2002년 12월 15일 01시 20분

1 사랑하는 나의 아들아!
2 "네, 아버님! 말씀하옵소서."
3 너희들 만백성이며 너의 제자들에게
내가 무어라 가르쳤던가?
4 인간이 이 세상에 나와 살아갈 수 있
는 그 모두를 위하여, 하늘에 오르는
길이 100점이라면, 60이라는 그 점수
는 너희들이 인간 세속에서 살아가며
또 이루어지며 변화되는 그 삶을 살아
가도록 내가 너희들에게 내려 준 것이
라 하였음이니,
5 그 속에서 이루어지는 어떠한 형태에
나 여호와를 갖다 붙이지 말며,
6 너희들이 얼마나 노력하고 이루느냐
에 따라서 그것은 너희들이 거둬들일

수 있으며 이룰 수 있다 하였음이니라.
7 그리하여 너희들이 어떠한 작은 것을
가지고도 너희들의 믿음의 성전에 나
가지 아니하였으며, 종교 지도자에게
말을 잘못하였으며, 헌금을 잘못 내서
그와 같은 불이익을 당한다는 그와
같은 소리를 하지 말라 내가 말하였음
이니라.
8 60점이라는 그 속에서 너희들이 얼마
만큼 노력하느냐에 따라서 얻고 잃는
것이니, 그곳에 나 여호와의 이름을
팔지 말라 내가 너희들에게 말하였음
이니,
9 그것이 바로 너희들이 세속에서 살아
갈 수 있는 너희들에게 주어진 축복
이요, 한계라 내가 가르쳤음이니라.
10 이제는 네가 그 60점이라는 의미가
얼마나 중요하고 얼마나 방대한 것인
가를 너의 제자들에게 깨우쳐 줘야
할 것이니라.
11 손톱 밑에 가시 하나 찔리는 것도 나
여호와의 뜻이라는 그와 같은 생각을
너의 제자들은 갖고 살아서는 아니
되며,
12 너희들이 거기서 노력해서 얻고 못 얻
는 것은 60점 그 안에서 이루어짐이
니, 그 뜻을 항상 생각하며,
13 그 생각이 얼마나 무서운 변화를 가져
오는 것인가를 너의 제자들이 연구하
고 깨우치도록 그리 네가 가르쳐 줘
야 할 것이니 그리 알라.
14 너희가 죽어서 나에게 올라올 때까지
육의 삶에서 이루어지는 것은 나의 뜻
에 의하여 행하여지며 나의 뜻이라 너
희들이 생활 속에서 삶에 대입하여 거
기에 안주하는 생각을 하지 말라 이르
라.
15 이제 그 속에서 너희들이 얻고 못 얻
는 것은 너희들의 노력 여하에 달렸
음이니, 그 권한을 내가 너희들에게
준 것이니라.
16 이곳 성전에서 네가 나의 피조물 만
백성이요, 너의 제자들에게 강론하는
데, 한 여인이 와서 뭐라 악을 쓰며 너
희들에게 대들더냐?
17 그가 악을 쓰면서 하는 말이 과연 무
엇이더냐?
18 너희들과 아무런 관계도 없으며, 제가
세속에 살아가다 이루어진 제 일을 갖
고 나의 성전에 와 뭐라 말하는 것이
냐?
19 나의 아들은 알지도 못하며 보지도 못
하며 아무런 관계도 없는 그와 같은
저 자신의 일을 가지고 그 여인이 나
의 성전에 와서 너의 제자들 앞에 얼
굴 하나 붉히지 아니하며 당당히 목청
높여 소리 지르며 말하는 것이 무엇이
더냐?
20 제가 나 여호와 하나님으로부터 말씀
을 들었으며 하나님 창조주인 내가 나
의 뜻이라 하여 저에게 전해 준 것이
라 하면서 뭐라 말하던가?
21 제가 세상에서 저질러 놓은 그 일을
나 여호와요, 내가 이룬 이 성전에 나
의 아들 앞에 감으로 인해서 그 아들
이 해결해 준다고 나 여호와가 그리
말했으며 하나님에게 들었으니 그 모
두가 하나님의 뜻이라 그리 말함이니,
22 세상사에서 제가 저질러 놓은 일을
가지고, 나의 아들과는 아무런 관계도

없는 그 일을 가지고 나의 성전에 와
서 해결해 주도록 나 여호와로부터 명
을 받았으며 그게 하나님의 뜻이라 그
리 억지를 쓰는 그 여인의 행동을 볼
때, 너희들은 과연 어떠한 생각이 드
는가?
23 나의 성전에 와 나의 아들에게 억지를
쓰며 악을 쓰는 그 여인이 나 여호와
의 이름으로써 그리되었다 하니, 그가
얼마나 나의 이름을 편리하게 이용하
며 나를 팔아먹고 사는 것인가?
24 그가 생각하며 행동하는 것을 너희들
은 한번 똑바로 바라다봐야 할 것이
며,
25 나 여호와의 뜻이라 하여 억지를 부
리는 자, 그 행위가 어찌 타당한 행위
이며, 너희들이 어찌 그를 들을 수 있
으며 이해할 수 있겠는가?
26 지금 믿음의 길을 가고 있는 모든 백
성이 다 그러하니라.
27 그 여인처럼 상식적으로 말도 안 되
는 일을 저 혼자 하나님으로부터 명을
받았으며 나의 뜻이라며 그리 행동하
니,
28 상식 이하의 행동을 하면서 하나님의
뜻이라 말하는 믿음을 갖고 가는 그
들을 지금 어찌해야 되겠는가?
29 그들은 그 자체를 깨우치지도 못하며,
말도 되지 아니하며 이해도 되지 않는
그와 같은 것을 가지고 모두는 나 여
호와의 뜻이라 그리 믿고 생각하며
그리 나를 팔아먹는 것이 지금 믿음
의 종교 집단들이 가고 있는 행위이니
라.
30 제가 잘못한 것도 나 여호와의 뜻이
요, 이웃과 시비를 하는 것도 하나님
나의 뜻이라 그리 말하며,
31 형제지간에 사이가 나빠지는 것도 하
나님의 뜻이요, 남을 저주하면서 남을
욕하면서 남을 시기하면서 그 또한 하
나님의 뜻이라 그리 말하며,
32 도적질하면서도 하나님의 뜻이요, 싸
우려 하지 아니하는 자의 멱살을 잡
고 싸움을 걸며 시시비비를 하며 남
의 것을 뺏어 가면서도 그것이 나 여
호와의 뜻이라 그리 말을 하면 어찌하
겠는가?
33 악을 쓰는 것도 나 여호와의 뜻이요,
저희들이 가다 넘어진 것도 나의 뜻이
요,
34 막무가내로 나의 뜻이라, 모든 것이
다 하나님의 뜻이라 그리 밀어붙이고
살아간다면 과연 어찌하겠는가?
35 지금의 모든 종교 지도자들이 그와 같
은 행동으로써 살아가고 있음이니라.
36 이는 바로 무엇이던가?
37 저희들의 잘못되고 사악한 행위를 미
화시키며 자신을 변호하고자 하는 것
이 지금의 믿음의 길을 가고 있는, 믿
음 속에서 구원을 받았다 하는 그 백
성들이 하고 있는 짓이니, 이를 과연
너희들은 어찌하여야 되겠는가?
38 과연 너희들도 그와 같은 행위를 할
수 있는가?
39 60점 속에서 그 모두를 이룰 수 있도
록 하였음이니,
40 육이 존재하는 속에서 이루어지는 것
은 너희들의 노력 여하에 달렸다는
마음으로써 너희들이 그 깨달음을 얻
어야 할 것이니라.

41 너희들은 그렇게 해서는 아니 될 것
이며, 정녕 그리해서는 아니 됨을 알
아야 할 것이니라.
42 진리가 아니요, 인간이 노력해서 해결
할 수 없는 그와 같은 것이 이루어졌
을 때 그를 나 여호와의 뜻이라 말한
다면 내가 너희들을 탓하지 아니할 것
이니라.
43 그러나 그 모두는 너희들의 뜻이니라.
44 지금 너희들 인간 속에서 이루어지는
그 생각이나 너희들이 행하는 것은
나 여호와의 뜻이 아니요,
45 너희들이 정녕 너희들의 뜻을 가지고
나 여호와의 뜻이라 말하는 것임을
잊지 말아야 할 것이니라.
46 하나의 개인이 살아가면서도 제 뜻을
가지고 나 여호와의 뜻이라 억지를
쓰며 악을 쓰고 대들 때, 그를 다스리
고 말릴 수도 없는 것이거늘,
47 만백성을 구하는 종교 지도자들이 저
희들이 해서는 안 될 일을 하며, 인간
이하의, 상식을 벗어나는 빗나간 행동
을 하면서도 나 여호와의 뜻이기 때문
에 저희들이 그리 행했다 하면 과연
어찌하겠는가?
48 그와 같은 종교 지도자가 썩어져 가는
그 쇳가루가 떨어지듯이 날아가 성전
이라는 것을 지어 놓고 그와 같은 행
동을 부끄러운 줄 모르고 죄가 되는
줄 모르고 하기 때문에 지금 종말의
시대라 하는 이 사악한 시대가 도래하
였음을 너희들은 알아야 할 것이니라.
49 그리하여 하나님의 뜻이라 말하는 자
들이 과연 무엇을 말하는가?
50 남의 뜻을, 남을 이해하지도 않으려
하며 그저 오로지 제 고집으로써 제
가 들은 것만이, 제가 하는 것만이 하
나님의 뜻이라 하여,
51 그 이상은 타협하지 않으려 하며 저희
들의 고집만을 부리고 살아가는 것이
지금의 믿음의 길을 가는 자들이 하는
것이니, 이를 어찌해야 되겠는가?
52 정녕 너희들이 하나님의 뜻이라 하는
자들끼리 이것도 하나님의 뜻이요, 저
것도 하나님의 뜻이라 하는 자들이,
갑과 을이 부딪쳐 싸울 때 그들은 어
떠하던가?
53 목숨을 저버리는 피비린내 나는 그와
같은 싸움이 이루어질 것이니, 그리하
여 이 세상에 종교 집단의 그 무서운
전쟁을 내가 막기 위하여 나의 법전을
세상에 내려 다스리고자 함임을 너희
들은 알아야 할 것이니라.
54 이제 너의 제자들에게 일깨워 주라.
55 육의 세상에서 이루어지는 것은 너희
들이 노력함으로 얻고 못 얻는 것이
니,
56 그 모두를 다 나 여호와의 뜻이라 그
리 돌리지 말도록 깨우쳐 주라.
57 너희들이 인간으로서 이룰 수 없는 기
적을 역사하며, 너희들이 질서에 어긋
나지 않는 그 행동만이 나 여호와의
뜻임을 잊지 말라.
58 너희들이 도둑질하며 남을 속이며 남
을 시기하며 질투하며 남의 것을 강제
로 취하고자 하면서 그 모두가 나 여
호와의 뜻이라 그와 같이 미화시키고
변명하는 행위를 하지 말도록 너의 제
자들에게 깊이 깨우쳐 주도록 그리하
라, 사랑하는 나의 아들아!

4,210 번째 하나님 말씀

2002년 12월 15일 01시 30분

1 사랑하는 나의 아들아!
2 "네, 아버님! 말씀하옵소서."
3 너희들이 하늘의 뜻이요, 하나님의 뜻
이라 하는 그 말을 함부로 쓰지 말라
하였으며,
4 그리 미화시켜 너희들의 그 죄의식을
덮는 곳에 나 여호와의 뜻이라 함은
아니 된다 내가 말하였음이니라.
5 인간이 해결할 수 없으며 인간의 노력
으로써 인간의 능력으로써 나의 백성
너희들이 해결할 수 없는 그와 같은
역사가 이루어졌을 때, 너희들이 나의
뜻이라 부를 수 있으며,
6 도덕적으로 너희들이 한 점의 부끄럽
이 없는 그와 같은 역사를 이루며 너
희들 자신이 변화되는 삶을 살아갈
때, 나 여호와의 뜻이라 너희들이 그
리 생각하고 말할 수 있음이니라.
7 인간의 노력과 인간의 힘으로, 인간의
지혜로 해결할 수 있는 일들을 하나
님 나의 뜻이라 너희들이 말하는 것은
잘못됨을 알아야 할 것이니라.
8 너희들의 힘으로써 지혜로써 노력으
로써 이루어질 수 있는 것을 나 여호
와의 뜻이라 말하며, 너희들이 인내하
고 참을 수 있는 것, 그리고 넘길 수
있는 그와 같은 일들을 나 여호와의
이 뜻이라며 그리 행해서는 아니 됨
을 알라.
9 너희들 인간의 노력으로써 이루어질
수 있는 것, 그리고 인간으로서 하지
않고 참고 인내할 수 있는 것, 그와 같
은 것은 너희들 자신의 생각이요, 자
신의 뜻을 나 여호와의 뜻이라 말하는
것임을 너희들은 알아야 할 것이니라.
10 인간으로서 이룰 수 있는 그 모두를
너희들이 이루어 가면서 그와 같은 세
속에서 나 여호와의 뜻이라 말하는 것
은 나의 뜻이 아니라 너희들의 생각이
요, 너희들의 집착하는 마음에서 너희
들 스스로 그리 말하는 것임을 알아야
할 것이니라.
11 너희들이 나 여호와의 뜻이 아닌 것을
가지고 너희들의 생각을 가지고, 너희
들의 집착하는 마음의 자세를 가지고
너희들의 환상 속에서 나 여호와의 뜻
이라 그리 말하는 것이 얼마나 무서운
결과를 초래하는 것인가를 너희들은
알아야 할 것이니라.
12 그는 너희들이 나 여호와의 뜻이라
말하면서 너희가 나 여호와 창조주의
자리에서 행사하고자 하는 무서운 범
죄를 범하고 있다는 것을 알아야 할
것이니라.
13 너희들이 얼마나 무서운 죄를 짓고 있
는가?
14 너희들의 뜻을 가지고 나 여호와의
뜻이라 말한다는 그 자체가 너희들이
내 자리에 앉아서 행하는 그와 같은
행동임을 알아야 할 것이며,
15 또한 너희들이 그와 같은 마음을 갖
는다는 것은 무엇을 말하는가?
16 너희들의 마음속에 다른 우상을 두고
있는 것이니, 그 죄가 얼마나 무섭고
가혹한 것인가를 알아야 할 것이니라.
17 이제 너의 제자들에게 이르라.
18 인간의 능력으로써, 인간의 지혜로써

이루어질 수 있는 일, 그리고 너희들
이 인간의 지혜로서 사악한 마음, 잘
못된 길, 남들로부터 저주받는 어떤
행위도 스스로 억제하고 견딜 수 있
는 그와 같은 일을 저지르는 것은 너
희들 인간의 생각이요, 나의 뜻이 아
님이니,
19 그와 같은 것을 나의 뜻이라고 빙자
하여 억지를 쓰며, 세상에 안 되는 것
을 되는 것처럼 말하며, 너희들이 해
서는 안 되는 그와 같은 일을 행해서
는 아니 됨을 명심하여 깨우쳐 주도록
그리하라, 사랑하는 나의 아들아!

4,211 번째 하나님 말씀

2002년 12월 15일 01시 41분

1 사랑하는 나의 아들아!
2 "네, 아버님! 말씀하옵소서."
3 너희가 세상사 살아가며 나 여호와의
뜻이라고 편리한 대로 써먹으며 너희
들의 생각이 들어가는 순간, 그 모두
는 나 여호와의 뜻이 아니며 너희들은
나와 관계없는 그와 같은 삶의 행위를
한다는 것을 알아야 할 것이니라.
4 너희들이 수천 년 동안 우리 부자의
이름을 팔아 지금까지 이와 같이 나의
피조물 만백성을 구원이 아니요, 지옥
의 길로 인도하였음이니,
5 이제는 너희들이 나 여호와의 뜻이라
하여 모두를 다 지금 이와 같이 추한
행위를 하면서도 부끄러우며 죄짓는
줄 모르고 살아가며 나 여호와의 뜻이
라는 그것 하나로써 밀고 나가는 그
와 같은 형국이 되어 있음이니,
6 순수한 진리의 참뜻마저도 잃게 되었
으며 그를 보지 못하는 것이 지금 종
교 집단이요, 만백성 너희들이 가고
있는 길이니라.
7 저 자신의 의지요, 생각이 나 여호와
의 뜻이라 생각하는 그들에게 이제는
너희들이 깨우쳐 주어야 할 것이며,
8 나의 법전을 그들의 손에 쥐여 주어
그들이 바로 설 수 있도록 그리해야만
하는 것을 너희들은 알아야 할 것이
니라.
9 너희들은 그들을 깨우치기 위하여 노
력하여야 할 것이며,
10 나 여호와 또한 그들을 깨우치고 바
로잡기 위하여 160권의 법전을 세상
에 내려보내니,
11 너희가 무엇이 나 여호와의 뜻인지
아닌지를 구분하지 못하고 있는 이
시점에서, 나의 법전을 읽는 자만이
무엇이 진정 나 여호와의 뜻이며 무
엇이 너희들의 생각인지를 알게 될
것이며,
12 이는 너희들의 생각이요, 이는 나 여
호와의 뜻이라는 것을 너희들이 구분
하게 되는 것이니라.
13 그것을 구분하지 못하여 너희들이 그
저 나 여호와의 뜻이요, 하나님의 뜻
이요, 하늘의 뜻이라 그리 억지를 부
리고 살아감이니,
14 그를 구분할 수 있는 것이 나의 160권
의 법전 속에 있음이니, 이를 정독하
고 깨우치는 길밖에 없음을 너희들은
알아야 할 것이니라.
15 나의 법전을 읽고 깨우칠 때 너희들은
이를 구분할 수 있다는 것을 내가 너

희들에게 간곡히 다시 한 번 전함이
니, 이를 깊이 새겨 너희들이 깨달아
야 할 것이니라.
16 지금 살아가면서 모두를 나 여호와의
뜻이요, 악한 것도 나의 뜻이요, 선한
것도 나의 뜻이요, 그저 이를 갖다 아
래로 붙이고 위로 붙이고 좌우로 붙
이며 동서남북으로 붙여 써먹는 것이
너희들이니,
17 어찌하여 이 기준을 잃고 써먹고 가는
가?
18 인간으로서 이룰 수 없는 것, 도덕적
으로 부끄럽지 않은 삶을 살고 행할
때, 그 모두는 나 여호와의 뜻이라 거
기에만 쓰라 하였거늘, 너희들이 그저
아무 곳에나 쓰고 있음이니 이를 알아
야 할 것이니라.
19 그와 같이 너희들이 아무 때나 써먹는
나의 뜻이라 하는 그 단어는, 너희들
이 어떠한 서적에서도, 어떠한 유능한
작가가 쓴 글 속에서도, 어떠한 종교
지도자의 가르침에서도, 어느 종교의
교리에서도, 어느 박사요, 너희들이
말하는 지식인이라는 자들이 가르치
고 깨우치는 속에서도 너희들이 이를
구분하는 깨우침을 얻을 수가 없으며
그 깨우침을 볼 수가 없음을 알아야
할 것이니라.
20 나 여호와의 뜻이요 아님을 너희들은
오로지 나의 법전을 읽고 정독하는 속
에서 알게 되어 있음이니, 이를 명심
하여 너희들이 나의 법전을 읽어,
21 너희들이 그저 나의 뜻이라 하여 마구
잡이로 팔아먹는 죄를 짓지 않도록 그
리하라.
22 너희들의 생각을 가지고 나 여호와의
뜻이라 하는 그 무서운 죄를 짓지 아
니하도록 내가 너희들에게 간곡히 깨
우쳐 줌이니, 이를 명심하여 행하도록
그리하라.
23 그자만이 구원을 받을 수 있음을 너희
들은 잊어서는 아니 됨이니라.

4,212 번째 하나님 말씀

2002년 12월 15일 01시 47분

1 사랑하는 나의 아들아!
2 선행이란 무엇이며 선함이란 무엇을
말하는 것이더냐?
3 착한 마음을 가지고 살고자 하는 것
이며 아름다운 마음의 행동을 실천하
며 사는 것이 선이 아니더냐?
4 그리고 나 여호와가 이루고자 하는 진
정한 사랑의 그 의미가 착한 마음과
아름다운 마음속에서 그를 실천하고
행함에 있음이니라.
5 너희들은 이를 잊어서는 아니 될 것이
니라.
6 선함이요, 사랑하는 마음 그 모두가
나 여호와의 마음임을 너희들은 알아
야 할 것이니라.
7 나와 같은 심성이요, 천사와 같은 심
성이요, 너희들에게 천사와 같이 되라
그리 내가 깨우쳐 줌이니, 이 세상에
천사의 마음을 위하여 너희들이 얼마
나 어렵고 힘든 그 속에서 살아가고
있는가?
8 오늘의 너를 따르는 제자들, 그리고
나의 법전을 읽고 깨우치는 백성, 너
희들이 천사의 마음과 같은 그 삶을

위하여 어렵고 힘든 길을 마다하지 아
니하고 지금 가고 있지 아니하는가?
9 그러면서 너희들이 천사요, 나 여호와
의 심성을 따르고자 남을 돕는 일에
주저하지 아니하며,
10 또한 남을 돕기 위하여 자기 희생을
감수하며 그를 고통스럽다 생각하지
아니하고 살아가고자 하는 것이 너의
제자들이며 나의 법전을 읽고 가는 그
백성의 노력함이니,
11 그게 바로 나의 백성임을 너희들은 알
아야 할 것이니라.
12 이와 같은 생각 속에서 살아가는 백성
이 천사의 마음이요, 그리고 구원을
받으며 하늘에 오를 수 있으며 내 곁
에 올 수 있음을 너희들은 알아야 할
것이니라.
13 진정한 참진리요, 하늘에 오르는 길이
무엇이더냐?
14 거짓 하지 아니하며 남을 속이지 아니
하며 똑바른 삶을 살며 똑바른 길을
따라 살아가고자 하는 것이 참진리요,
하늘에 오르는 길이 아니고 무엇이더
냐?
15 이와 같이 선행하며 사랑을 베풀며 악
에 넘어지지 않는 사람을 너희들의
인간 사회에서 무어라 말하느냐?
16 그와 같은 사람을 너희들이 '의인'이
라 말하느니라.
17 나 여호와의 하늘나라의 의인은 무엇
이던가?
18 나 여호와의 뜻을 따르며 나의 계명을
따르며 나의 법전을 지키며 그를 깨
달아 성령이 충만되어 다시 인간으로
서 태어나는 그와 같은 삶을 살아가는
그 변화를 이루는 자, 성령으로 충만
된 그 깨달음을 얻는 자가 하늘의 백
성이요, 의인임을 너희들은 알아야 할
것이니라.
19 이제 바로 내가 말한 그와 같은 마음
을 가지고 사는 자, 그가 나의 백성이
요, 나에게 구원을 받아 하늘에 오를
수 있는 백성이라는 것을 너희들은 알
아야 할 것이니라.
20 하늘에 오르는 길이요, 천사의 마음이
되는 것을 어렵게 생각하지 말라.
21 너희들이 악을 스스로 버리며 선을 선
택하면 구원을 받으니,
22 선이란 무엇이라 말하였더냐?
23 착한 마음이요, 아름다운 마음을 가지
고 사는 것이며,
24 의인은 세상을 다 보며 하늘에 오른다
그리하였음이니,
25 인간 세속의 의인이 내가 무어라 말
하더냐?
26 바른 자세로 곱게 살아가는 것이며,
거짓 없는 삶을 사는 자가 의인이라
하였으며,
27 나의 법전으로써 충만한 자, 나의 십
계명으로써 충만한 자, 나의 아들을
통하여 내리는 나의 성령을 듣고 충만
한 자가 하늘의 의인이니,
28 그가 하늘에 오를 수 있는 백성이라는
것을 너희들은 잊어서는 아니 될 것이
니,
29 너희들이 그 길을 감에 있어서 최선을
다하여 마지막에 영광된 자가 되도록
그리하라.
30 너희들 인간 세상에서 마지막 승자 외
에는 영광의 그 환호를 들을 수 없으

며 영광의 그 축복을 받을 수 없음이
니,
31 하늘에 올라와 나의 옆에 오는 것도
또한 너희들이 끝까지 노력하고 인내
하는 자만이 그 영광을 얻을 수 있음
을 잊지 말라, 사랑하는 나의 백성들
아!

4,213 번째 하나님 말씀

2002년 12월 15일 01시 53분

1 사랑하는 나의 아들아!
2 "네! 아버님, 말씀하옵소서."
3 나 여호와가 너희들에게 60점의 삶의
세상이 얼마나 중요한 것인가를 너의
제자들에게 네가 깨우쳐 주라 하였음
이니,
4 그 60점의 삶의 생활 속에서 너희들
이 구원을 받으며 하늘에 오르고 못
오르는 그 모두가 거기서 결정이 남이
니, 이 중요함을 너희들은 알아야 할
것이니라.
5 내가 60점이라는 그 한계의 모두를
그 속에서 이루며 살아갈 수 있도록
세상에 내려 주었기에, 그 속에서 노
력하고 연구하고 발전하고 변하는 삶
을 살아갈 수 있는 것이 너희들이니라.
6 내가 너희들에게 60점이라는 그 한계
의 인간의 삶을 세상에 내려 주지 아
니하였다면, 너희들은 구원의 길에 노
력마저도 아니 할 것이며, 또한 그와
같은 길을 가고자 노력도 아니 할 것
이니라.
7 내가 너희들에게 너희들의 노력으로
써 얻을 수 있으며 구원할 수 있는 그
와 같은 인간의 한계에 부딪치고 사는
삶을 60점이라는 그 속에서 모두를
다 주었음이니,
8 그걸 가지고 너희들이 노력하고 지혜
를 계발하며 연구하며 또한 너희들의
삶의 질을 향상시키며,
9 그 속에서 너희들이 변하는 속에서 구
원의 길을 찾고자 노력할 수 있는 힘
이 있으며 용기가 있으며, 또한 그 변
화를 이루도록 되어 있음을 너희들은
알아야 할 것이니라.
10 내가 너희들에게 60이라는 세상의 삶
의 한계 속에서 너희들이 모두를 취하
고 살아갈 수 있도록 하였으니,
11 인간 세속에 사는 그 거래요, 형성되
는 것은 다 너희들 스스로 이루어지고
얻어지는 것이라 그리 말하였으니, 이
를 너희들이 깊이 깨우쳐야 할 것이
니라.
12 이와 같은 세상을 내가 너희들에게 주
지 아니하였다면, 너희들은 삶에 의욕
을 잃을 것이며 세상사에 살아가는 의
미마저 저버렸을 것이니라.
13 그리 주었기에 너희들이 그 속에서 변
하는 삶에서 용기와 희망을 가지며,
14 또한 하늘에 오를 수 있는 구원의 길
을 위하여 노력하고 또 깨달음을 얻어
변하여 와 나에게 구원을 받는 그것이
이루어지는 것이니,
15 이를 너희들이 깊이 그 의미를 깨우쳐
행하도록 할 것이며,
16 60점이라는 세상의 육의 삶의 그 한
계가 얼마나 위대하고 소중한 것인가
를 가슴 깊이 너의 제자들에게 심어
주도록 그리하라, 사랑하는 나의 아들

아!

4,214 번째 하나님 말씀

2002년 12월 15일 02시

1 사랑하는 나의 아들아!
2 "네, 아버님! 말씀하옵소서."
3 성서에 기록되어 너희들이 깨우치는
그 한 대목의 예가 여기 있음이니라.
4 너희들은 예수의 옷자락을 만짐으로
써 그 소원인 병을 치료한 한 여인의
이야기를 듣고 깨우쳐 알고 있을 것
이니라.
5 나의 아들 예수의 옷자락을 만짐으로
써 병을 고친 그 여인에게 나의 아들
예수가 무어라 말하였더냐?
6 나의 아들이 그리 말하였느니라.
7 '네 믿음이 네 병을 고쳤느니라.' 그리
말하였음이니, 너희들은 이 한마디의
말 속에 너희들의 그 모두를 다 깨우
칠 수 있는 이치가 있으며, 너희들이
어찌 살아가야 하며 어찌 가야 하는
지가 여기에 다 있음이니라.
8 너의 믿음이 너의 병을 고쳤음이니,
나의 예수, 나의 아들이 고친 것이 아
니라 그리 말하였음이니,
9 바로 너희들이 어떠한 마음으로써 어
떠한 믿음의 길로써 어찌 가야만 되는
것인가를 여기서 깊이 깨우쳐야 함을
알아야 할 것이니라.
10 과연 믿음의 길이 무엇이며 구원의 길
이 무엇인가를 너희들은 여기서 깊이
깨우치고 또 깨우쳐 그 얻음을 알아야
할 것이니라.
11 나의 아들이 말한 그것이 하늘의 뜻이
며 나의 뜻이며 정답임을 알아야 할
것이니라.
12 얼마나 위대한 정답인가를 너희들이
가슴 깊이 새겨야 할 것이니라.
13 '네 믿음이 네 병을 고쳤느니라.' 했으
니, 너희들의 믿음으로 모두를 다 얻
고 잃음이 여기에 있음을 너희들은 알
아야 할 것이니라.
14 내가 너희들에게 깨우쳐 주었듯이 모
든 은혜와 은사요, 기적은 나 여호와
요, 나의 아들 예수요, 나의 성령을 받
아쓰고 있는 지금의 나의 아들로부터
그 모두가 이루어지며 역사함이 아님
을 알아야 할 것이니라.
15 이것이 나의 뜻이며 하늘의 뜻임을 너
희들은 깊이 받아들여야 할 것이니라.
16 너희들의 믿음으로 모든 은혜를 베풀
며 너희들의 소원함을 이루며 너희들
이 하고자 하는 그 역사가 이루어진다
는 것을 잊어서는 아니 될 것이니라.
17 오로지 너희들의 그 진실한 믿음만이
모두를 다 이룰 수 있음을 알라.
18 너희가 육의 삶 속에서 너희 자신에게
악한 마음이 하나하나 자리 잡아,
19 나 여호와가 너희들에게 세상에 나가
살아가도록 처음에 그 아름답고 착한
마음이요, 천사와 같은 마음이요, 나
의 성령이요, 나의 심성을 심어 내려
보냈거늘,
20 그 마음이 서서히 사그라지며 그 마
음을 억압당하며,
21 그 마음을 억압하는 그 사악한 마음이
요, 사악한 뜻이 너희들의 마음에 자
리를 차지하였으며 너희들을 지배하
였음이니,

22 내가 처음에 내린 나의 심성을 몰아내
어 그가 너희 몸에 있지 아니하기 때
문이니라.
23 그리하여 너희가 직접 나 여호와와 교
통할 수가 없는 것이며, 하늘에 오르
는 길을 볼 수가 없으며,
24 내가 내리는 나의 뜻이요, 너희들의
미래에 역사하는 것을 볼 수 없도록
모든 길이 다 차단되었으며 중단되었
음을 너희들은 알아야 할 것이니라.
25 너희들의 마음속에 그 악한 마음이 서
서히 내가 직접 내린 성심의 그 선한
마음을 하나하나 몰아내고 그들이 차
지하고 있기 때문에,
26 너희들이 직접 나와 교통할 수 있는
길이 막혔으며, 나의 음성을 들을 수
없게 되었으며, 어떠한 역사도 이룰
수 없는 것이 너희들의 마음에 달렸
음이니, 이게 곧 무엇이더냐?
27 나의 아들 예수의 옷자락을 만져 병을
고친 여인에게 예수가 말했듯이 '네
믿음이 네 병을 고쳤느니라.' 한 그 뜻
을 너희들이 여기서 다시 한 번 음미
하여야 할 것이니라.
28 너희가 어떠한 기도를 드리며 어떠한
경배를 하며 어떠한 재물을 바치고 어
떠한 재물을 쌓아 놓고 나에게 울며불
며 기도한다 하여도,
29 너희들의 육신의 변화의 역사가 하늘
의 뜻을 알지 못하며, 내 뜻에 따라 살
아가고자 하는 그와 같은 진실의 믿음
으로 변하지 아니한다면, 너희들은 나
의 뜻을 알 수가 없음이니라.
30 너희가 선함을 행함으로 너희 마음을
억압하고 자리 잡고 있는 악한 마음을
스스로 몰아내는 그 싸움에서 이기고
바로 섰을 때,
31 너희들이 원하며 이루고자 하며 갈구
하는 기적의 그 모두를 볼 수 있으며
이룰 수 있음을 알아야 할 것이니라.
32 그리하여 너희들 자신이 너희들을 치
료하며 너희들이 역사를 이루며 기적
을 이룰 수 있는 것은 바로 너희 마음
속에 악에 잡혀먹힌, 악에 억압당해
있는 나의 심성을 끌어내어 선하고 아
름답게 살며 진실한 믿음의 길을 가는
자만이 모두를 이룰 수 있을 것이니,
33 바로 예수의 옷자락을 만짐으로 병을
고친 그 여인처럼 너희들이 그리될 것
이며,
34 너희들이 악의 마음의 근본을 뿌리 뽑
지 못하여 나의 심성이요, 나의 성령
이 너희 가슴에 자리 잡지 못할 때 너
희들은 아무것도 이루어 갈 수 없음이
니,
35 너희들이 기도하고 경배한다 하여, 안
수한다 하여, 너희 가슴을 두드린다
하여 기적이 이루어지는 것이 아님을
너희들은 확실히 알고 깨우쳐야 함을
알라.
36 울고불고한다 하여 이루어짐이 아님
을 너희들은 깨달아야 할 것이니 그
리 알도록 하라.

4,215 번째 하나님 말씀

2002년 12월 15일 02시 07분

1 사랑하는 나의 아들아!
2 "네, 아버님! 말씀하옵소서."
3 너희가 너희 스스로 병을 고치며 역사

를 이루며 기적을 이루고자 한다면,
그리고 너희들이 그리 가고자 하며 그
은혜를 얻고자 한다면, 너희들이 그와
같은 믿음이요, 구원을 받고자 한다
하면, 너희들은 악의 근원을 뿌리째
뽑아야 하는 것이며,
4 그와 같은 개인의 변화가 없이는 아무
것도 이루어지지 아니함을 알아야 할
것이니라.
5 이제 너는 너의 제자들과 만백성에게
전하여야 할 것이니라.
6 악의 근원의 뿌리를 뽑지 아니한 자,
너희들은 무슨 안수를 받았으며 기도
를 받았으며 어찌하여 그 병을 고친
다는 사기극에 걸려들어, 너희들이 치
료할 수 있는 그 병마저 서서히 퇴색
되어 그 명을 재촉하여 일찍 죽어 가
는 그와 같은 믿음으로 가지 말며,
7 악의 뿌리를 뽑는 그와 같은 마음의
형태로써 너희들이 깨우침을 얻어야
함을 알아야 할 것이니라.
8 헌금이라는 것을 많이 내는 자, 십일
조라는 것을 많이 내는 자, 그 이름을
불러 주며 그를 칭송 하는 그와 같은
믿음의 세계에 가지 말며 그곳을 들
여다보지 말아야 할 것이니 이를 깨우
치라.
9 특별한 대우를 해 주는 듯이 차별화
하며, 그와 같이 능력 있는 자에게 안
수기도라 하여 특별히 안수기도를 해
주는 자, 차별화되는 기도를 해 주는
자, 그와 같은 종교 집단에 가지 말라.
10 그것이 얼마나 어리석고 추한 모습인
가, 너희 자신이 얼마나 초라한 모습
인가?
11 너희들이 스스로 나에게 기도하며 마
음을 비우면 너희 스스로 역사를 이
룰 것이거늘,
12 나의 이 불쌍한 백성이 헌금을 많이
낸다 하여 차별화하여 기도하는 것을
어찌하여 나 여호와의 사랑이라 그리
이해하는가?
13 금반지요, 금품을 갖다 바치는 자에게
특별히 안수해 준다고 안수하는 그와
같은 집단, 그 속에 가지 말라.
14 그곳에서 나 여호와의 사랑을 어찌 너
희들이 받을 수 있겠는가?
15 특별히 내는 자, 특별히 재물을 많이
바치는 자에게는 저희들이 특별한 안
수요, 특별한 기도를 하며,
16 거지 같은 자, 아무것도 갖지 않은 자
에게는 그저 이마빡 두드리고 지나가
는 그와 같은 추한 모습의 그 행위를
하는 곳에 너희들은 가지 말라.
17 불쌍하고 어려운 자, 병들어 허덕이는
자에게는 그저 수박 장사들이 두드려
증거하듯이 이마빡 한 번 두드려 주
고 안수하고 지나가는 그 사악한 집단
의 사기극에, 너희들이 거기에 어리석
게 가지 말도록 하라.
18 나의 아들아, 그리 전하라.
19 너희들이 그와 같은 것을 받고 구원을
받고자 한다면 너희들은 정말 얼마나
어리석은 백성들인가를 알아야 할 것
이니라.
20 눈을 감고 이를 깨달아야 할 것이니라.
21 너희들이 무엇을 얻고자, 병을 고치고
자, 무엇을 이루고자 눈물로써 재물을
바치며 그 기도요, 그것을 듣고자 하
는 것, 그리하여 너희들이 구원을 받

는다 하여 연수를 한다는 곳, 너희들을 모아 놓고 집단 교육을 시키는 곳, 그와 같은 곳에 가지 말라, 불쌍한 나의 백성들아!

22 너희들이 구원을 받는다는 곳, 그리고 축복을 받는다는 곳, 그와 같은 집단에 가지 말며 집회에 가지 말라.

23 그것이 나의 사랑이라 너희들이 말하는가?

24 저희 교회의 신도들이요, 저희를 따르는 백성에게 금화와 은화요, 재산을 거둬들이기는 저희들이 말하기도 부끄러우며 더 이상 제 스스로는 거둬들일 수 없기에, 그들이 하는 행위가 무엇이더냐?

25 부흥회라 하여 부흥 강사를 불러다 놓고 그로 하여금 저희들의 그 성전의 가려운 곳, 저의 가려운 곳을 긁어 주도록 말을 하며 가르치며, 그리하여 많이 거둬 주는 자에게 부흥 강사료를 많이 주는 그와 같이 추하고 더러운 그 부흥회는 듣지도 말며 귀를 막으며,

26 그와 같은 장소에 앉아 너희들이 거기서 무엇인가 깨달음을 얻으며 구원을 받고자 하는 가련하고 불쌍하고 추한 행위에서 벌떡 일어나 뛰쳐나오는 그 용기를 갖도록 그리 깨우쳐 주라, 사랑하는 나의 아들아!

4,216 번째 하나님 말씀

2002년 12월 15일 02시 13분

1 사랑하는 나의 아들아!

2 "네, 아버님! 말씀하옵소서."

3 너희들이 삼위일체라 하느니라.

4 내가 너희들에게 무어라 말하였느냐?

5 삼위일체라는 것은 한 몸에 머리가 셋이라 함이니, 그와 같은 행위를 하지 말라 하였음이니라.

6 그리고 그와 같은 믿음의 길을 가지 말라 하였음이니라.

7 너희들이 삼위일체라 말한다면 나의 아들 예수가 그와 같이 고통스럽게 피 흘려 죽어 가는 그 고통을 나 여호와가 직접 겪어야 했으며 내 몸에서 피가 나와야 하며 내가 그와 같이 죽어 가는 형국이 되어야 하지 아니하던가?

8 삼위일체라 함은 같은 몸이요, 나의 아들의 그와 같은 모두를 내가 직접 겪어야 하는 것이 바로 삼위일체가 되는 것이니, 너희들은 여기서 이 이치를 깨달아야 할 것이니라.

9 내가 모두를 받아들여야 하며 그와 같은 고통과 시련을 내가 직접 당하고 겪는 것이 삼위일체이니,

10 창조주 나 여호와가 그와 같이 당했다 너희들은 생각하는가?

11 내가 그와 같이 쓰러져 간다며 너희들은 나를 욕되게 그리 생각하지 말라.

12 너희들은 이 이치를 알아야 할 것이니라.

13 그리하여 나의 아들 예수가 마지막에 뭐라 말하였더냐?

14 그가 죽음에 직면하여 간절히 기도드린 그 기도의 내용을 너희들은 모른다는 말이던가?

15 '정녕 이 잔을 받지 아니하고 이 길을 가지 아니하면 아니 되겠사옵나이까?' 하고 예수가 그 피맺힌 기도를

나 여호와에게 드렸음이니,
16 그 기도를 알며 그 기도의 내용을 들
은 것을 알며 그 기록된 것을 아는 너
희들이 정녕 삼위일체라는 말을 할 수
있단 말이던가?
17 삼위일체라 하면 어찌 나의 아들이 나
에게 기도를 드렸다 하는가?
18 그는 말하였느니라.
19 '정녕 아버지께서 원하신다 하면, 제
뜻대로 하지 아니하며 아버지의 뜻으
로 행하기를 원하옵나이다.' 그는 간
절히 기도하며 애절한 기도의 내용을
나에게 말하였음이니라.
20 너희는 그리하고도 삼위일체라는 그
말을 지금 쓸 수 있으며, 그와 같은 행
위로써 나의 피조물 만백성을 우롱하
는 행위를 할 수 있는가?
21 나의 아들 예수를 욕되게 하지 말며,
나 여호와를 너희들이 망령되게 일컫
지 말라.
22 지금 나의 뜻을 책으로 만들어 만백성
을 구원하고자 보내니, 나의 아들도
나와 똑같다 말하는 것과 무엇이 다
르던가?
23 나는 보낸 자요, 나의 아들들은 보냄
을 받은 자들이니라.
24 나의 아들은 육신으로써 내가 보내,
나의 보냄을 받은 아들로서 나의 성령
에 따라서 행한 것이 예수의 행함이
요,
25 지금의 나의 아들은 나의 성령이요,
나의 법전을 받아 기록함이니, 지금의
나의 아들과 내가 똑같다 너희들이
그리 말하는 것과 무엇이 다르단 말
이던가?
26 너희들이 그와 같은 삼위일체라는 그
말을 써서는 아니 됨을 내가 오늘 여
기다 못을 박아 너희들에게 깨우쳐 줌
이니, 이제 누구도 그와 같은 망령된
말을 하지 말라.
27 그는 너희들이 어떠한 죄를 범하며 어
떠한 우를 범하는 것인가?
28 이러고도 너희들이 나의 백성이요, 나
로부터 선택되어 만백성을 하늘로 인
도하는 지도자라 정녕 말할 수 있는가?
29 이를 어찌하여야 만백성에게 전하여
깨우치겠는가?
30 오늘 나의 아들을 따르는 제자 너희들
이 해야 할 일임을 잊어서는 아니 될
것이니라.

4,217 번째 하나님 말씀

2002년 12월 15일 02시 21분

1 사랑하는 나의 아들아!
2 "네, 아버님! 말씀하옵소서."
3 너의 제자들과 만백성에게 깨우쳐 주
라.
4 너희들이 구약의 시대에 무어라 말하
였느냐?
5 인간이 지은 죄의 대가를 사면하기 위
하여 너희들은 무어라 말하였느냐?
6 짐승으로써 대신 죽게 하여 짐승을
잡아 제사를 지내며 너희들이 나 여호
와에게 용서를 빌면 구원을 받는다 말
하였음이니라.
7 그러나 내가 그것은 잘못된 것이라 너
희들에게 말하였음이니라.
8 있는 자, 권력 있는 자들이 저희들이
지은 죄를 모면하기 위하여 저희 손

으로 만든 계명이요, 저희 뜻에 맞춘
계명이라 내가 그리 말하였음이니, 그
는 잘못되었다 하였음이니라.
9 그는 이룰 수도 없으며 이루어질 수
도 없는 것이라 말하였음이니라.
10 그러나 지금 너희들은 또한 뭐라 말
하며 너희들의 믿음의 길에서 안일하
고 편안하게 가고 있는가?
11 나의 아들이 너희들의 모든 죄를 대속
인으로서 대신 죽어 감으로 너희들이
죽을 자, 죽을죄를 지은 자, 지옥으로
가야 할 자, 그 모든 백성의 죄를 대신
지고 죽어 간 것이 나의 아들이라 너
희들이 그리 말하며,
12 그리 죽어 간 나의 아들이 피 흘린 그
공로로 인하여 너희들이 나의 아들을
부르며 너희 손으로 지은 그 집단에
가 그 조직 속에서 가고 있는 지금의
그 믿음에 맹종할 때, 무조건 구원을
받는다 그리 말하고 너희들이 지금 나
의 피조물 만백성을 이끌어 가는 그와
같은 형국이니라.
13 그러나 나 여호와가 너희들에게 전하
였음이니라.
14 나의 아들이 그와 같이 죽음의 길을
간 것은 너희들에게 바라는 것이 있으
며, 너희들이 가야 할 길이며 너희들
이 믿음에 와야 할 길이 있는 그 뜻을
제시하였으나, 너희들은 그를 버렸음
이니라.
15 구약 시대에 모든 인간이 지은 죄를
짐승을 잡아 그 짐승으로써 제를 지
내는 것으로 용서를 받을 수 있다 한
것은 너희들 권력이 있는 자, 힘이 있
는 자들이 죄를 짓고 그 대신 용서를
빌었으니, 얼마나 안일한 방법이고 편
안한 수법이고 간악한 계교였던가?
16 그러나 지금에 와서는 또한 나의 아들
이 죽은 그 피의 대가요, 피의 공으로
써 너희들은 나의 아들의 이름만 부
르면 구원을 받는다 하니, 그때의 생
각과 너희들이 지금 하고 있는 생각이
얼마나 잘못된 것이며,
17 동일한 방법과 동일한 수법으로써 가
는 것이 아니던가?
18 나의 아들 예수는 죽음으로써 너희들
에게 계명을 지켜 바로 살아 하늘에
오르는 길을 얻으라 하여 그가 그리
전하고 죽었음을 너희들은 잊어서는
아니 될 것이니라.
19 너희들은 죄지은 자, 죽을 자를 짐승
으로 대신하여 살려 준 것처럼, 지금
은 나의 아들의 죽음으로 대신하고
죽을죄 지은 자 용서받는다 하며,
20 너희들이 나 여호와와 교통할 수 있으
며 하늘에 오르는 길을 인도하며 나의
뜻을 받아 만백성을 가르치는 목자인
것처럼 그리 말하고 살아가고 있음이
니,
21 너희들이 어떻게 그와 같은 죄를 다
감당하며 그 죄의 대가를 치를 것인가?
22 너희들은 죽어 내 앞에 왔을 때 알게
됨을 알아야 할 것이니라.
23 나의 아들의 이름만 부르며 눈물의
찬송을 부르고 광란의 짓으로써 소리
지르며 나 여호와의 이름을 불러 대며
기도하는 것으로써 너희들이 모든 죄
사함을 받아 구원을 받는다는 그 믿음
의 형태가 얼마나 어리석고 잘못된 것
인가를 너희들이 알게 될 것이니라.

24 그와 같은 곳으로 가면 구원을 받으며, 선하게 행하고 베풀며 사랑을 베풀며 육으로써 행하는 것은 소중히 생각하지 아니하고, 선하고 아름다운 행동을 하는 자는 구원의 길과는 아무런 관계가 없다 그리 밀어붙이고 가는 것이 지금의 너희들의 추한 모습임을 알아야 할 것이니라.

4,218 번째 하나님 말씀

2002년 12월 15일 02시 25분

1 사랑하는 나의 아들아!

2 너희들의 죄를 대속하기 위하여 나의 아들이 매달려 고통 속에 죽어 간 그 십자가를 너희들이 밤마다 하늘을 향하여 비춰 놓는 것은, 그리고 내가 만든 나의 성전에서 너희들이 그 추한 모습을 드러내는 것은 나를 고문함이라 내가 말하였음이니라.

3 그리하여 너희들이 그를 철거하지 않는 것이 너희들의 그 죄를 용서받지 못할 것이며, 너희들이 나에게 고통을 주는 그 무서운 죄를 행하고 있다 내가 너희들에게 말하였음이니,

4 과연 그 십자가는 어디서부터 유래된 것이며 어디서부터 그와 같은 역사가 이루어졌는가 너희들은 어찌하여 그것 하나도 생각하지 못하는가?

5 그 십자가가 무엇이었던가?

6 그 당시 백성들이 저희들을 반대하는 자, 그리고 도망가는 노예들이요, 그와 같은 가장 극형으로 처형할 자를 다스리며 그들을 처벌하기 위하여 만든 형틀이 십자가가 아니던가?

7 그 형틀에 나의 아들을 죽게 하였으며, 나의 아들을 그곳에서 피 흘려 그 고통 속에 죽게 하였음이니, 그 십자가가 그들의 반역자요, 그들을 거부하는 자를 죽이기 위해 만든 것이 아니던가?

8 그와 같은 죄를 다스리기 위하여 만든 그 십자가에 나의 아들이 그렇게 고통스럽게 죽어 갔거늘, 너희들은 그것을 신성시하며 그것을 보물단지처럼 생각하며 그것을 가장 소중한 것처럼 생각하니, 그것은 무엇이던가?

9 그 시대의 백성들을 통치하기 위하여 가장 가혹한 형벌로써 가장 무서운 극형으로써 저희들을 거부하는 백성을 다스렸던 그 상징물을 너희들이 지금 밤마다 불을 켜 놓고 나를 고문하며 너희 가슴에 달고 다니며 너희 몸에 지니고 다니며 너희들이 구원을 받는다 말함이니, 그 앞에 손을 모아 기도하는 이 어처구니없는 불쌍한 나의 백성들을 어찌 구하여야 되겠는가?

10 그것이 나의 아들만을 죽이기 위해 만든 신성한 형틀도 아니요,

11 저희들의 반역자요, 저희들의 뜻을 따르지 아니하여 도망가는 노예들을 엄히 다스리기 위하여 가장 극형으로써 가장 처참하게 처벌하기 위하여 만든 십자가의 형틀인 것을,

12 그것을 신처럼 받드는 이 불쌍한 나의 백성들 중에서 그것 하나도 깨닫지 못하는 자들이 어찌 하늘의 뜻을 알며 성서의 뜻을 알며 만백성을 구하여 하늘에 오른다 그리하는가?

13 나 여호와의 찢어지는 가슴 아픔을 너

희들만이 풀 수 있으며 역사할 수 있
음이니, 그리하여 너희들이 소중함을
알라.
14 그리하여 법전을 읽고 깨우치라 하였
으며, 모두를 다 들여 나의 법전을 세
상에 전하는 데 주저하지 말라 하였음
이니, 그게 곧 나의 뜻이며 내가 나감
을 알아야 할 것이니라.

4,219 번째 하나님 말씀

2002년 12월 15일 02시 33분

1 "너는 나 외에는 다른 신들을 네게 있
게 말지니라.
2 너를 위하여 새긴 우상을 만들지 말고
또 위로 하늘에 있는 것이나 아래로
땅에 있는 것이나 땅 아래 물 속에 있
는 것의 아무 형상이든지 만들지 말며
그것들에게 절하지 말며 그것들을 섬
기지 말라.
3 너는 너의 하나님 여호와의 이름을 망
령되이 일컫지 말라.
4 안식일을 기억하여 거룩히 지키라.
5 네 부모를 공경하라.
6 살인하지 말지니라.
7 간음하지 말지니라.
8 도적질하지 말지니라.
9 네 이웃에 대하여 거짓 증거하지 말지
니라.
10 네 이웃의 집을 탐내지 말지니라.
11 나 여호와가 존재함을 믿는 그 자체가
구원의 길에 들어서는 기본이요, 근본
이며, 나의 법전을 가슴에 안고 정독
하는 자, 반석 위에 서서 하늘에 오르
는 찬란한 빛을 보게 되는 영광을 얻
게 됨이니라."
12 사랑하는 나의 아들아!
13 "네, 아버님! 말씀하옵소서."
14 이 깊은 밤, 네가 나의 계명을 외우는
그 소리는 만백성의 생명수가 되며 만
백성을 구하는 길임을 너는 알아야 할
것이니라.
15 이제 너는 너의 제자들에게 일깨워 깨
우쳐 주라.
16 나의 성령이요, 나의 뜻을 직접 받아
책으로 만들어 세상에 냄이니,
17 그를 직접 들어 직접 강론하는 하늘
의 뜻이요, 나 여호와의 음성을 듣는
너희들은 모두를 다 사랑하고 용서하
는 마음을 갖지 아니하면 아니 된다
그리 이르라.
18 내가 너희들에게 얼마나 기초적인 것
을 많이 부르짖었더냐?
19 '오른뺨을 때리거든 왼뺨을 내놓으라'
는 그 가르침이요, '원수를 사랑하는
것이 하늘에 오르는 기초'라 하였음이
니,
20 너희들의 부모를 죽인 살인자도 용서
하라는 그와 같은 가르침이 여기에 있
거늘,
21 너희들이 세상사 살아가면서 무엇을
용서하지 못하며, 무엇을 덮어 주지
못하며, 무엇을 너희 가슴으로 끌어안
지 못하며, 너희 가슴으로써 용서하지
못함이 어디에 있겠는가?
22 너희들이 너희 형제들이 하는 것을 시
시비비하며 그를 탓하는 것은 너희들
이 사랑이 없음이요, 너희들이 메마름
이요, 너희들의 가슴이 황폐한 땅과
같은 것이니라.

23 그 메마르고 황폐한 땅에 내가 아무리 좋은 씨앗을 뿌려 심는다 해도 그는 성장할 수 없으며 열매를 열 수 없으며 거둘 수 없음이니라.

24 나의 아들아, 그 황폐한 땅에 무엇을 심겠는가?

25 너희들이 모두를 다 용서하며 이해할 때, 그는 옥토요, 모든 내가 내리는 씨앗이 뿌리를 내릴 수 있으며, 그가 자라 만백성에게 싱싱한 과일을 줄 수 있으며 생명수를 내려 줄 수 있는 것이니,

26 어찌하여 너희 제자들은 모두를 가지고 시시비비를 하며, 남들과 같이 너희들이 하나를 보면 열 개를 말하며, 작은 것을 용서하지 못하는가?

27 용서하지 못하는 너희들의 마음이 그와 같다는 그 이치를 어찌하여 그리도 깨우치지 못하는가?

28 이제 나의 법전이 네가 말하는 50권을 돌파하여 너희들이 3분의 1이라는 그 역사를 이루었음이니, 이것만으로도 누구도 이룰 수 없으며 감히 아무도 갈 수 없는 그 길을 가고 있는 것이니라.

29 내가 나의 가슴을 태워 성령을 너희들에게 내려보내는 그 아픔이 있다 하였거늘,

30 이를 갖고 듣고 깨우치는 너희들이 어찌하여 그리도 우매한 백성으로서 그 한계를 벗어나지 못하는가?

31 너희들이 언제까지 땅에 붙어 있을 것인가?

32 너희들이 언제까지 땅에서 한 계단도 올라오지 못하는 그와 같은 백성으로 남으려 하는가?

33 그러면서 너희들이 기적을 이루며 역사를 이루고자 하는가?

34 내가 나의 아들의 옷자락을 만지는 자, 그가 그 병을 고칠 수 있으며 그 소원함을 이룰 수 있음은 '네 믿음이 너를 고쳤다.' 그리 말하였거늘, 너희들이 어찌하여 그 여인만큼도 못하던가?

35 그 여인이 지금 나의 아들이 너희들에게 전하는 법전의 50권의 강론을 들었던가, 그 많은 깨달음을 들었던가?

36 나의 아들 예수로부터 그가 어떠한 설교를 들었던가, 어떠한 강론을 들었던가?

37 아무것도 듣지도 못한 무지한 그 여인이 예수의 옷자락을 만지면 병이 고쳐질 것이라 하여 그 옷자락을 잡고 매달려 소원을 이루었음이니,

38 어찌하여 너희들은 그보다 못한가?

39 그의 만분의 일도 못함이니, 너희가 그보다 만분의 일이 떨어져 있으며 너희들의 위치가 그보다 낮은 곳에 있거늘,

40 어찌하여 너희들의 병을 고치며 기적을 이루며 역사를 이루겠다 하는가?

41 어찌하여 너희들이 그리도 우매한 백성으로서 지금도 나를 아는 백성이 되지 못하고 그리 가는가?

42 이 모두를 너의 제자들의 가슴에 심어 주어야 할 것이며, 너의 제자들이 깨우쳐야 할 것이며, 너의 제자들이 몸소 실천하여야 할 것이니라.

43 추운 자에게 옷을 입혀 주며, 배고픈 자에게 밥을 주며, 자신을 희생하여

그들을 구원해야 하는 것이 너희들이
거늘,
44 너희들이 하나도 잃는 것이 없으며 너
희들로부터 버려지는 것이 없는 그와
같은 것을 가지고 형제지간에 갑론을
박하며 시시비비를 하는 그와 같은
깨달음에서 아직도 벗어나지 못하고
있음이니,
45 과연 너희들이 부모를 죽인 원수를 용
서할 수 있으며, 자식을 죽인 그와 같
은 자를 제 자식처럼 보호하여 그를
깨우쳐 바른 사람으로 만들며, 나의
법전을 전하며 나의 성령을 전하는 그
와 같은 나의 종으로서 만들어 쓸 수
있는 마음의 자세를 가질 수 있는가,
이 불쌍한 백성들아!
46 너희들의 깨달음을 다시 돌아다보며
너희들의 행동을 다시 돌아다보는 그
와 같은 변화의 역사가 없이는 아니
될 것이니라.

4,220 번째 하나님 말씀

2002년 12월 15일 07시 42분

1 사랑하는 나의 아들아!
2 "네, 아버님! 말씀하옵소서."
3 너희들이 나의 십계명을 암송하고 또
암송하며 천 번 만 번 그를 암송한다
해도, 그를 지키지 아니하며 그를 행
하지 아니한다면 십계명을 암송하는
그 의의가 없으며 그 뜻이 없음이니라.
4 그리고 암송할 이유가 없는 것이니라.
5 너희들이 나의 성전에 와 나의 성령을
들으며 나의 아들로부터 강론을 들으
며 나의 법전을 공부하며 너희들이 부
르는 것이 '사랑'의 노래라 하여 내가
너희들에게 그를 힘차게 부르도록 그
리하였음이니,
6 과연 너희들은 '사랑'의 노래를 부르
며 그 의미를 생각해 보며, 나 여호와
가 너희들에게 부르게 한 그 이유를
알겠는가?
7 그 '사랑'의 노래에 어떠한 구절이 있
는 것이며 어떠한 내용이 거기에 기록
되어 있는가 너의 제자들에게 오늘 하
나하나 깨우쳐 그를 되새겨 보는 그와
같은 시간을 갖도록 그리해야 할 것이
니라.
8 너희들이 백날 천날 '사랑'의 노래를
부르면 무엇하는가?
9 그대로 한 구절을 실천하지 못한다 하
면, 그를 부르지 아니하면서 실천하지
아니하는 자만 못하느니라.
10 너희들이 찬송이라는 것을 부르며 나
에게 눈물의 경배요, 눈물의 기도를
드리는 그 모습이, 너희들이 그리 말
은 하나 행동은 그리 직접 실천하는
것이 없기에, 내가 너희들에게 무어라
말하였느냐?
11 다 그게 죽은 믿음이라 하였음이니라.
12 행동은 하지 아니하고 말로써만 유창
하며, 실제로는 기록된 내용을 너희들
이 지키지 아니함이니,
13 그리 기도하고 경배하는 것이 파도
소리만도 못하며 나와 관계없다 말하
였음이니,
14 나로부터 선택된 백성 너희들이 십계
명을 암송하며 '사랑'의 노래를 부르
나, 너희들이 그 한 구절도 실천하는
역사가 없으며,

15 그 한 구절을 실천하기 위해 너희들의 그 모두를 다 버릴 수 있는 그와 같은 마음의 자세가 되지 아니하였다면, 과연 그걸 부른들 무엇하는가?
16 사랑이 무엇이라 말하였느냐?
17 자기 자신의 희생이라 말하였음이니라.
18 그리고 봉사함에서 이루어진다 하였음이니라.
19 너희들은 이와 같은 뜻을 알아 행하는 사람이 되어야 할 것이니라.
20 나의 법전을 수없이 듣는 너희들이 행하지 아니하면 이 세상 어느 백성도 그 '사랑'의 노래요, 십계명처럼 그리 지키고 행할 사람이 없다는 것을 너희들은 알아야 할 것이니라.
21 마음을 비우고 세상을 보며 욕심의 끈을 놓고 세상을 보면 그 모두가 다 허무한 것이며 아무것도 아닌 것을,
22 너희들이 마음을 비우고 세상을 보도록 그리하라.
23 내가 너희들을 세상에 한 생명으로 내보낼 때, 너희들이 그리 무섭고도 두려워하는 사탄과 싸워서 이길 수 있는 동등한 실력을 주어 세상에 내보낸 나의 백성이라 하였음이니,
24 너희들이 마음 한자리 비우는 것이 무엇이 그리 어렵고 힘들다 생각하는가?
25 아무것도 아니니라, 그저 모두를 다 놓으면 되는 것을…….
26 마음을 비워야만 하늘의 뜻을 알 수 있음이니라.
27 마음을 비우지 아니하면 아무런 역사요, 아무런 기적도 이룰 수 없으니,
28 너희들이 기적을 이룰 수 없다는 것은 나로부터 구원을 받을 수 없다는 것임을 알아야 할 것이니라.
29 나의 아들 예수의 옷깃을 만져 병을 고친 그 여인에게 '네 믿음이 병을 고쳤다.' 하였음이니, 그는 바로 그 믿음이 구원을 받게 되어 있음이니라.
30 그는 병을 고치면서 그 순간에 나로부터 구원을 받을 수 있는 그와 같은 마음의 자세이니,
31 너희들이 그와 같이 모든 마음을 비우고 나의 법전을 공부하며 나의 성령을 들으며 나의 아들의 강론을 들을 때, 세상사의 그 모두를 얻을 수 있는 것을,
32 어찌하여 그리 어리석어 너희들은 그리도 행하지 못하고 있는 것일까? 나 여호와의 이 답답한 마음을, 너희들은 어찌하여 그리도 행하려는 생각이 없는가?
33 만물의 창조주요, 만물의 어버이라 하는 나 여호와가 너희들에게 원하는, 그 모두를 다 비우는 마음의 형태를 하나 갖지 못하며 다스리지 못하는가?
34 마음을 비우고 모두를 다 놓고 세상을 보라.
35 세상은 아름답기가 끝이 없으며, 세상의 모든 짐승이요, 날짐승이요, 모든 동식물이 움직이고 그들이 말하는 그 아름다운 소리를 들을 수 있을 때, 너희들이 세상의 이치를 다 깨달을 것이니라.
36 들판에 매여 있는 황소의 웃는 그 웃음소리를 들을 수 있으며, 말없이 웃는 짐승들의 그 웃음소리가 무엇인가를 들을 수 있는 그 깨달음을 얻지 아

니하면 너희들은 하늘에 오르는 그 진
리의 길에 들어섰다 말할 수 없음을
알라.

4,221 번째 하나님 말씀

2002년 12월 15일 12시 08분

1 사랑하는 나의 아들아!
2 "네, 아버님! 말씀하옵소서."
3 나의 성전에 와 나의 법전의 강론을
들으며 나의 성령의 뜻을 직접 듣는
너의 제자들이 가장 축복된 자이며,
가장 너희들이 바로 하늘에 오를 수
있는 길을 보는 것은
4 나의 아들을 통하여 너희들에게 전하
는 그 작은 가르침도 하나도 놓치지
아니하며 그를 기억하여 시행하고 지
키는 그와 같은 마음의 자세로써 나
의 강론을 듣는 자보다 더 빨리 깨우
치며 더 깨달음을 얻는 백성이 없음을
알아야 할 것이니라.
5 나의 아들을 통하여 내가 전하는 그
모두는 나 여호와의 뜻이며 내가 너희
들에게 전하는 것이니, 너희들이 창조
주가 전하는 그 뜻이 얼마나 소중하
며, 그 의미의 깊이가 어디에 있는지
이를 너희들이 알 수 없다 내가 말하
였음이니라.
6 그러하니 너희들이 가장 지키고 따라
야 할 것은, 한마디 전하는 그 뜻을 깊
이 새겨 너희 것으로 만드는 그와 같
은 너희들의 마음 자세요, 마음가짐이
소중함이니라.
7 아무리 나의 아들이 천 가지 만 가지
를 너희들에게 가르쳐 주고 전한다 해
도, 너희들의 기억 속에 그를 담지 아
니하며 너희들이 살아감에 그를 적용
하지 아니하며 잊고 산다 하면, 너희
들은 아무런 가치가 없는 것이니라.
8 듣지 못하는 짐승 앞에 그저 소리 질
러 깨우치고자 하는 그와 같은 형국보
다 더 우매한 것이 너희들의 형국이
됨이니, 이를 명심하여 행하도록 그리
하라.
9 너희들이 오늘의 가는 길이 힘이 들
고 어렵다 그리 말하나, 이 또한 너희
들이 넘고 가야 할 길이니라.
10 너희들 인간 세상에서도 자식을 다스
림에 무서운 매로써 다스리는 자식이
그 당시에는 말을 잘 듣고 잘 따르는
것 같으나,
11 매로써 자식을 무섭게 다루는 가르침
보다는 사랑과 인내로써 가르치는 부
모의 가르침이 세월이 지난 다음에 얼
마나 위대하고 훌륭한 것인가를 너희
들은 알게 될 것이며,
12 매로 다스리는 그 부모의 말보다도 사
랑으로 다스리는 그 부모의 가르침을
더 그가 어렵게 받아들이며 제 것으로
만드는 그와 같은 것이 너희들 인간의
형태요, 너희들이 가지고 있는 마음이
니라.
13 오늘 내가 너희들을 그와 같은 길로써
사랑으로써 다스리니, 너희들의 깨우
침의 한계가 이러해야 할 것이며,
14 너희들이 나의 뜻을 알아듣는 그와 같
은 세월이 필요하니, 너희들이 지금
기적이요, 어떠한 역사로써 이루어졌
을 때, 바람 앞에 날리는 낙엽처럼 다
흐트러지며 지탱할 수 없는 것이 너희

들임이니라.
15 이제 머지않았음을 내가 너희들에게
전하며, 스스로 너희들이 알고 있을
것이니라.
16 내가 사랑으로써 다스리고자 하는 것
이 너희들이니라.
17 너희들이 나의 법전을 읽고 깨우쳐 이
를 전할 자들이며, 만백성 앞에 행동
으로 보이며, 모두의 모범으로써 그들
에게 기본이 되는 그와 같은 삶을 살
고 행하여야 할 백성들이기에, 서서히
완벽히 다스려져야 되는 것이 너희들
이 가야 하는 길이니,
18 이 오늘의 너희들이 가야 하는 임무와
너희들이 오늘의 시련과 고통을 견디
고 이기는 그를 즐거움으로 생각하며
살아가는 그와 같은 마음의 자세로써
너희들의 마음을 바꿔야 함을 잊지
말고 그리 행하도록 하라.

4,222 번째 하나님 말씀

2002년 12월 16일 07시 02분

1 사랑하는 나의 아들아!
2 "네, 아버님! 말씀하옵소서."
3 사랑이라는 것은 남이 잘못하는 것을
용서해 주며, 또한 남이 해서는 안 되
는 일을 하는 것을 너희들이 사랑으로
감싸고 그를 이해하며 다스려 주는
것이 사랑이 아니던가?
4 너희들이 감정이 격해지는 일이 있다
하여 그를 다스리고 인내하는 것만이
사랑이 아님이니라.
5 너희 자신이 남에게 하고자 하는 말,
남에게 누를 끼치는 일을 하지 아니
하며 남에게 베푸는 것만이 사랑이 아
니니라.
6 사랑이란 온갖 천 가지, 만 가지가 다
너그러운 마음이요, 인자한 마음이요,
용서하는 마음으로써 그와 같이 얽히
고설킨 속에서 너희들이 진정한 인간
의 본성을 찾을 수 있으며, 그게 사랑
이라는 것을 너희들은 알아야 할 것이
니라.
7 너희들에게 '오른뺨을 때렸을 때 왼뺨
을 내밀라'는 그 하나의 가르침에서
너희들이 그 어떠한 것도 참지 못할
것이 없거늘, 어찌하여 너희들은 그저
베풀고 말로써 행하는 것만이 사랑이
라 생각하는가?
8 남의 잘못된 점을 어루만져 주며 그를
용서하는 것이 사랑이요,
9 너희들이 과격하게 하고자 하는 말을
참으며, 남에게 감정 섞인 말이요, 행
동을 하고자 할 때 그를 참고 인내하
는 그 모두가 다 사랑인 것이니라.
10 그와 같은 것을 다 너희들이 인내하
고 견딜 수 없는 마음의 자세라면 너
희들은 정녕 진정한 사랑의 의미를 모
르며, 나의 뜻에 따라 사랑을 실천하
는 백성이 아님을 알아야 할 것이니라.
11 용서하지 못할 것을 용서하는 것, 남
이 이해하지 못할 것을 이해하는 것,
그리고 남의 마음 아픔을 어루만져 주
는 것, 그 모두가 다 어우러져 이루어
지는 것이 사랑이고 베풂임을 잊어서
는 아니 될 것이니,
12 너의 제자들 또한 천 가지 만 가지 그
모두가 다 변하며, 부닥치는 그 모두
를 다 용서할 수 있는 것이 사랑이요,

13 너희들이 천 가지 만 가지 화를 내고
부닥치는 그 감정이 격해지는 것을
억누르는 것 또한 그 모두가 사랑임을
알아야 할 것이니, 그리 전하도록 하
라.

4,223 번째 하나님 말씀

2002년 12월 17일 0시 05분

1 사랑하는 나의 아들아!
2 "네, 아버님! 말씀하옵소서."
3 네가 너의 제자들에게 일러 깨우쳐 전
하기를, 천사와 같은 마음으로써 나의
아들, 네 옆에 오는 것이 가장 큰 영광
이며, 너희들이 해야 할 임무라 내가
말하였음이니, 너는 정녕 그 뜻을 알
겠는가?
4 "네, 아버님! 이제야 제가 그 뜻을 알
겠사오며, 가장 천사와 같은 마음으로
제 옆에 저의 제자들이 와야 한다는
그 가르치심을 이제야 알았사옵나이
다.
5 제가 미련하고 제가 잘못 깨우쳐 바로
서지 못하며 완벽히 깨달아 가지 못함
이니,
6 저의 제자들이 제 앞에 와 남을 흉보
며 남을 시기하며 질투하는 그와 같은
말을 제가 들어서는 아니 되기 때문인
것을 이제야 깨달았사옵나이다.
7 저의 제자들이 남을 용서하며 아름다
운 말로써 제 옆에 와 말을 할 때 그것
이 제 양식이 되며,
8 제가 그를 보고 또한 느끼는 바가 있
어 저 자신이 바로 설 수 있는 그와 같
은 것을 생각하셨기에 아버님께서 그
리 말씀하신 그 뜻을 알겠사옵나이다.
9 저의 제자들이 천사와 같은 자요, 아
름다운 마음을 가지고 있는 자가 제
옆에 오는 자가 가장 복된 자라 하였
으며, 가장 그와 같은 자가 제 옆에 있
어야 한다는 그 뜻을,
10 그들이 시기하고 질투하는 마음으로
제 앞에서 말을 할 때, 제가 그를 듣게
되며 그들이 하는 것을 제가 듣게 됨
이니,
11 제가 마음을 다스리고자 할 때 제 마
음을 다스리는 것이 아니요, 제 마음
을 역행하도록 그들이 저에게 그와
같은 말을 듣도록 하기 때문에 그는
안 된다 하는 뜻을 이제야 알았사옵나
이다.
12 제자들이 남을 용서할 수 없는 것, 이
해할 수 없는 것, 그 모두를 용서하며
이해하며 갈 수 있는 그 아름다운 마
음을 저에게 보여 줌으로써,
13 저의 제자들도 하물며 그와 같은 깨
우침이 있으며 그와 같이 선한 일을
하며 용서하지 못할 것을 용서하고
가는데,
14 저의 제자들을 보며 제가 그들보다
더 나은 자요, 더 한발 앞에 가는 선지
자요, 그 스승으로서 자리 잡기 위하
여 더 노력하여야 한다는, 저를 가르
치기 위하여 아버님께서 말씀하신 그
뜻을 이제야 알겠사옵나이다.
15 그리하여 천사와 같은 저의 제자들이
제 옆에 있어야 하며, 제 옆에 있는 자
들이 천사와 같은 마음으로 변화되는
제자들이 있어야만 한다는 그 말씀을
이제야 그 의미를 알았사옵나이다.

16 도저히 이해할 수 없는 것, 용서할 수
없는 것을 저의 제자들이 용서하며
이해하며 그를 칭찬하는 소리를 들을
때,
17 제가 그들보다 더한 것을 용서하며
더 무섭고 더 용서할 수 없는 것을 저
는 아버님의 아들이요, 선지자이기 때
문에 용서할 수 있도록, 그와 같은 저
의 깨달음이요, 행동을 할 수 있도록
스승의 역할을 하는 것이 저의 제자
들이며,
18 그리하여 아버님께서 천사와 같은 자
를 제 옆에 두고자 하셨던 그 뜻을 알
겠사옵나이다.
19 제가 부족하며 제가 완벽하지 못하기
에 그와 같은 것을 강요하셨으며 그
리하도록 말씀하신 뜻을 이제야 알았
으며, 저 스스로 부끄러움을 알고 있
사옵나이다.
20 저의 제자들이 어떠한 고통과 시련
속에서도 아름다운 말로써 아름다운
대화로써 제 옆에서 같이 논해야 하
며,
21 그들이 변화되는 모습을 보고 제가
한 계단 더 앞에 가고자 노력하며 변
화되는 그와 같은 깨달음을 그들로부
터 얻게 하기 위하여 아버님께서 천
사와 같은 제자들이 옆에 와 있는 것
이 가장 큰 상이라 하셨으니,
22 이는 아버님이 불안하신 마음에 저의
제자들을 통하여 저를 깨우치고 다스
리고자 하시는 그와 같은 깊은 뜻이
있으심을, 제가 이제야 그 뜻을 알았
사옵나이다."
23 사랑하는 나의 아들아, 언제까지 그리
갈 수는 없음이니라.
24 이제 네가 진정 그들의 앞에 가는 자
가 되어야 할 것이며, 그들이 너를 따
라오는 그와 같은 것으로 가야 할 것
이며,
25 그들이 말하는 것에 네가 귀 기울이
지 말며, 그들이 하는 행동에 네가 관
여하지 말며, 마음의 동요가 있어서는
아니 됨이니,
26 그 모두를 다 네가 가슴으로 용서하며
안는 그와 같은 마음의 자세로 변하여
야 함이니라.
27 어떠한 것에도 동요하지 않는 네가 되
어야 할 것이며, 동요하지 않는 나의
아들로서 네가 다시 나야 됨이니,
28 모두를 다 눈을 감고 네가 덮어 버리
며 이해하며, 잘못된 것을 바라보지
아니하며, 도저히 용서할 수 없는 것
을 용서할 수 있고 이해할 수 있는 그
와 같은 마음으로 네가 그리되어야
함이니,
29 곧 그것이 죽은 자의 자세임을 잊어서
는 아니 될 것이며, 죽은 자라는 뜻을
이제는 네가 깨달았을 것이니라.

4,224 번째 하나님 말씀

2002년 12월 17일 0시 09분

1 사랑하는 나의 아들아!
2 "네, 아버님! 말씀하옵소서."
3 구약 시대의 역사요, 신약 시대의 역
사에 나의 아들이 그 죽음의 고통의
길을 가며, 그를 보고 깨우쳐 믿음의
길이라 하여 지금까지 온 나의 백성들
이 어찌 살아가며, 그들의 믿음이 얼

마나 잘못되었는지 너희들은 아는가?
4 그들이 가는 그 믿음을 도저히 용서할
수 없으며 이해할 수 없음이니라.
5 유다라는 자가 몇 푼의 금화 때문에
나의 아들 예수를 팔았듯이, 지금의
모든 종교 지도자들이 우리 부자 이
름을 팔아 재산을 모으며 그 재물 앞
에 우리를 파는 그와 같은 형국이라
내가 너희들에게 일찍이 말하였음이
니,
6 지금 너희들이 가고 있는 그 믿음의
형태를 보는 나 여호와의 분노함이 지
나쳐 이제는 나의 마음이 슬퍼함을
너희들은 알아야 할 것이며,
7 어찌하여 너희들은 이를 하나 들여다
보지 못하는 백성으로서 살아가는가?
8 참진리요, 계명대로 살지 않는 지도
자, 백성, 그 모두는 창조주 나 여호와
를 괴롭히고 있는 것이며,
9 나의 눈에서 피눈물이 흐르도록 그와
같은 형벌을 나에게 가하고 있음을 알
아야 할 것이니라.
10 진정한 믿음으로 깨우침의 길을 가는
것이 아니라 우리 부자의 이름을 팔
아먹고 사는 데만 연연하는 것이 지금
의 종교 지도자들이며,
11 오로지 구원의 길이요, 참진리의 길을
바라보지 아니하며,
12 내가 사랑하는 백성 너희들을 구원하
기 위하여 내려보낸 참진리요, 하늘에
오르는 그 뜻인 나의 법전을 버려 남
들마저도 구원의 길을 가지 못하도록
가로막는 자들이 지금의 종교 집단이
요, 너희들 지도자라는 자들이 하는
짓이며,
13 평생 믿음이라는 그 길을 몇십 년 동
안 갈고 닦았기에 정녕 구원을 받은
자라 생각하는 신도라 하는 나의 백성
들이 그와 같은 형국에 젖어 있음이니
라.
14 참진리의 법전을 버려 남들마저도 구
원의 길을 가지 못하도록 막는 그 죄
가, 너희들이 그 대가를 어찌 치러야
하며 얼마나 무서운가를 과연 알고서
그와 같은 행위를 하는가?
15 창조주 나 여호와의 눈에서 피눈물을
흘리는 그 행위를 너희들이 더 이상
계속하지 말아야 할 것이니라.
16 나의 백성들이 지금 잘못 가며 잘못
깨우치며 나 여호와의 뜻을 거역하며
나의 눈에서 피눈물을 흘리는 그와 같
은 사악한 행위를 하고 있음이니,
17 이를 바로잡아 나 여호와의 마음을
바로 다스릴 수 있도록, 나의 마음을
편안한 기쁨으로 나 자신이 설 수 있
도록, 내가 세상사를 그리 바라볼 수
있도록, 나 여호와의 노한 마음을 거
둬들이며 사랑으로써 너희들을 바라
볼 수 있도록 나 여호와의 이 마음을
전하는 것은,
18 오로지 지금 나의 법전을 읽고 깨우친
너희들만이 이룰 수 있을 것이며 행할
수 있는 역사임을 너희들은 잊지 말아
야 할 것이니라.

4,225 번째 하나님 말씀

2002년 12월 17일 0시 14분

1 사랑하는 나의 아들아!
2 "네, 아버님! 말씀하옵소서."

3 나 여호와요, 너희들의 전지전능한 아
버지요, 창조주인 내가 정녕 너희들을
사랑하는 백성들임을 너희들은 모르
는가?
4 내가 사랑하는 나의 백성이 파멸되어
그 무서운 죄의 대가를 치르는 것을
볼 수 없으며, 그와 같은 길로 너희들
이 가는 것을 원하지 아니하는 것이
나 여호와의 마음이라 내가 너희들에
게 일찍 전하여 깨우쳐 주었음이니라.
5 나 여호와가 너희들을 사랑하는 그
깊은 마음을, 내가 너희들을 얼마나
사랑하며 소중히 생각하는가를, 어찌
하여 너희들은 나 여호와의 마음을 그
리도 헤아리지 못하는가?
6 나 여호와의 심성 그대로, 너희들이
천사의 심성 그대로 그리 서서히 변화
되어 너희들이 원하는 너희들의 원 자
세요, 너희들의 근본인 창조주 나의
품으로 돌아오기를 기다리는 나 여호
와의 이 애절한 마음을 어찌 그리도
모르는가?
7 나의 그 마음의 뜻을 생각조차도 하지
않으려 하는 것이 너희들의 지금의
삶이니, 나 여호와의 마음이 얼마나
아프겠는가?
8 너희 스스로 추하고 더러운 행동과 생
각에서 벗어나지 못한다면, 너희들은
나에게 오르는 것이 아니요,
9 너희들의 원 자세인 나의 품으로 돌
아오는 것이 아니라, 사탄에게 스스로
너희들이 잠식되어 그리 죽어 감이니,
10 그 대가를 너희가 반드시 치러야 한
다는 것을, 그 무서움을 모르는 것이
지금 나의 백성 너희들의 자세이니라.
11 너희들은 서서히 무너져 사탄으로부
터 잠식되는 그 저지른 죄에 대한 것
을 반드시 치르게 됨이니,
12 그 죄가 얼마나 무섭고 두려운 것인가
를 너희들은 생각지 아니하는 그와 같
은 삶을 사느니라.
13 지금 너희가 가는 믿음의 길이요, 구
원의 길이라 하여 가는 그것이 너희들
이 죄를 짓는 길이라 내가 그리 말하
였음이니,
14 너희들이 너희 자신도 모르게 서서히
짓는 죄로 너희 삶이 어떠한 형국인지
알겠는가?
15 뱀에게 물린 개구리의 형국이니라.
16 뱀에게 물린 개구리는 저 자신도 모르
며 서서히 뱀의 아가리에 들어가 먹
히게 됨이니,
17 너희들이 뱀에게 먹히는 개구리처럼
서서히 사탄에게 지금 먹히고 있는 그
무서운 사실을 모르고 있음이니,
18 다 먹힌 개구리는 결국 무엇이더냐?
19 그는 죽음뿐인 것이니라.
20 너희들이 그와 같이 사탄에게 서서히
잠식되어 먹히는 것을 모름이니,
21 너희들이 먹히는 것은 바로 무엇이더
냐?
22 영혼을 구할 수 없음이니, 너희들의
영혼이 영원히 파멸되면 너희들이 원
자세요, 나의 품으로 돌아올 수 없음
을 알아야 할 것이니라.
23 너희들이 너희 본연의 자세요, 나의
품으로 돌아오지 못하는 것으로써 너
희들의 모두가 종식된다면 너희들이
얼마나 편안하고 가벼운 마음으로써
육신의 삶을 살겠는가?

24 그러나 너희들의 잘못된 죄, 너희들의
원 자세요, 본연의 자세로 돌아오지
못하는 그 죄에 대한 대가를 반드시
치르며, 그 대가만큼 너희들이 겪어야
되는 그 무섭고 두려운 것이 너희들
에게 남아 있음을 잊어서는 아니 될
것이니, 그리 알아 행하도록 하라.

4,226 번째 하나님 말씀

2002년 12월 17일 0시 22분

1 사랑하는 나의 아들아!
2 "네, 아버님! 말씀하옵소서."
3 너희들이 한 획도 고쳐서는 안 되며
한 자도 고쳐서는 안 된다는, 그리 소
중하며 귀한 성서라 말하는 것은,
4 지금 너희들의 종교 집단이요, 지도자
요, 그를 배우는 백성들이 과연 나의
성경을 어찌 다루고 어찌 보배와 같이
사용하며,
5 너희들이 구원의 책이며 구원의 말씀
이라 말은 그리하나, 너희들이 어찌
사용하고 어찌 쓰는지 알겠는가?
6 너희들은 금화와 은화를 거둬들이며
너희들의 사욕을 채우기 위하여 나의
성경을 더러운 데 사용하는 그와 같은
너희들의 전유물로 만들었으며,
7 나의 성경을 너무나도 추하고 더럽게
만들었음이니라.
8 그리하여 너희들이 거짓 하며 나의 백
성을 기만하며 그들을 이용하기 위하
여 나의 성경을 너무나도 더럽혔으며
너무나 더러운 곳에 사용하고 있는 것
이 지금의 종교 집단 너희들이 하는
행위임을 알겠는가?
9 너희들이 나의 성경을 그와 같이 더럽
혔으며 더 이상 바라볼 수 없도록 추
한 모습으로 나의 성경을 전락시킨 그
죄를 어찌 다 받으려 하며, 그 죄의 두
려움을 어찌하여 그리도 모르는가?
10 너희들이 나의 성경이요, 나의 뜻이
요, 나의 말씀이라 하는 것을 그리도
더러운 곳에 사용하다가,
11 너희들은 이것도 부족하여 이제는 우
리 부자의 이름을 팔아 나의 피조물
만백성들을 속이고 또 속이며 거짓
하는 장사꾼처럼 추하게 타락시켜, 그
와 같이 속이고 물건을 팔아먹는 장사
꾼보다 더 추하게 전락되어 있는 지
금의 형국을 아는가?
12 장사꾼보다 더 추한 자로 전락되어 있
음이니라.
13 도저히 썩어서 먹을 수 없는 그와 같
은 생선을 파는 자들과 같은 행위를
하고 있는 것이 너희들이 지금 가고
있는 믿음이라면 과연 어찌하겠는가?
14 도저히 썩어서 먹을 수 없는 그 썩고
도 썩은 생선 토막을 나의 피조물 만
백성을 우롱하여 팔아먹는 그 추하고
더러운 장삿속으로 너희들이 전락되
어 있음이니,
15 양심이요, 기본이요, 아무것도 없는
자들이니라.
16 그 썩은 곳에 무엇이 모여들겠느냐?
17 썩은 생선의 냄새가 나는 곳에는 그
것을 즐기는 파리 떼만이 모여듦이니,
18 지금 나의 피조물 만백성 너희들의 구
원의 길이요, 천국의 길이요, 나의 아
들 예수의 보혈로써 구원을 받았다 모
여드는, 손으로 지은 너희들의 그 성

전이 바로 썩어서 냄새가 나는 생선 토막과 같은 곳이라면 너희들은 어찌 하겠는가?
19 그보다도 더 추하고 더럽고 무서운 곳이 거기임을 너희들이 알아야 할 것이니라.
20 수천 년 동안 흘러오면서 지금과 같이 부모와 자식 간에 정이 없으며 모든 재물과 금화와 은화로써 부모의 생명도 계산하며 자식의 생명까지도 계산하는 사악한 시대로 만든 것이, 그와 같이 썩어진 너희들의 그 온상의 근본이 존재하였음이니,
21 그것이 바로 너희들이 만든 성전이라는 것을 알아야 할 것이니라.
22 지금 너희들은 사랑하기 전에, 또 사랑을 나누며 산다 그리 말하고 있음이나,
23 너희들은 말과 행동과는 전혀 달라 견주어 볼 수도 없는 그와 같은 추악한 형태로 살아가고 있음이니라.
24 그러나 내가 그와 같은 너희들을 버릴 수가 없어, 내가 만든 나의 백성이요, 나의 창조물인 너희들이기에, 내가 너희들에게 다시 한 번 기회를 주어
25 지금 나의 법전이요, 하늘에 오르는 길이라 하여 나의 아들을 통하여 책으로 만들어 너희들에게 내려보내니,
26 보화와 같은 이 소중하고 귀중한 것을 너희들이 모르고 있음이니라.
27 나의 아들을 통하여 너희들을 구원하고자 내려보내거늘,
28 너희들은 이것이 마지막 거짓 선지자요, 이단이요, 사탄이요, 사악한 자라 하며 이를 버려두고 바라보지 아니하며, 이를 보고 깨우치려 하지 아니함이니,
29 그 죄가 과연 또한 얼마나 무서운 것인가를 알게 될 날이 머지않았음이니라.
30 정녕 너희들이 바로 가며 구원의 길을 간다면, 내가 밤과 낮을 가리지 아니하며 나의 아들에게 160권의 대장정의 글을 만들어 책으로 이를 엮어 나의 성령을 너희들에게 전하지 아니하였을 것을 너희들은 어찌 그리도 생각하지 못하는가?
31 이와 같은 이치를 너희들이 깨달아 하늘의 뜻을 바라보며, 나의 법전이 제3의 시대에 마지막 너희들을 구원하는 대역사의 변화이며, 심판의 시대가 시작되었으며, 심판이 시작되었음을 너희들은 알아야 할 것이니라.

4,227 번째 하나님 말씀

2002년 12월 17일 0시 27분

1 사랑하는 나의 아들아!
2 "네, 아버님! 말씀하옵소서."
3 마지막 시대에 나 여호와가 나의 성령을 태워 내려보내는, 너희들의 그 보화보다도 더 소중한 나의 법전을 불태우며 찢어 버리는 자, 불 속에 던지는 자, 그 모든 행위를 나 여호와가 알며 바라보면서 나의 성령인 나의 뜻을 세상에 책으로 만들어 너희들을 구원하고자 나의 법전을 세상에 전함은,
4 나 여호와가 나의 백성 너희들을 얼마나 사랑하며 너희들이 바로 구원을 받기를 얼마나 갈망하는 것인가를 너

희들은 정녕 그리도 모르겠는가?
5 내가 마지막 시대에 나의 아들을 통하
여 너희들을 심판하며 너희들의 구원
의 길이며 하늘에 오르는 빛을 책으로
만들어 전하는 그를 찢어 버리며 태워
버리며 물속에 던져 버리는 그와 같은
행위를 하는 너희들을 보면서도 나
여호와가 160권의 대법전을 내려보내
는 것은 너희들을 그리 사랑하기 때문
임을 어찌 그리도 모르는가?
6 너희들의 육의 부모가 자식을 사랑하
는 것보다 열배 백배 더 깊고 진한 사
랑으로써 내가 너희들을 아끼고 사랑
하기에 그 역사를 이룸을 너희들은 바
라보아야 할 것이니라.
7 사랑하는 나의 아들아!
8 "네, 아버님! 말씀하옵소서."
9 너의 제자들에게 반드시 심어 주어야
할 것이며, 나의 법전을 읽는 백성, 너
희들은 이 대목을 깊이 깨우쳐 너희
것으로 가슴에 심어야 함을 잊지 말
라 전하라.
10 나 여호와의 사랑을 악으로 받아들이
지 말라 전하라.
11 내가 너희들을 사랑하는 그 마음을 너
희들이 악으로 받아들이는 그와 같은
행위를 하지 말라 그리 전하라.
12 너희가 나의 법전을 불 속에 그리 태
우는 것은 나 여호와를 너희들이 불
속에 집어던져 나의 몸을 태우는 행동
이라는 것을 잊어서는 아니 될 것이며,
13 너희들이 나의 법전을 찢어 버리는 것
은 나 여호와의 살점을 도려내어 갈기
갈기 찢는 그와 같은 무서운 죄를 짓
는 행위임을 잊어서는 아니 될 것이며,
14 너희들이 물속에 나의 법전을 집어넣
는 것은 나 여호와를 집어넣어 숨을
쉬지 못하도록 나를 고문하는 죄를
지음이니 이를 잊지 말라 전하라.
15 너희들이 나의 법전을 읽을 때 내가
너희들과 같이한다 하였음이니, 나의
성령이 너희들과 같이함이니라.
16 그리하여 너희들이 나의 법전을 불 속
에 집어넣는 것은 나 여호와를 집어넣
는 것이요,
17 찢어 버리는 것은 나의 살점을 도려내
어 나를 피 흘리게 하는 것이며,
18 물속에 집어넣는 것은 나를 물고문 하
는 것이라는 것을 내가 다시 한 번 강
조함이니,
19 너희들이 그와 같은 행위를 해서는 아
니 됨을 알라 전하라.
20 너희가 그 무서운 대가를 짊어지게 됨
이니, 그 대가를 너희들이 어찌 치르
며 견디려 하는가?
21 그러고도 너희가 나를 믿는다 말하는
자, 너희가 나를 모욕하며 짓밟아 사
탄에게 너희 자신만을 파는 것이 부족
하여 나 여호와까지 사탄에게 팔려
하는 그와 같은 잔악한 행위를 하는
것이라는 것을 알아야 할 것이니라.
22 너희들이 나를 욕되게 하며 나를 짓밟
으며 너희들 자신을 사탄에게 파는 것
도 부족하여 나 여호와 창조주요, 전
지전능한 너희 아버지라 부르는 나까
지도 사탄에게 무너뜨려 팔고자 하는
것이 너희들이 지금 가고 있는 믿음의
길이며, 지도자 너희들의 집단이 가는
행위임을 알아야 할 것이니라.
23 내가 나의 법전에 근거할 수 있는 이

내용을 기록하여 너희들에게 전함이
니, 이보다 더 무서운 깨달음이 없음
을 너희들은 알아야 할 것이니,
24 이를 명심하여 너희 것으로 만들어,
지금의 믿음의 그 길에서 너희들이
나의 법전을 보아 참진리의 길을 가도
록 하라.
25 진리가 무엇이더냐?
26 바르게 사는 것이며, 거짓되지 아니하
며, 너희들이 가장 기초적인 질서 속
에서 질서를 지키고 사는 그것이 바로
진리라 함이니,
27 너희들의 육의 삶을 바로잡고자 하는
그것이 나의 진리임을 잊지 말라 전
하라.

4,228 번째 하나님 말씀

2002년 12월 17일 0시 41분

1 사랑하는 나의 아들아!
2 "네, 아버님! 말씀하옵소서."
3 너희들의 구원의 길이요, 하늘에 오르
는 길이라 하여 지금 믿음의 길을 가
고 있는 나의 백성들이 어찌 그리도
어리석고 우매한 삶을 살아가며 너희
들이 구원받았다, 구원의 길에 들어섰
다 그리 울부짖고 광란의 짓을 하고
있는가?
4 너희들이 그 모두를 다 접어 두고, 사
랑을 실천하며 네 이웃을 네 몸과 같
이 사랑하는 그 마음 자세 하나면 너
희들의 그 모든 뜻을 다 이룰 수 있는
것을,
5 그것 하나를 다스리고 지키기가 그리
도 힘이 들어 너희들이 지금 이와 같
은 믿음의 형국이요, 잘못된 길을 달
려가고 있음이니,
6 너희들은 창조주 나 여호와가 존재함
을 굳건히 믿으며,
7 나로부터 심판을 받으며 나로부터 영
광과 구원과 축복이요, 지옥의 그 갈
림길을 너희들은 반드시 선택해야 한
다는 그와 같은 마음 하나를 깨달으며,
8 너희들이 나의 성령이요, 나의 뜻을
사랑하는 만백성에게 심어 주어 그들
이 바른길을 보며 구원의 길을 갈 수
있도록 그리 인도하고 이끌어 깨우쳐
주면 되는 것을,
9 어찌하여 지금 수천 년 동안 흘러오면
서 너희들의 그 종교 집단이요, 쇠가
녹아서 떨어진 가루처럼 늘어난 모든
너희 손으로 지은 그 성전에서 그를
지키고 있는 종교 지도자들이 나의 백
성들의 마음에 성령으로 심어 주는
것이 아니요, 그들의 마음속에 악마의
악한 마음을 심어 주고 있는가?
10 이것이 너희들이 지금 믿음의 길을
가고 있는 행동이며,
11 너희들이 나의 피조물 만백성을 구원
한다 하여 가르치는 그와 같은 형국이
그와 같은 악마의 마음을 심어 주는
짓을 하고 있다 내가 너희들에게 말함
이니,
12 너희들은 어찌하여 이를 돌아다보지
아니하는가?
13 내가 나의 아들을 통하여 하늘에 오르
는 길이요, 나의 법전에 전함이니,
14 너희들의 믿음의 길은 나의 성령을
심어 주어 구원의 길로 백성을 인도하
는 것이 아니라

15 선하고 착한 나의 백성들이 너희들의
성전에 들어가는 그 순간에 그들의 마
음속에 악마의 마음이요, 악한 마음을
심어 주고 그들을 육성시키는, 그와
같이 나의 백성을 이끌어 가는 것이
지금의 너희들의 형국임을 알아야 할
것이니라.
16 그리고 나의 백성 너희들은 그와 같은
곳에 너희 스스로 너희 자신들을 그
리 버리는 일을 해서는 아니 될 것이
며,
17 그곳에서 헤어나지 못하는 백성, 너희
들은 이제 눈을 떠 나의 법전을 읽고
깨우쳐 정녕 바른길을 보도록 그리하
여야 할 것을 잊어서는 아니 될 것이
니,
18 그들을 구하도록 하라, 사랑하는 나의
아들아!
19 너만은 바로 지켜야 할 것이며, 너의
제자들만은 바로 지켜야 함이니라.
20 너희들이 구원하지 못하면 그 누구도
구원할 수 없음이니,
21 너희들의 어렵고 힘든 오늘의 삶을
두려워하지 말라.
22 모두를 다 바쳐 미래에 하늘에 오르는
문을 너희들이 볼 수 있음을 알아야
할 것이니,
23 그것보다 더 큰 영광이요, 더 큰 은혜
가 없음을 알고, 만백성을 구하는 데
모두를 다 바쳐야 할 것이니라.
24 나 여호와가 존재하지 않는다는 것으
로 그를 입증하며 그를 가르치는 것
이 지금의 종교 집단이니라.
25 내가 존재하지 아니한다 너희들이 그
리 입증하며 그리 가르치는 행위를
하고 있다면, 너희들은 이를 어찌하겠
는가?
26 너희들이 지금 가고 있는 길이 나 여
호와와는 아무런 관계도 없는 그 길
로 가기 때문임이니,
27 너희들이 그와 같은 행동을 너희 스
스로 바로잡지 아니한다면 그 대가를
치르는 것은 상상할 수 없음을 알아야
할 것이니라.
28 내가 존재하지 않는 것을 입증시키며
그를 가르치는 것이 지금 종교 집단의
행위이니라.
29 그리하여 너희들은 나의 사랑하는 백
성들을 지옥으로 이끌어 가고 있음이
니, 너희들은 그 의미를 무어라 말하
겠는가?
30 너희들이 지금 하고 있는 모든 종교
집단의 형태를 돌이켜 보라.
31 나의 아들 예수를 몇 푼의 재물을 받
고 판 유다의 행위와 무엇이 다르던
가?
32 몇 푼의 대가를 받고 나의 아들을 판
유다의 그 행위와 너희들이 조금도
다름이 없는 그와 같은 행위를 하고
있는 것이 수천 년 동안 흘러내려 온
종교 집단이며,
33 그 집단이 퍼질 대로 퍼져 그 사악한
행위가 지금 만연해 있으며 더 이상
바라볼 수 없는 형국에 지금 와 있음
을 알아야 할 것이니라.
34 너희들의 집단이 과연 어찌하는가?
35 우리 부자를 몇 푼의 대가를 받고 싸
구려로 팔아먹고 있는 형국이 바로 너
희들이 하고 있는 짓이 아니고 무엇이
던가?

36 너희들은 그저 코흘리개의 돈까지, 재
물까지 거둬들이는 거기에 우리 부자
의 이름을 싸구려로 팔아먹는 데 주
저하지 않는 행위를 하니,
37 과연 지금 너희들이 하고 있는 짓이
유다가 나의 아들을 판 것과 무엇이
다르더냐?
38 너희들은 금화와 은화를 거둬들이는
데만 모두 연연하여 성서를 더럽혔으
며 성경을 더럽혔으며,
39 우리 부자의 이름을 시장 바닥에 그저
싸구려처럼 마구잡이로 팔아먹는 그
와 같은 형국이니라.
40 그러니 그와 같은 짓을 한 너희들이
갈 곳이 과연 어디인가?
41 너희들이 가야 할 곳이 어디라는 것을
알고 있는가?
42 그리하여 창조주 나 여호와가 나의 법
전을 읽은 나의 아들의 제자들이요,
나의 법전을 깨우쳐 회개의 눈물을 흘
리는 나의 선택된 백성 너희들로 하여
금 새로운 시대를 열고자 함이니,
43 너의 제자들이요, 나의 법전을 읽고
바로 깨우치는 백성, 너희들이 얼마나
소중한가를 알아야 할 것이니라.
44 그리하여 너희들이 바로 서지 못하며
바로 가지 못하며 나 여호와의 심성과
같이 변하지 못할 때, 그 모두는 나 여
호와가 더 이상 너희들을 위하여 기
다릴 수가 없음이니,
45 모두의 영광과 은혜요, 새로운 역사를
이루는 그 모든 계획을 내가 접어 둘
수도 있음을 너희들은 알아야 할 것
이니라.
46 내가 다시 모두를 다 접어 두었을 때,
몇천 년이라는 세월이 흐른 다음에 다
시 이와 같은 새로운 시작이 또 도래
해야 될 것이니,
47 너희들은 과연 너희들의 시대에서 이
역사를 이루겠는가, 너희들이 되는 대
로 인생을 살다 몇천 년 후에 다시 또
이런 역사가 올지 안 올지 모르는 그
와 같은 세월을 기다리는, 그리고 그
시대를 넘기는 그와 같은 마음 자세로
가겠는가?
48 너희들은 구원을 받아야 할 것이니라.
49 너희들의 세대에서 다 이루어야 할
것이니라.
50 이제는 두 번 다시 나의 선지자요, 나
의 아들과 같이, 이와 같이 내려보낸
다 하지 않았으며,
51 이 성령의 가르침이 마지막이라 내가
너희들에게 수없이 이야기했음이니,
52 너희들이 기다리고 기다린다 해도 다
음의 역사는 없음이니,
53 몇천 년이 흐른 다음에 또 오늘과 같
은 역사를 이룰 것이라 생각해서도
아니 될 것이며,
54 너희들이 그때를 기다리는 마음이요,
또 변화가 있을 것이며 새 시대가 시
작하는 역사가 있다 하여 너희들이 나
태한 마음을 가져서는 아니 될 것이니
라.
55 너희들 세대에서 반드시 이루어야 할
것이며, 너희들 시대에 반드시 새 역
사를 이루는 것만이 너희들이 가야 할
길임을 알아야 할 것이니라.

4,229 번째 하나님 말씀

2002년 12월 17일 0시 50분

1 사랑하는 나의 아들아!
2 "네, 아버님! 말씀하옵소서."
3 내가 나의 아들 너의 제자로 명한 백
성들과 나의 법전을 읽고 깨우치며
또 내 법전을 읽은 백성들, 그 모두는
너희들이 남 앞에서 남을 칭찬하며,
남의 추한 모습을 보지 아니하며, 남
의 용서할 수 없는 것을 용서하며, 이
해할 수 없는 것을 이해하는 그와 같
은 마음이 사랑이며, 사랑을 실천하는
삶이라 생각하고 살 것이니라.
4 이는 모든 평범한 백성들이 그와 같
이 지키고 살 때, 그것이야말로 진정
한 사랑이요, 나눔이요, 아름다운 마
음으로써 삶을 사는 것이니라.
5 그러나 나의 아들로부터 선택된 너의
제자들이요, 나의 법전을 읽어 깨우침
을 얻은 만백성, 너희들은 그와 같은
사랑으로써 가는 것이 아님을 알아야
할 것이니라.
6 남들 앞에 남을 칭찬하며 남의 허물을
보지 아니하며 남의 허물을 아름답게
볼 수 있는 그와 같은 마음을 갖는 것
이 선택된 백성이 가는 것이며 사랑
을 베푸는 것이 아니니라.
7 너희들은 다음과 같은 마음을 갖고 살
아가며 그와 같은 모습으로 변하는
것이 너희들이 사랑을 실천하는 것임
을 알아야 할 것이니라.
8 너희들 앞에 나의 백성, 너희 형제들
이 와 남을 칭찬하는 것을 두려워하지
아니하며 즐겁게 말할 수 있는 그와
같은 온화하고 편안한 마음 자세로써
베풀어 살아가는 그 형국이야말로 너
희들이 가야 하는 길이며 너희들이
사랑을 베푸는 것이니라.
9 다른 백성들이 네 앞에 와서 두려움
없이 주저함 없이 남을 칭찬하고 사랑
할 수 있도록, 너희들 앞에 그리 아름
다운 말을 할 수 있도록 너희들이 변
하는 모습이요, 그와 같이 열린 마음
으로 되었을 때, 너희들은 사랑을 베
푸는 자며,
10 그것이 나로부터 선택된 백성이 베푸
는 사랑임을 너희들은 알아야 할 것이
니라.
11 남들을 칭찬하는 것보다도, 남들을 네
앞에 와서 칭찬할 수 있도록 그와 같
은 사람으로 변하는 너희들의 모습이
바로 내가 바라는 나의 선택된 백성들
의 변하는 모습임을 너희들은 알아야
할 것이니, 이를 명심하여 너의 제자
들에게 일깨워 주라.
12 그리하여 어떠한 백성이든 너희들 앞
에 와서 남을 자랑하는 데 너희들의
눈치를 보지 아니하며 너희들의 형태
를 보지 아니하며 그저 남의 자랑을
주저 없이 할 수 있도록 그와 같이 마
음의 문을 열고 살아가는 모습으로 되
어야 하는 것이 나의 법전을 읽은 백
성이요, 나의 아들의 제자인 백성 너
희들이 가야 하고 지켜야 할 길임을
너희들은 명심하여 지키고 살아가야
함을 알라.
13 그리하여 그와 같은 마음으로 살아가
는 너희들이기에, 내가 지금 마지막
나의 선지자요, 나의 아들이요, 이를

통하여 내가 심판의 법전을 내려보냄
이니,
14 너희들을 믿고 내가 내려보내는 것이
이게 마지막이라는 것을 너희들은 잊
어서는 아니 될 것이니라.
15 내가 너희들에게 나의 성령이요, 나의
뜻이요, 이와 같은 새 역사를 이루는
것도 마지막이라 하였으니, 너희들 또
한 그리하여 마지막 선택된 백성임을
잊어서는 아니 될 것이니라.
16 그리하여 너희들이 나의 뜻을 닮아 나
의 심성을 닮아 변하지 못한다면, 과
연 나 여호와가 너희들에게 어떠한 것
을 내리겠는가?
17 내가 마지막 역사를 이루는 이 시점에
서 내가 마지막 선택한 백성 너희들이
나의 뜻에 따라 변화되지 못하는 그와
같은 결과가 벌어진다면, 과연 나는
너희들에게 무엇을 내리겠는가?
18 너희들에게 무한한 사랑과 영광을 내
리겠는가, 너희들이 도저히 감내할 수
없는 무서운 벌로써 너희들을 다스리
겠는가?
19 지금 나의 아들의 제자들이요, 나의
법전을 읽고 깨우친 백성, 너희들이
변화되지 못한다 하면, 나 여호와가
어떤 것을 내릴 것인가는 감히 너희
들의 상상에 맡길 것이니, 이게 내가
너희들에게 전하는 뜻임을 알라.
20 이와 같은 무서운 결과가 세상에 다시
나타나지 아니하도록 너희들이 선택
된 백성임을 알아야 할 것이니라.
21 너희들마저도 변하지 못하며, 나의 아
들의 제자들이 변하지 못하며, 나의
법전을 읽고 깨우친 백성들이 변하지
못한다면, 이 세상은 얼마나 무서운
결과로써 그 모두의 대가를 치르게 되
는 것인가를 너희들은 알아야 할 것이
니라.
22 그 모두는 나로부터 선택된 백성들이
요, 나의 성령이요, 나의 법전을 읽은
너희들에게 먼저 책임이 있음을 알아
야 할 것이니,
23 이제 이와 같은 책임을 알며 너희들이
중요한 자들임을 알면, 너희들 스스로
너희 자세를 바로 서며 바로 바꾸며
스스로 변화되는 데 최선을 다해야 함
을 잊어서는 아니 될 것이니라.
24 너희들이 바로 서지 못할 때, 내가 새
로운 역사를 이루고자 하는 하늘의
낙원을 지상에서 이루고자 하는 것이
이루어지지 못할 때, 과연 어떠한 결
과가 선택될 것인가?
25 그때 무서운 그 결과는 너희들의 상상
을 초월할 것이니, 그 모두는 너희들
의 양 어깨에 달렸음을 잊어서는 아
니 될 것이니,
26 이를 깊이 깨우쳐 너의 제자들 스스로
변하고 변하지 아니하는 그것을 선택
하라 그리 전하라.

4,230 번째 하나님 말씀

2002년 12월 17일 0시 59분

1 사랑하는 나의 아들아!
2 "네, 아버님! 말씀하옵소서."
3 이 지상이 존재함도, 이 지상에 숨을
쉬고 있는 모든 동식물이요, 식물의
이파리 하나까지도, 또 동물까지도 자
연의 그 모두는 다 너희들을 위하여

준비된 것이며 너희를 위하여 나 여호와가 내려 준 것임을 너희들은 잘 알고 있을 것이니라.

4 그리하여 사랑하는 백성 너희들을 위하여 모두를 다 존재토록 하였음이니, 이 모두는 너희들이 다스려 쓰도록 되어 있음이며,

5 또한 그리하여 너희들이 그곳에서 노력하는 만큼 거두어 살 수 있도록 내가 너희들에게 다 내려 준 것이니라.

6 그러니 여기서 너희들은 깊이 생각하고 깨달음이 있어야 하지 아니하겠는가?

7 이 모두의 자연은 나 여호와가 사랑하는 백성 너희들을 위하여 준비시켜 내려보낸 것이며 존재하도록 하였음이니,

8 너희들은 여기서 자연이요, 풀 한 포기요, 동물의 울음소리요, 날짐승이 살아가는 그와 같은 존재하는 모든 것을 그저 그러려니 하며 그대로 있는 것이라 그리 생각해서는 아니 될 것이니라.

9 그 모두는 다 나 여호와가 창조하여 너희들을 위하여 내려보낸 것이니,

10 그 존재하는 동식물이요, 그 모두가 다 나 여호와의 일부라 하는 생각을 가지며 깨달아 알아야 할 것이니라.

11 그리하여 그들을 다룸에 있어서 내가 너희들이 쓰고 먹고 관리할 수 있도록 너희들에게 모든 권한을 주었다 하나,

12 그 모두는 나 여호와의 일부라는 그와 같은 마음을 가지고 너희들이 소중히 다루며 가꾸며 살아가야 하는 것이 너희들이 행하여야 할 자세임을 어찌하여 너희들은 그리도 깨닫지 못하는가?

13 그리하여 내가 너희들에게 가꾸어 거두어 길러서 먹고살 수 있도록 또한 내가 특별히 내려 준 그 모두가 너희들에게 있거늘,

14 너희들은 어찌하여 그와 같은 것을 구분하지 못하며, 오로지 너희들의 건강이요, 너희들의 육신의 편안을 위하여 모든 생명체를 파괴하며 살아가는가?

15 그와 같은 모습의 마음 자세요, 지금의 형국이 그리되어 있지 아니한가?

16 모든 자연의 아름다움을 파괴하면서 살아가도록 내가 너희들에게 내려 준 것이 아니며,

17 모든 동물을 함부로 잡아 그 생명을 끊으며 모든 식물을 너희 마음대로 파괴하며 자연의 아름다움을 마구잡이로 파괴시켜 가면서 너희들에게 살라 하여 관리하도록 그리한 것이 아니라는 것을 너희들은 어찌하여 깨우치지 못하는가?

18 너희들이 기르고 가꾸어서 취할 수 있는 것을 구분하여 주었으며,

19 그 나머지의 모두는 나의 일부라 생각하며 잘 가꾸고 소중히 하여야 함이거늘,

20 너희들은 어찌하여 이 자연을 함부로 그리 파괴하며 마구잡이로 다루어 가는가?

21 그리하여 내가 만든 이 세상이요, 이 지상의 낙원에 내가 새로운 역사를 이루지도 아니하여 너희들이 황폐한 땅으로 그 모든 자연을 파괴하는 그와 같은 행위를 하고 있음이니,

22 너희들이 이와 같은 의미를 깊이 깨달

아야 할 것이니라.
23 내가 너희들에게 다스리며 취하여 그
곳에서 얻어 살아가도록 한 것은, 무
질서하게 자연을 파괴하고 생명들을
포획하여 죽이며 모든 식물들의 뿌리
를 다 파괴시키는 그와 같은 행위를
마구잡이로 하여 훼손시켜 가면서 살
아가도록 너희들에게 내린 것이 아님
을 알라.
24 이 모든 자연이 나 여호와의 일부이
니, 너희들이 자연에 사는, 내가 만든
이 지상의 낙원에 사는 모든 동식물들
을 함부로 취급하고 함부로 파괴하며
자연의 모든 생태계를 파괴하는 것은
나 여호와의 일부를 파괴한다는 그와
같은 것으로써 깨달아야 할 것이며,
25 그와 같은 무서운 행위를 저지른다는
것을 나의 법전을 읽는 백성, 너희들
은 깨우쳐, 이러한 우를 범하지 않는
삶을 살아야 함을 알아야 할 것이니
라.

4,231 번째 하나님 말씀

2002년 12월 17일 01시 17분

1 사랑하는 나의 아들아!
2 "네, 아버님! 말씀하옵소서."
3 너희들이 세속에 살아가면서 하는 말
이 '십 년이면 강산이 변하며 산천이
변한다'는 말을 하느니라.
4 그러나 지금 너희들이 존재하고 살아
가는 이 시대의 변화는 어떠하던가?
5 일 년 이내에 너희들이 십 년의 변화
를 이루는가 하면, 이제는 단 하루의
삶에 의하여 십 년의 변화를 하는 그
와 같은 변화무쌍한 현실 속에서 지금
존재하며 살아가고 있음이니라.
6 이와 같이 변화무쌍한 속에서 믿음의
길을 가며 하늘에 오르고자 하는 백성
너희들이 무어라 말하느냐?
7 성경은 절대적인 것이며, 절대적이기
때문에 한 자도 고쳐서는 안 되며 한
획도 고쳐서는 절대 안 된다, 그는 곧
죽음과 같다 그리 말하니,
8 이와 같은 말을 써서는 아니 됨을 너
희들은 알아야 할 것이니라.
9 너희들은 이 우주 만물 속에 절대자는
나 여호와 하나뿐이니,
10 절대적인 것이라는 그와 같은 말을 너
희들이 믿음의 가는 길에서 써서는
아니 됨을 알아야 할 것이며,
11 이제 너희들은 한 획도 고쳐서도 안
되며 한 자를 빼도 더해도 안 된다는
그 가르침이 얼마나 우매하고 잘못된
것인가를 알아야 할 것이니라.
12 절대자는 창조주 나 여호와밖에 없으
며, 믿음의 가는 길에 있어서 그 무엇
도 절대적인 것이 없음을 너희들은 알
아야 할 것이니라.
13 성경이요, 나의 법전이요, 이 모두가
절대적인 구원의 길이라 그리 말하는
것은 너희들이 미련하며 알지 못하며
어리석기 때문이니라.
14 너희들이 그와 같은 표현을 써서는 아
니 되는 것이니라.
15 너희들의 깨달음이 부족함이니 이를
너희들이 알아야 할 것이니라.
16 너희가 성경이요, 성서요, 나의 법전
이 절대적이요, 내가 지금 너희들에게
내리는 그 강론의 뜻이 절대적이라 한

다면,
17 너희들은 그와 같이 말하는 것이 나
여호와와 동등한 것이라 생각하는 것
이며 동등한 위치에 있다는 그와 같
은 착각 속에서 너희들이 그리 행함
이니라.
18 너희들은 절대적으로 그와 같이 가르
칠 수가 없으며 그와 같이 내 뜻을 전
할 수 없음이니, 믿음의 길을 가는 자,
믿음의 세계를 가는 자, 너희들은 절
대적이라는 그와 같은 말을 써서는 아
니 되는 것이니라.
19 가르치는 자, 받는 자, 그 모두가 차이
가 있음이니, 너희들이 절대적이라는
말을 쓰는 것은 나의 위치요, 나와 동
등한 위치에 있다는 그러한 너희들의
형태임을 알아야 할 것이니라.
20 너희들이 가르치는 자, 또 배운 자, 다
착각함이 있으며 서로가 다름이 있음
이니라.
21 한 사람의 지도자 앞에 열 사람, 백 사
람이 배운다 해도, 그것이 또한 다 이
해하는 것이 다르며 그들이 전하는
것이 또 달라짐이니,
22 너희들이 절대적이라는 그와 같은 말
을 믿음에 써서는 아니 됨이니, 이를
깊이 깨우쳐야 할 것이니라.
23 지금의 모든 성서요, 나의 법전도 또
한 너희들을 절대적인 것으로 인도하
는 것이 아니요,
24 너희들의 길잡이 역할을 하는 것이며
너희들을 깨우치는 것임이니 그리 알
아야 할 것이니라.
25 그래서 모든 것은 절대적인 것이 있을
수 없음이니라.
26 너희들이 믿음의 세계에서 깨달음 속
에서 전하는 자, 가르치는 자, 듣는
자, 그 모두가 완벽하지 못하기 때문
에 너희들만이 절대적이라 그리 강요
하는 것은 아니 됨이니,
27 절대적인 것은 나 여호와밖에 없음을
너희들은 알아야 할 것이며, 내가 가
르치는 그 가르침 외에는 아무것도 절
대적인 것이 없음이니라.
28 내가 직접 가르쳐 그것을 한 자도 빼
지도 더하지도 아니하고 그대로 기록
하여 전하는 것 외에는 어떠한 것도
절대적이라는 말을 써서는 아니 됨이
니,
29 내가 직접 전하는 자, 그를 듣고 가르
쳤을 때, 그 배우는 제자 또한 그가 생
각하기에 달렸으며 제 생각으로써 판
단함이니,
30 그와 같은 단계를 흘러가면서 절대적
이라는 것은 있을 수 없기 때문에 절
대적이란 말을 쓸 수가 없음을 너희들
은 알아야 할 것이니라.
31 그리하여 성경은 한 획도 고칠 수 없
으며 뺄 수도 없으며 이는 정녕 절대
적인 성서라 그리 말하는 것이 너희들
이 절대적이 아님을 의미하는 것임을
알아야 할 것이니라.
32 너희들이 이와 같은 깊이의 이치를 깨
우친다 하면, 지금 너희들이 가는 믿
음만이 절대적이요, 그 외에 다른 것
은 다 사탄이요, 이단이요, 잘못된 것
이라 그리 말하는 것은 아니 됨을 알
아야 할 것이니라.
33 이제 성서가 기록되어 전해지는 그
과정에서 왜곡된 부분이 있으며 너희

뜻대로 이해하는 부분들이 수없이 거
기에 들어 있음이니,
34 그 모두를 가지고 너희들이 그리 말해
서는 아니 됨을 알아야 할 것이며,
35 한발 물러나서 성서의 공부를 하며 성
서를 들여다보며 내가 전하여 기록하
는 나의 법전을 읽고 너희들이 한두
발 물러나서 세상을 보면 모든 이치
를 알 수 있음이니라.
36 멀리 뛰는 자 물러났다가 뛰듯이, 너
희들은 그와 같은 이치 속에서 나의
성경을 보고 나의 법전을 들여다보았
을 때, 너희들의 얻음이 거기에 있음
이니 그리 알라.
37 너희 깨달음이 거기에 있음을 잊어서
는 아니 될 것이니라.

4,232 번째 하나님 말씀

2002년 12월 17일 01시 21분

1 사랑하는 나의 아들아!
2 너희들이 지금 믿어 가고 있으며 기존
의 종파들이 가는 길이 어떠한 길이
더냐?
3 너희들의 믿음은 그 길이 절대적이며
불변이며, 오로지 너희들이 가는 길만
이 구원의 길이요, 남이 가는 길은 지
옥의 길이라는 너희들이 그리 변할
수 없는 그 믿음 때문에 너희들이 지
금 어찌 변하여지고 있는가?
4 시대의 변화며 너희들이 성서의 참진
리요, 참뜻을 모름이니라.
5 성서는 과거와 현재와 미래가 기록되
었다 하였음이니, 그 현재와 미래를
너희들이 들여다보지 못함이니라.
6 성장하며 변화되어 가는 것이 성경의
참진리요, 위대한 그 뜻을 너희들이
알게 되어 있건만,
7 성장하며 변화되는 그와 같은 것을 바
라보지 못하는 우매한 삶을 살기에 성
서의 참뜻을 너희들은 모르는 것이니
라.
8 너희들이 어려서 씨앗을 뿌린 나무가
싹이 커 가는 그 싹을 보았으며 그 키
에 따라서 너희들이 그 나무의 높이를
본 그 싹의 높이가 10년, 20년이 흐른
다음에도 그것이 변화된 것이라 생각
하지 못하며,
9 오로지 그것은 10년 전에 너희들이
본 나무의 높이가 그대로 있다 생각하
는 그와 같은 마음을 가지고 있다 하
면 과연 너희들은 여기서 어떠한 진리
요, 참뜻을 알겠는가?
10 10년이라는 세월이 흐르는 동안에 그
나무는 성장하여 많은 백성들에게 휴
식 공간을 주며 모든 편의를 제공하
고 그 큰 나무는 굳건히 서 있거늘,
11 어려서 새싹일 때 보았던 그 나무를
그대로 지금도 그리 있다 믿고, 성장
한 것을 모르며, 그는 절대적으로 성
장되어서도 아니 되며 성장할 수 없다
는 그와 같은 생각을 갖고 그 뜻을 버
리지 못한다면, 너희들은 어떠한 형국
이던가?
12 어린아이처럼 그와 같은 어리석은 절
대적인 믿음의 문제에 그 속에서 너희
들이 변화되지 못하는 그와 같은 형국
이 지금의 믿음이니라.
13 아이들은 성장하면서 세상의 변화되
는 것을 알 수 있으며, 그 나무의 성장

하는 것을 그들은 보고 깨달아 알고
있느니라.
14 그러나 너희들만이 그 나무가 너희들
이 10년 전에 보았을 때 그대로 지탱
하고 그 높이에 그대로 있으며, 성장
하지 아니하였으며 성장할 수 없다 그
리 믿고 있는 그 고집스런 너희들의
믿음 때문에
15 지금 수많은 나의 피조물 만백성들이
구원의 길이 아니요, 지옥의 길로 달
려가고 있는 그와 같은 것을 너희들은
알겠는가?
16 너희들의 모든 종교 지도자요, 집단들
이 지금 하고 있는 행위가 그러하니
라.
17 당연히 세월이 지나면 서서히 자라는
그 나무가 너희들이 10년 전에 본 그
대로 있다 생각하는 그 변하지 못하는
마음 때문에 이 세상이 이리도 사악해
졌으며 말세의 시대가 되었으며,
18 내가 밤낮을 가리지 아니하고 나의 아
들에게 이 성령의 뜻을 기록하여 책으
로 만들어 너희들에게 마지막 기회를
주는 이 어렵고 힘든 역사를 이루지
아니하였어도 되었을 것을,
19 너희들이 그리 굳건히 변하지 못하며
절대적이라는 그 마음의 문을 열지 못
하기 때문이니 그리 알라.

4,233 번째 하나님 말씀

2002년 12월 17일 01시 29분

1 사랑하는 나의 아들아!
2 "네, 아버님! 말씀하옵소서."
3 지금 너희들이 가고 있는 믿음이요,
나의 백성들이 구원의 길이라 달려가
는 형태가 과연 어떠하던가?
4 너희들은 너희 손으로 지은 그 죄의
온상인 성전에 나가기만 하면 무조건
구원을 받으며, 너희들이 재물을 많이
바치면 무조건 구원을 받으며, 재물을
하늘에 많이 쌓아 놓으면 너희들은 죽
어 와 심판받을 때 구원받는 길이라
말로써 그리 가르치며, 너희들은 말로
써 기도하며 눈물로써 기도하면 구원
을 받으며 천국에 간다 하면서,
5 너희들이 정녕 살아가면서 육으로써
지키고 행해야 할 행동은 아무것도 아
니라 그리 가르침이니라.
6 그리하여 육의 행함과 육의 실천함은
구원의 길과는 아무런 관계가 없으며
영향이 없다 그리 말하며,
7 오로지 너희들이 눈물로써 기도하며
많은 재물을 바치며 너희들이 지은 성
전에 나가는 그 순간에 죄 사함을 받
으며 구원을 받았다 가르치며 너희들
이 재물을 거둬들이고 있는 것이니라.
8 이것이 바로 너희들이 하는 행위가 아
니던가?
9 너희들이 감언이설로써 갖은 방법을
다 동원하여 사랑하는 나의 백성들에
게 재물을 거둬들이며 나의 백성들이
재물을 바치게 하는 그 행위가 과연
무엇이더냐?
10 내가 일찍이 너희들에게 깨우쳐 주었
듯이, 너희들의 육의 행동이요, 육에
서 이루어지는 것으로써 그와 같은
역사가 이루어지는 것이거늘,
11 이 이치까지도 거역하며 가는 것이 지
금 종교 집단이며, 너희들이 지금 하

고 있는 행동이니라.
12 너희들이 먹고 사는 야채 한 포기라
해도 그 씨앗을 뿌려 너희들이 잘 가
꾸고 다스렸을 때 그 야채를 얻을 것
이며,
13 너희들이 씨를 뿌리지 아니한다면 한
포기의 야채도 얻을 수 없는 것은 엄
연한 사실이니,
14 그 또한 육의 행동에서 육의 삶의 행
위에서 이루어지는 것이거늘,
15 너희들이 포도나무를 심지 아니한다
면 과연 너희들이 포도의 열매를 얻을
수 있으며 포도주를 담글 수 있겠는
가?
16 그 또한 포도나무를 심어 포도를 열게
하며 포도주를 만들어 너희들이 사용
하는 것도 육의 행함이요, 육의 행동
으로 인하여 이루어지는 것이니,
17 육의 행함이 없이는 아무것도 이루어
질 수가 없음을 너희들이 깨우쳐 주어
야 할 것이며, 그들에게 바로 가르치
도록 해야 할 것이니 그리 알라.
18 너희들은 손으로 지은 죄의 온상인 그
너희들의 성전에 가 수다를 떠는 것으
로써 구원을 받을 수 있으며 구원을
받았다는 그 착각을 버리라.
19 너희들은 돼지머리 놓고 저희들의 소
원을 비는 무당의 춤추는 형국보다도
더 산만하며 더 처참한 광경으로써
너희들이 눈물을 흘리며 그 광란의 짓
을 함으로 인하여 하늘에 오르는 구원
을 받았다 하며 은혜를 받았다 하며,
20 은혜를 받아 하늘에 와 너희들의 이
름이 기록되어 내 품에 오는 것처럼
그와 같은 착각 속에서 가고 있는 것
이니, 그것은 구원의 길이 아님이니라.
21 그러하니 너희들이 구원의 길이라 달
려가는 지금의 그 믿음에서 발을 멈추
고 뒤를 돌아다보는 그와 같은 현명함
을 선택해야 할 것이니,
22 이를 내가 나의 법전에 수백 수천 번
기록하여 너희들에게 전함이니, 이를
명심하여 깨우치도록 그리하라.

4,234 번째 하나님 말씀

2002년 12월 17일 01시 38분

1 사랑하는 나의 아들아!
2 "네, 아버님! 말씀하옵소서."
3 나의 사랑하는 백성 너희들이 살아가
면서 거짓말을 해서는 절대 아니 되
며, 거짓 하지 아니하는 것부터 깨우
쳐 실행하라 그리 전하였음이니라.
4 많은 백성들은 거짓 하지 아니하며
살아가는 것이 근본이며,
5 또한 그와 같이 살아가는 것만이 진정
한 너희들의 깨달음의 기초요, 너희들
이 깨달음의 길을 볼 수 있는 것임이
라 그리하여 내가 너희들에게 거짓 하
지 말라 하였음이니라.
6 그러나 나로부터 깨달음을 받는 백성
너희들은 진실한 것이요, 진실 쪽에서
도 너희들이 말을 해서는 아니 되며
지키고 살아갈 것들이 있음을 알아야
할 것이니라.
7 너희들이 진실이라 하여 남의 아픈 점
을 건드리며 남의 슬픈 것을 그대로
진실을 말하는 그와 같은 말을 해서는
아니 될 것임이니,
8 정녕 네 앞에 와 슬픔을 겪는 자에게

그와 같은 것을 너희들이 진실로 표현
해서는 아니 되는 것이기에, 너희들은
진실도 전할 때가 있으며 전하지 아니
할 때가 있음이니,
9 이와 같은 구분함을 알고 살아가야 함
을 너희들이 알아야 할 것이니라.
10 그리하여 너희들은 진실해서는 아니
되는 그러한 때가 있음이니,
11 그리하여 너희들은 나에게 묻고 또한
나의 아들에게 물어보느니라.
12 너희들은 거짓말도 때로는 필요하며
그리하여 거짓말을 때로는 할 수밖에
없다는 그와 같은 변명을 하며 그러
한 때 어찌하여야 할 것인가를 나의
아들에게 물어봄이니라.
13 그러할 때 너희들은 그저 말하지 아니
하면 되는 것이며, 침묵으로써 일관하
면 되는 것이거늘,
14 너희들은 그와 같은 변명을 하여 순간
적인 거짓으로써 모면하려 하지 말라.
15 그것은 다 너희들에게 변명임을 알아
야 할 것이니라.
16 나 여호와가 너희들의 그 뜻을 모르는
것이 아니니라.
17 얼굴이 좀 흉악하게 생긴 사람이라 하
여 너희들이 '당신의 얼굴이 정말 흉
악하게 생겼소. 당신은 도둑놈 같은
얼굴이오.' 그와 같이 정면으로 사실
대로 말해서는 아니 되는 그와 같은
때, 너희들은 그것이 거짓말이라 그리
생각함이니, 그때 너희들이 말하지 아
니하면 되지 않겠는가?
18 너희들은 인간의 삶을 살기 때문에
선의의 거짓말을 하지 않고는 살 수
없다 나에게 그리 물어보며 나의 아들
에게 그와 같은 질문을 함이니,
19 선의의 거짓말도 그때 너희들이 말을
하지 아니하며 수다를 부리지 아니하
면 되지 않겠는가?
20 이와 같은 이치를 깨닫고 가야 하는
것이 나로부터 선택된 백성이요, 나의
아들의 제자요, 귀중한 나의 아들딸들
이 가는 길임을 알아야 할 것이니라.
21 또한, 너희들이 아무리 진실이라 하여
도 남의 비밀을 지켜 주어야 할 때가
있으며,
22 또 그의 비밀을 거역하여 남에게 말해
서는 안 되는 그와 같은 삶이 있는 것
을 너희들이 잊어서는 아니 될 것이니
라.
23 남이 감추고자 하며 남이 보이고 싶
어 하지 아니하는 것,
24 남이 말하고 싶어 하지 아니하는 것
을 너희들이 그를 지켜 주는 그와 같
은 마음의 자세로 살아가는 것이 소중
함을 알아야 할 것이니라.
25 내가 너희들에게 거짓 하지 말며 남을
속이지 말며 살라 한 그와 같은 나의
뜻을 깊이 알아야 할 것이니라.
26 진실만을 말하며 진실되게 살아가는
사람은 제가 한 말이요, 행동에 대하
여 영원히 죽을 때까지 그를 지키며
그 내용을 암기하며 그와 같이 살아갈
이유가 없음이니라.
27 진실을 말하였기 때문에 항상 말할 때
진실만을 말하게 되어 있음이니라.
28 그러나 거짓 하는 자는 어찌 살아가야
하는지 알겠는가?
29 거짓 하는 자들은 제가 한 말을 영원
히 기억하여야 하며 그를 영원히 보

관하고 기록하기 위하여 그는 무한한 노력을 해야 함이니, 그 경제적 손실이요, 그의 살아감이 얼마나 고달프겠는가?

30 너희들이 정말로 진실로 살아가는 것이요, 진실을 행하는 것이요, 거짓을 하지 아니하는 것이 너희들의 삶에 얼마나 편리한 것이며,

31 너희들의 모든 면에서 많은 이해관계가 거기에 달렸음이니, 너희들은 그 이치를 알겠는가?

32 너희들이 거짓 하지 아니하면 당당하며, 세월이 흐른 뒤에도 너희들은 똑같은 말을 하기에 거기에 시간과 기억이요, 모두를 낭비할 필요가 없는 것이니라.

33 그러나 거짓 하는 자는 거짓 한 만큼 그 모두를 기억하여야 하며 그 거짓 한 것을 생각하고 살아가야 함이니,

34 그 얼마나 그가 경제적인 낭비요, 정신적인 낭비요, 고달픈 삶을 사는가?

35 거짓 하지 아니하는 자가 가장 편안하고 행복하며 안락한 삶을 살아갈 수 있는 것이니,

36 너희들에게 거짓 하지 않는 삶을 내가 강조하는 뜻이 여기 있음을 알아야 할 것이니라.

37 모두를 낭비하지 아니하는 것이 거짓 하지 않는 삶이라는 것을 알아야 할 것이니라.

4,235 번째 하나님 말씀

2002년 12월 17일 01시 45분

1 사랑하는 나의 아들아!

2 "네, 아버님! 말씀하옵소서."

3 너희가 육의 삶이요, 생활을 하면서 너희들의 어렵고 힘든 그 생활을 또 엮어 가면서 너희들은 어떠한 기적의 역사를 보며 그 기적을 얻고자 한다 하면, 너 자신의 무서운 변화가 먼저 있어야 함을 알아야 할 것이니라.

4 너희들이 어떠한 기적이요, 역사를 이루고자 하며, 무엇을 나 여호와로부터 은혜요, 영광을 받고자 하는 그 마음이 정녕 있으며, 너희들이 애절히 소원하는 그 뜻을 나 여호와로부터 은혜를 받고자 한다면,

5 너희 자신이 무서우리만큼 나 여호와의 심성에 따라 변화되는 그와 같은 삶을 살아야 하는 것임을 잊어서는 아니 될 것이니라.

6 지금의 믿음으로써는 너희가 구원을 받으며 영적인 기적이 너희들에게 있을 수도 없음이니,

7 너희들이 바라고 기대하는 것이 얼마나 우매한 욕심인가를 알아야 할 것이니라.

8 정녕 지금의 종교 집단이요, 지금의 믿음으로써는 어떠한 영적인 육체적인 너희들의 삶의 기적이요, 그 모두를 얻을 수 없음을 알며, 바라는 것 자체가 너희들의 잘못임을 깊이 깨우쳐야 할 것이니라.

9 너희들의 행동은 나 여호와가 원하지 않는 행동을 하며, 너희들의 삶은 내가 원하지 않는 삶을 살며, 너희들은 나 여호와가 용납할 수 없는 행위를, 또 내가 지키고 살며 영혼의 양식이라 내린 그 계명을 위배하는 행위를

하며,
10 불의한 마음과 욕심과 시기하며 질투
하는 마음의 찌꺼기들을 너희들의 가
슴속 깊이 수없이 숨겨 놓고,
11 입으로만 너희들이 천 번 만 번 나 여
호와요, 나의 아들 예수를 부르며 너
희들에게 기적을 이루어 달라, 기적을
이룰 수 있다 하는 그와 같은 생각을
갖고 산다 하면, 이는 너희들이 얼마
나 우매한 자들인가를 알아야 할 것
이니라.
12 절대적 그와 같은 너희들의 믿음으로
써는 이루어질 수 없으며, 너희들은
또한 나 여호와를 바라볼 수도 없으며
나의 음성을 들을 수도 없음을 알아야
할 것이니라.
13 그 모두가 이루어지는 것은 너희들의
선한 마음이요, 너희들이 변하는 그
역사의 틀 속에서 그와 같은 너희들의
기적의 역사를 볼 수 있다는 것을 알
라.
14 너희들이 정녕 그 모두를 깨우치며 바
로 살고자 하는 것이 아닌 다음에는
이룰 수 없음이니,
15 이제 너의 제자들과 나의 법전을 읽은
만백성들은 너희들이 지금의 믿음으
로써는 기적을 이룰 수 없으며 기적
의 역사를 볼 수도 없다 함을 그들에
게 깨우쳐 주어야 할 것이니라.
16 오로지 천사와 같은 마음, 나 여호와
의 심성과 같은 마음으로 무섭게 너희
들이 변화를 이룰 때, 그 속에서 모두
의 역사는 스스로 이루어짐을 알라.
17 막연히 너희들이 나의 아들 예수의
이름으로써 구원을 받았으며 나 여호
와를 부르짖으면 구원받는다는 그 생
각에서 벗어나야 할 것이니라.
18 너희들이 어떠한 삶이 창조주 나 여호
와의 뜻인가를 먼저 연구하고 생각하
며 깨우쳐 그와 같은 삶을 살아가도록
너희들 개인이 대변화의 개혁이 이루
어지지 아니한다면, 너희들은 아무것
도 얻을 수 없음을 알라.
19 너희들이 정녕 비울 수 없는 그 마음
의 자세라면, 너희들은 나의 모습을
볼 수 없음을 알라.
20 그리하여 너희들을 바로 깨우쳐 너희
들이 나의 뜻을 알며 나의 음성을 들
으며 나의 나라에 오르는 길을 인도하
기 위하여 내가 선지자를 선택하여
그를 통하여 내가 많은 세월동안 많은
백성을 위해 전했듯이,
21 지금 내가 나의 아들을 통하여 나의
아들로 하여금 나의 뜻을 너희들에게
전하는 그와 같은 역사가 이루어짐을
너희들은 알아야 할 것이니라.
22 이제 나의 아들을 통하여 글로써 증거
하며 나의 아들의 입을 통하여 너희
들에게 강론하며 그를 증거함이니, 이
모두는 증거하는 것보다 더 위대한 것
이 없음을 너희들은 알아야 할 것이
니라.
23 말로써 전하는 것은 오늘 전하는 뜻
이 내일에 변할 수 있으며 그다음에
또 변할 수 있으나,
24 내가 책으로써 글로써 만들어 세상에
전하는 것은 이에 대한 답변을 해야
되며 이를 설명하여야 되며 너희들이
알고자 할 때 그 답을 주어야 함이니,
이는 버릴 수 없으며 지워 버릴 수도

없음이니라.
25 한번 나온 나의 뜻은 영원한 진리이기
에 변화될 수 없는 것이며, 너희들이
연구하고 그 뜻을 깨달을 수 있는 것
이 바로 나의 법전으로 내려보냄이니,
26 이게 곧 나의 참진리임을 너희들은
알아야 할 것이니라.
27 이는 영원히 보존되며, 여기에 대한
답을 언제라도 나의 아들은 대답하고
깨우쳐 주어야 할 그와 같은 변화의
역사 속에서 새로운 시대가 열리기
때문이니,
28 이를 너희들이 깊이 깨우쳐 중요함을
알아야 할 것이니라.

4,236 번째 하나님 말씀

2002년 12월 17일 01시 55분

1 사랑하는 나의 아들아!
2 "네, 아버님! 말씀하옵소서."
3 예수를 통하여 가르치고자 한 그 성
경은 바로 무엇이더냐?
4 그는 비유로 되어 있으니 그 누구도
이를 깨달을 수가 없으며, 그를 보낸
나 여호와밖에 알 수가 없음이니라.
5 내가 하늘의 문을 열어 그를 세상의
만백성이 깨우치도록 할 때, 그때만이
너희들이 그 비유의 뜻을 알 수 있으
며, 선택된 백성만이 그를 바라다보고
알 수 있음이니라.
6 그 누구도 그를 알 수 없으며 그 뜻을
알 수 없는 것이니라.
7 나 여호와가 너희들을 깨우치고자 할
때 그때에만 이 성경의 비유의 뜻을
알게 됨이니,
8 그 시대가 바로 지금 내가 새로운 시
대를 열기 위하여 나의 아들을 통하여
법전을 내려보내는 지금의 이 시대임
을 너희들은 알아야 할 것이니라.
9 오늘의 이 시대 이전까지 살아온 너
희들의 그 모두는 성서의 의미요, 그
뜻을 모르고 살아왔음이니,
10 지금 나 여호와가 하늘의 문을 열어
오늘 나의 아들을 통하여 이 모두의
옳고 그름을 너희들에게 가르치고자
함이니,
11 너희들을 깨우치도록 이르는 것이 나
의 뜻임을 너희들이 알아야 할 것이
니라.
12 정녕 내가 하늘의 문을 여는 그 시점
이 아니면 너희들이 알 수 없음이니,
그 뜻을 깊이 알라.
13 아무도 알지 못함이니라.
14 아무도 나의 성서의 비유된 그 뜻을
구별하여 깨우칠 수가 없음이니라.
15 이제 그리하여 내가 나의 아들을 통하
여 법전에 그 비유의 뜻을 기록하여
그 내용을 직접 전함이니,
16 너희들은 그와 같은 나의 가르침의
뜻을 바로 읽고 깨우쳐, 성서의 비유
된 그 뜻과 나의 법전에서 너희들을
일깨우고자 하는 그 뜻을 깊이 깨우쳐
야 할 것이니라.
17 그리하여 나의 법전을 읽고 읽지 아니
하는 그 차이가 너희들이 구원을 받고
못 받는 것이니, 나의 법전을 읽는 자
만이 성경을 알 수 있기 때문이니라.
18 구약과 신약이 지금 제구실을 하기
시작하였음을 너희들은 알아야 할 것
이니라.

19 나의 아들 예수를 통하여 너희들을
구원하고자 했던 것은 바로 내가 기틀
을 다진 것이며 터를 닦는 그와 같은
역사를 이루었음이니라.
20 그 역사 위에 또다시 새로운 나의 성
령으로써 그와 같은 새 역사의 변화
를 이루고자 하는 것이 내가 하고자
하는 뜻임을 너희들은 알아야 할 것
이니라.
21 너희들은 말하느니라.
22 예수가 재림하여 이 세상에 올 것이
며, 다시 와 너희들을 구원한다 그리
말하는 것이니라.
23 그러나 예수가 직접 재림하는 것이 아
니요,
24 나의 뜻으로써 너희들을 깨우치고 나
의 성령이요, 나의 뜻이 세상에 내려
오는 것이 그가 재림한다 하는 그와
같은 비유의 뜻임을 너희들이 알아야
할 것이니라.
25 나 여호와가 하나의 무엇을 이루고자
하여 나의 아들 예수와 그의 제자들로
하여금 이 세상에 터를 닦게 하였으
며, 그들은 그 터로서의 임무를 마쳤
으며 그들의 책무를 다하였음이니라.
26 그 터 위에서 새로운 역사를 이루고자
하며 내 뜻을 이루고자 하였으나,
27 나의 아들 예수를 통하여 그 제자들
로 하여금 터를 닦은 그 위에 너희들
이 바른 가르침이요, 바른 깨달음이
요, 진정한 하늘에 오르는 그 역사를
이루었다 하면 오늘의 이와 같이 어렵
고 힘든 제3의 시대는 열리지 아니하
였을 것이니라.
28 그러나 나의 아들 예수를 통하여 그
제자들로 하여금 어렵고 힘든 그 역경
속에서 새 시대를 열 수 있는 그 터를
닦았으나 그 터를 짓뭉개 망가뜨린 것
이 지금의 종교 집단 너희들이니라.
29 그리하여 내가 2천 년의 세월이 흐른
지금에 다시 나의 뜻을 전하여 너희들
을 구하고자 함이니, 곧 나의 성령이
니라.
30 나의 아들 예수를 통하여 내린 것도
나의 성령이요, 지금 나의 아들을 통
하여 내리는 것도 나의 성령이니, 이
뜻을 너희들은 알아야 할 것이니라.
31 한 사람이 하나의 아름다운 조각품을
만든다 하자.
32 그 스승이 두 제자를 길렀을 때,
33 하나의 제자가 그 조각품을 만들다가
반을 만들어 놓고 손을 떼었을 때, 너
희들은 그가 와야만 완전한 작품으로
만들 수 있다 그리 말하며, 그가 와서
반드시 그 작품을 완성하여야만 그것
이 그 가르친 선생의 뜻에 의하여 완
전한 작품으로 이루어질 수 있다 그리
말하나,
34 너희들은 여기서 깨우쳐야 할 것이니
라.
35 선생이 A와 B라는 사람을 다스렸으
니, A가 반을 만들었을 때 그 선생이
직접 B에게 지시하여 가르치며 가르
친 그대로 그 반쪽을 만든다면 그는 A
가 만든 작품처럼 완전하게 이루어지
는 그 이치를 알겠는가?
36 나의 아들 예수를 통하여 내가 성령으
로써 그가 그 제자들과 같이 죽음으
로써 이룬 것이 바로 그 터전을 이루
었음이니,

37 한 선생이 제자 두 사람을 통하여 한 작품을 만드는 그와 같은 비유의 뜻이 여기에 있음이니라.
38 그리하여 예수로 하여금 그 터전을 만들었음이니, 그도 곧 무엇으로써 터전을 만들었는가?
39 나의 성령이요, 나 여호와의 뜻에 의하여 그가 이루었음이니,
40 2천 년 후에 그 터전 위에 새로운 역사를 이루는 것은 지금의 나의 아들을 통하여 내 뜻을 그대로 내림이니, 그 또한 성령이니라.
41 그리하여 지금 나의 아들이 바로 가지고 내려가 너희들을 깨우치고자 하는 160권의 이 법전이 너희들은 나의 말로써 재림하는 예수의 그 형국이 이루어지는 그 이치를 알겠는가?
42 한 선생이 하나의 작품을 한 사람에게 반을 만들게 하고 그 스승이 세상을 떠났으며, 또한 B라는 자가 그를 이루지 못할 때 반드시 A가 아니면 그것은 이루어질 수 없으나,
43 선생도 살아 있으며 A라는 사람도 살아 있으며 B라는 사람도 살아 있다 할 때, A라는 사람이 그 자리에 없다 하여 그 작품이 다르게 만들어지는 것은 아니니라.
44 그를 구상했던 선생의 기본도에 의해서 그가 이루어짐이니, B도 그를 통하여 만들 수 있음이니,
45 너희들이 A라는 사람이 와서 그 작품을 만들어야만 완전한 작품이 된다 하는 그와 같은 어리석음 속에서 깨어나게 하고자, 깨우치고자 내가 비유를 들어 말함이니,
46 나의 아들 예수를 통하여 만백성을 구하기 위하여 내가 성령으로써 나의 아들을 보낸 것은 기초를 다짐이요,
47 지금 나의 아들을 내려보냄은 그 기초 위에 새로운 시대를 열고자 함이니,
48 창조주인 내가 같이 두 사람을 통하여 전하고 가르치는 것은 내 역사의 연장선임을 너희들은 알아야 할 것이니라.

4,237 번째 하나님 말씀

2002년 12월 17일 02시 04분

1 사랑하는 나의 아들아!
2 "네, 아버님! 말씀하옵소서."
3 성경에 기록되어 있는 이 구절을 내가 다시 너에게 가르침이니, 이 뜻을 깊이 음미하도록 너의 제자들에게 깨우쳐 가르치도록 하라.
4 성경에 기록되어 있듯이 '내가 너희에게 실상을 말하노니' 이는 예수가 너희들에게 성경에 기록하여 전하는 말이니라.
5 '내가 떠나는 것이 너희에게 유익이니라.
6 내가 떠나가지 아니하면 새로운 보혜사가 너희에게로 오지 아니할 것이며 오지 못할 것이며, 내가 가면 내가 그를 너희들에게 다시 보낼 것이니,
7 그가 와서 이 세상의 죄에 대하여, 의에 대하여 또한 너희들이 심판을 받고, 심판을 받는 자에 대하여 세상을 책망하며 그 모두를 다스리는 자가 다시 올 것이며, 새로운 시대가 열릴 것이라'는 것을 미리 그와 같이 기록하여 알려 준 대목이 여기에 있음이니라.

8 이는 무엇을 의미하는가?
9 예수가 그 제자들과 예수의 강론을 듣
고 깨우친 백성들이 하늘의 낙원을
지상에서 이루고자 하는 그 기초를 다
지는 것으로써 그 임무가 끊어짐을
의미함이니라.
10 그리하여 예수가 죽음으로써 그 기초
를 다져 놓았으며 다음의 시대에 새로
운 시대를 역사하는 것은 다음에 오는
자가 그를 이룬다는 그 뜻이니, 과연
그것은 무엇을 말하는가?
11 새로운 성령이 내려옴을 말하는 것이
니라.
12 그 기초의 예수가 전하고자 했던 뜻
을 너희들은 순순히 지키며 새로운 말
씀이 올 것을 기다리는 순한 양들처
럼 기다렸다면, 오늘과 같이 험악한
지금의 형국은 결코 이루어지지 아니
하였을 것이니라.
13 예수가 새로운 보혜사가 오며 새로 심
판하는 그 뜻을 가지고 오는 자 세상
에 깨우침을 가지고 온다 하였으니,
그는 무엇이냐?
14 새로운 성경이, 말씀이 세상에 내려온
다는 것이니라.
15 이는 창조주 나 여호와의 뜻이 다시
다른 사람을 통하여 세상에 전해짐이
니, 이는 새로운 역사가 이루어지는
것을 의미함이니라.
16 예수는 기초를 다져 놓았으며 새로 나
의 성령을 가지고 오는 나의 아들은
그 기초 위에 하늘의 낙원을 지상에
이루는 그 역사를 가지고 감이니,
17 그 역사를 이루는 그와 같은 성경이
다시 너희들에게 구원의 길로서 내려
오는 새 시대가 열린다는 것을 너희들
은 알아야 할 것이니라.
18 나의 아들 예수가 가지고 내려가는 것
은 기초를 다진 그 설계도요, 집을 짓
기 위한 그 기초를 다지는 설계도를
가지고 가 만백성을 구하고자 기초를
다져 놓았음이니, 그 기초를 다져 놓
은 설계도가 바로 성경이니라.
19 그 기초를 다져 놓은 성경을 가지고
너희들이 완성품인 것처럼, 완전히 그
기초 위에 건축물이 들어선 것처럼
그리 착각하고 믿는 것이 너희들의 지
금의 믿음이며 너희들이 가고 있는
형국이니라.
20 너희들은 여기서 깨우쳐야 할 것이니
라.
21 새로운 보혜사가 예수가 감으로써 내
려온다 하였음이니,
22 이는 예수는 기초 공사를 하는 설계도
를 가지고 너희들에게 깨우쳐 전하였
거늘,
23 그 설계도를 가지고 너희들은 완전히
집을 지은 것같이 지금 착각을 하고
그것이 하늘에 오르는 길이며 완성된
집이라 그리 말함이니라.
24 이는 그것이 아님이니라.
25 이제 내가 다시 새로운 성경이 내려온
다는 그 뜻은 바로 무엇이더냐?
26 새로운 설계도가 내려감이니라.
27 예수가 다져 놓은 그 기초 위에 지상
의 낙원을 이루는 그 설계도를 가지고
내려가니, 그 설계도는 무엇이더냐?
28 새로운 성경이니라.
29 새로운 말씀의 뜻임이니라.
30 나 여호와의 뜻이니라.

31 너희들이 말하는 창조주의 말씀이니
라.
32 지금 내가 내려가는 것이, 나의 아들
이 들고 너희들에게 전하는 이 법전이
새로운 성경이니라.
33 그를 너희들은 알아야 할 것이니라.
34 너희들은 새로운 성서가 오며 새로운
역사가 올 것이라는 것을 다 알고 있
느니라.
35 그리고 그 변화의 역사가 올 것을 알
고 있는 것이니라.
36 그러나 그것이 너희들에게 오지 아니
하며, 그것이 새로 왔을 때 너희들의
구시대의 모든 악습이 다 접어져야
하며 새로운 역사가 이루어지는 것이
두려움이니 너희들은 이를 부정하며,
37 인간의 한계인 너희들이 창조주 내가
이루는 그 새로운 역사를 이루는 그것
마저도 부정하며 거부하며, 그가 세상
에 뿌리를 내리지 못하도록 참진리가
왔을 때 진정한 사탄이요, 왕사탄이
요, 사악한 자가 왔다 하여 나의 법전
을 찢어 버리고 나의 아들조차 세상에
존재하지 못하도록 하는 것이 너희들
의 지금 사악한 형국이니라.
38 너희들이 인간을 위하여 만든 그 인
간의 계명으로써 나의 피조물 만백성
들을 구원한다 하여 우롱하는 그와 같
은 집단으로 전락되어 있음이니,
39 너희들이 그것이 벗겨지는 것이 두렵
고 너희들 자신이 겁이 나기에 참진리
가 세상에 온다는 것을 알며, 그 진리
가 지금 내려왔으나 이를 받으려 하지
아니하며 지키려 하지 아니함이니라.
40 그러나 너희들은 나의 아들 예수가 설
계해서 지어 놓은 그 터전 위에 나의
아들이 반드시 하늘에서 이루어진 낙
원을 지상에 이룬다는 것을 잊어서는
아니 될 것이니 이는 반드시 역사함을
알라.
41 너희들이 이를 끝까지 거부하고 이를
이루지 못한다 하면, 너희들이 얼마나
무서운 심판대에 서서 그 대가를 치러
야 하는지를 알아야 할 것이니라.
42 이와 같은 세상의 이치요, 성서의 이
치를 내가 하나하나 천국의 비밀을 나
의 아들을 통하여 가르침이니, 이는
바로 무엇이더냐?
43 비유로써 가르친 성서의 그 뜻을 가
르치기 위하여 나 여호와가 하늘의 문
을 열고 이제 내가 너희들에게 가르침
을 알아야 할 것이니라.

4,238 번째 하나님 말씀

2002년 12월 17일 02시 11분

1 사랑하는 나의 아들아!
2 "네, 아버님! 말씀하옵소서."
3 예수의 탄생으로 한 시대의 역사의 기
초가 다져졌으며,
4 구약의 그 모세의 시대와 그 역사의
변환점에서 나의 아들 예수가 세상에
나감으로 인하여 새로운 시대의 기초
를 다졌음이니라.
5 그로 하여금 나 여호와가 너희들과 같
이 있음을 알려 주었으며, 나 여호와
가 하늘에 존재함을 예수로 하여금 만
백성들에게 그를 깨우쳤음이니,
6 그리하여 예수가 재림하여 예수가 이
루고자 했던 그 역사는 반드시 시작되

며 또 이루어져야 함을 너희들은 알고 있음이니라.
7 그리하여 너희들은 예수가 재림하여 다시 너희들에게 역사하여 그와 같은 모두를 이룰 것이라 그리 말하고 있음이니,
8 너희들이 그리 기대하고 말하는 그 자체요, 예수가 재림을 한다는 그 뜻은 맞는 것이니라.
9 그러나 예수의 재림이 예수의 형태로써 그가 내려가는 것이 아니요, 그가 나의 성령을 가지고 만백성을 가르쳤던 그 성령이 다시 세상에 내려가는 것임이니, 너희들은 여기서 그 이치를 알아야 할 것이니라.
10 예수가 재림하지 아니한다는 것은, 예수가 재림할 수 없다는 것은 예수를 통하여 이루고자 했던 그것이 중단됨이니,
11 다만 예수가 그 형체로 세상에 내려가는 것이 아니라, 나 여호와가 예수를 통하여 깨우쳤던 똑같은 성령이, 2단계의 성령의 뜻이 세상에 내려감이니라.
12 내가 일찍이 너희들에게 앞에서 깨우쳐 주었듯이, 예수는 기초를 다지는 설계도를 가지고 간 자요, 또 예수와 똑같이 지금 나의 아들이 그 위에 지상의 낙원을 이루는 설계도를 가지고 감이니,
13 그것은 나의 성령이 다시 내려감이니 그게 예수의 재림이라 너희들이 그리 말함이니, 그와 같은 뜻임을 너희들은 알아야 할 것이니라.
14 이제 내가 예수가 기초를 다져 놓은 그 위에 하늘나라를 건설코자 한다면, 예수의 재림과 똑같은 역사가 반드시 이루어지는 것임을 너희들은 알아야 할 것이니,
15 여기서 더 이상 지금 예수가 직접 세상에 내려가는 그와 같은 환상에서 너희들이 벗어나고 깨어나야 함을 알라.
16 나의 아들 예수는 예수대로 나의 곁에서 해야 할 일이 있으며,
17 그는 그 모습으로써 세상에 다시 내려가지 아니하며 예수가 재림하지 아니함을 알라.
18 예수가 존재한 것이 나의 성령의 뜻이며 나에 의하여 그가 존재하였음이니,
19 이제 2단계의 새로운 시대의 역사를 이루는 그 성령이 나의 아들을 통하여 160권으로 세상에 내려감이니, 이는 완벽한 설계도이니라.
20 나의 아들 예수를 통한 것은 내가 존재함을 아는 그와 같은 간단한 기초를 다지는 공사였으며 그 역사였으나,
21 이제는 그 위에 복잡다단한 건축물을 세우는 그 설계도를 가지고 내려가는 나의 아들에게는 직접 내가 160권의 법전으로써 기록하여 내려보냄이니,
22 그 복잡하고 오묘한 역사를 이루기 위해서는 이와 같이 책으로써 근거하여 직접 내려가지 아니하면 아니 되기에 이 역사가 이루어짐을 너희들은 알아야 할 것이니라.
23 이제 너희들은 환상에서 깨어나며 기다림에서 깨어나야 될 것이니라.
24 나의 아들 예수가 다시 세상에 내려옴이 아니니라.

25 다만, 내가 나의 아들 예수에게 내렸
던 그 성령을 지금 나의 아들이 받아
가지고 내려가 역사를 이루고자 함이
니,
26 예수를 통하여 이루었던 그 단계의 계
속적인 역사의 사업이 이루어지는 것
이 곧 창조주 나의 뜻이며 그 모두는
나에 의하여 이루어짐이니,
27 이가 곧 재림의 역사와 같은 것임을
너희들은 이제 깨우쳐, 새로 내려가는
나의 성령에 귀를 기울이며 성경에 맞
추어 살아가는 그와 같은 현명함을 얻
어 구원을 받도록 그리하라, 사랑하는
나의 백성들아!

4,239 번째 하나님 말씀

2002년 12월 17일 09시 20분

1 사랑하는 나의 아들아!
2 "네, 아버님! 말씀하옵소서."
3 너희들이 살아가면서 사랑이요, 남에
게 베풂이요, 그 모두는 자기의 희생
이 따르지 아니하며 자기의 봉사가 따
르지 아니하면, 그 아무것도 얻을 수
가 없으며 이룰 수가 없음이니라.
4 너희들이 살아가면서 모든 것을 네가
먼저요, 저 자신을 위주로 생각하고
계산한다면, 그 속에는 사랑이라는 것
이 없으며 너희들의 봉사함이 없으며
깨달음이 없음을 알아야 할 것이니라.
5 자기를 먼저 생각하기 전에 상대방을
먼저 생각하며 다른 사람을 먼저 생각
하는 그와 같은 마음의 자세를 갖고
살아가는 것이 너희들이 사랑을 베풀
수 있는 마음이요,
6 그 속에서 우러나와 행하는 그것이
곧 너희들이 사랑을 행하는 것임을
알아야 할 것이니라.
7 마음의 문을 닫아 놓은 상태요, 너희
들이 모든 것을 다 저 자신부터 먼저
생각하며 저 자신부터 먼저 챙기는
그와 같은 마음을 버리지 못한다면,
너희들은 정녕 깨달음의 길을 가는 백
성이 아니며 나의 뜻을 이루어 새로운
역사를 이룰 수 있는 자격을 갖춘 자
가 못 됨을 알아야 할 것이니라.
8 이제는 너희가 들을 만큼 들었으며,
나의 법전을 읽고 깨우칠 만큼 깨우쳤
으며, 나의 강론을 들을 만큼 들었으
니,
9 나의 법전을 접할 만큼 접한 너희들이
변하지 못한다 하면 그 누구도 변할
수가 없음을 너희들은 알아야 할 것이
니라.
10 어찌하여 너희들이 그리도 저 자신의
마음을 비우지 못하며 자기 자신의
마음속에 깊이 도사리고 있는 그 욕심
을 버리지 못하는가?
11 그를 버리지 못하는 상태에서 너희들
이 남을 사랑하며 남을 받들며 남을
용서하고 이해하는 것은 진실한 사랑
을 베풂이 아니니라.
12 그와 같은 너희들의 마음 자세로써는
아니 됨을 이제 깊이 깨우쳐야 할 것
이니라.
13 너희들이 급할 때는 나 여호와 하나
님 아버지를 찾으나,
14 고통스럽고 어렵고 긴박한 상황이 지
났을 때 너희들은 언제 그리했느냐는
듯이 나를 잊어버리고 살듯이, 너희들

의 마음이 그러하니라.
15 그와 같은 마음을 너희들이 다시 정
립하지 못하여 다스리지 못한다면 너
희들은 진정한 참사랑이요, 참진리의
뜻을 모르는 백성이니,
16 이제 너희들은 그와 같이 자신을 다
버릴 수 있는 마음의 자세로써 살아
가야 함을 잊어서는 아니 될 것이니라.

4,240 번째 하나님 말씀

2002년 12월 17일 11시 37분

1 사랑하는 나의 아들아!
2 "네, 아버님! 말씀하옵소서."
3 너희들이 음식이요, 반찬을 파는 가게
에 들어가 있으면 너희들 스스로 그
몸에서 반찬 냄새가 나는 것이니라.
4 너희들이 향수를 파는 향수 가게에 다
녀온다면 너희 몸에서 향수의 냄새가
나며,
5 그 향수를 파는 사람은 그가 향수를
바르지 아니하여도 그 몸에서 향수의
냄새가 나는 것이니라.
6 썩어져 가는 것은 썩어져 가는 그 냄
새를 냄이니,
7 썩어져 가는 곳에 너희들이 가 있다면
너희 몸에서 그 썩은 것의 냄새가 나
는 것이 너희들의 그와 같은 형국인
것이니라.
8 너희들이 나 여호와를 믿는다면 천사
와 같은 마음으로 살라 하였으며 나
여호와의 심성과 같은 마음으로 살라
내가 너희들에게 명하였음이니,
9 너희들이 과연 지금의 자리에 어찌 서
있다 생각하는가?
10 너희들이 생각하고 변화되는 것은 마
음먹기에 달렸음을 알라.
11 너희들이 향수를 파는 가게에 들어가
있다가 나올 때 그 향수의 냄새가 스
스로 나오듯이,
12 너희들이 나의 심성이요, 천사와 같은
마음으로 어찌 변했느냐에 따라서 이
곳에 오는 많은 제자들이 그를 보고
변하게 되어 있으며 그 향기로움을 맡
게 되어 있음이니,
13 그 모두는 너희들이 변하지 못한 것이
며 너희들이 그와 같이 되지 못하였기
때문이니라.
14 너희들이 천사와 같은 마음으로 변하
여져 있으며 나의 성령과 같은 마음
으로 변하여져 있다 하면, 모든 백성
들은 이곳에 와 천사의 마음을 느낄
것이며 나의 심성을 느끼게 될 것이니,
15 오늘 너희들이 그와 같은 이치를 깨우
쳐야 되며, 그를 이끌어 갈 자들이 누
구인가를 알아야 할 것이니라.
16 향수 가게에 들어가면 자연적으로 향
수 냄새가 나듯이,
17 나의 법전이요, 나의 성령을 가르치는
나의 성전에 왔을 때, 너희들로부터
천사와 같은 마음이요, 나와 같은 심
성으로 변한 모습을 보여 줄 자들이
누구며 그와 같이 행동을 해야 할 자
가 누군가를 생각해 보라.
18 너희들이 그와 같이 변했다 하면 아무
런 일이 없을 것이며 어떠한 것도 여
기서 너희들이 시시비비를 가릴 필요
가 없음이니,
19 시비하는 것은 너희들이 그리되지 못
하였기 때문이니라.

20 지금 나의 아들을 따르는 제자 중에서
과연 향수 가게에서 향수를 풍기듯이
자연스럽게 나의 뜻이요, 나의 성령이
요, 천사와 같은 마음이요, 나의 심성
이요, 성령과 같은 마음으로 변해져
있는 사람이 누가 있으며 누가 먼저
변해야 될 것인가 너희들이 그 무서움
을 알아야 할 것이니,
21 너희들이 입이라 하여 그 입으로 수다
스러운 말을 하는 그와 같은 행위를
해서는 아니 될 것이니 이를 명심하여
깨우쳐야 할 것이니라.
22 이제 너희들은 바로 가야 되며, 너희
들이 아니면 이 역사가 이루어질 수
없음이니,
23 그 역사의 대열에 서 있는 너희들이
스스로 천사의 마음이요, 나의 성령과
같은 마음으로 너희 세 명이 변해져
있다 하면 여기 오는 모든 제자들이
그리 닮아 변화될 것이니, 이를 명심
하여 들으라.
24 누가 나의 강론을 많이 들으며 나의
법전을 가장 깊이 공부하며 연구하는
가?
25 이곳에 향수 냄새가 나는 그와 같은
것으로 변하는 것은 너희들 세 사람의
책무며 너희들이 먼저 변하여야 됨이
니,
26 여기에서 너희들이 갑론을박하며 시
시비비하며 수다를 떠는 것은 너희들
셋이 변하지 않은 그 죄임을 너희들
이 오늘 알아야 할 것이기에, 내가 미
리 나의 아들에게 이와 같은 향수의
이치를 가르쳐 주었음을 알아야 할
것이니라.

4,241 번째 하나님 말씀

2002년 12월 17일 12시 07분

(강론을 마치며)

1 사랑하는 나의 아들아!
2 "네, 아버님! 말씀하옵소서."
3 내가 일찍이 너에게 말하여 가르쳐 주
었음이니라.
4 네가 나의 뜻을 따라 하늘에 오르는
길이요, 나의 참진리요, 나의 성령을
받아 이를 법전이라 하여 만백성을 구
하는 길은 네가 흔들리는 사다리를 타
고 하늘에 오르는 그와 같은 길이라
하였음이니,
5 그 사다리가 흔들리는 각도에 따라서
네가 올라오는 것은 힘들고 어려운
것이니,
6 그리하여 네 손에 단 한 장의 종이도
쥐여 주는 그와 같은 일이 있어서는
아니 된다 말하였음이니라.
7 네가 그 사다리를 타고 하늘에 올라
오지 아니한다면 그 누구도 너희들이
그리 갈구하고 소원하는 구원의 길을
오를 수 없으며 볼 수 없기에,
8 너는 그 사다리를 타고 하늘에 올라와
야 하는, 가장 먼저 나로부터 선택된,
이 지상의 백성 중에 일 번임을 알아
야 할 것이니라.
9 그러나 그 사다리가 얼마만큼 흔들리
고 흔들리느냐에 따라서 네가 올라오
는 그 고통과 시련이 강함이니,
10 너의 제자들이 밑에서 흔들리는 사다
리를 고정시켜 바로잡아 주며 너희들
이 몸의 무게를 다하여 그를 고정시켰
을 때, 너는 얼마나 올라오기가 간단

하며 편하겠는가?
11 그러나 그를 보지 아니하며 너를 쳐다
보기만 하는 제자들이 있다 하면, 그
리고 흔들려 몸부림치는 그 모습을 보
는 것이 즐거움이요, 저희들이 보기에
기쁨이라 생각하며 손뼉 치며 하늘로
올린다면,
12 올라가는 너는 얼마나 고통과 시련의
길을 가게 되겠는가?
13 이 이치를 너의 제자들에게 일깨워 주
도록 그리하라.
14 그 누구도 너희들이 먼저 올라올 수
없음이니라.
15 그 사다리는 오로지 나의 아들 네가
먼저 타고 올라올 수 있음이니,
16 이는 곧 나의 성령으로써 만백성을
구하고자 내리는 나의 성령의 160권
을 대신 받아쓸 수도 없으며 다른 사
람이 받아 기록할 수도 없는 그 이치
와 마찬가지임이니,
17 그 누구도 먼저 올 자가 없음이니라.
18 나의 아들이 온 그 길을 따라오는 것
이 너희들이니,
19 바람이 불어 그 사다리가 동서남북으
로 흔들린다면 나의 아들이 과연 올라
오겠는가? 조용히 서 있는 그 흔들리
지 않는 사다리를 밟고 올라올 수 있
지 않겠는가?
20 그 사다리를 바로 고정하며 흔들리지
않게 하는 것이 너희 제자들이 해야
할 마음이며, 너희들이 가야 할 길이
며,
21 모두를 바쳐 그 사다리를 고정시키는
것이 너희들이 해야 할 대명임을 알라.
22 그 흔들리는 나의 아들이 각도가 크
면 클수록 너희들이 전율을 느끼며
즐거움을 느끼며 손뼉을 친다면 나의
아들이 오를 수 없음이니,
23 곧 그는 너희들이 오를 수 있는 길이
끊어짐을 너희들이 먼저 깨우쳐,
24 그를 잡는 데 최선을 다하는 자가 나
의 아들과 더불어 같이 하늘을 오를
수 있으며, 나 여호와의 뜻을 너희들
이 시행함임을 알라.
25 너희들이 어린 자식이 넘어지지 않고
걷게 하기 위하여 손뼉을 쳐 그를 부
르듯이, 그 흔들리는 사다리 속에 몸
부림치는 나의 아들을 보는 나 여호와
의 마음이 어떻겠는가?
26 너희들은 과연 동서남북으로 한없이
끝이 보이지 않도록 흔들리는 그와 같
은 속에서 나의 아들이 올라오도록 하
는 것이 너희들의 대명이던가?
27 이 이치를 깊이 깨우치라.
28 하나의 간단한 이치를 깨우치면 될 것
을, 어찌하여 너희들은 그 선을 넘지
못하는가?
29 너희들이 인간사에 살면서 한 사람에
게 비밀이라 말하면 그 친구에게 네가
말하였으니, 그 친구가 또 친구가 있
으며 그 친구가 또 친구가 있으니,
30 그것은 결국 그 친구를 통하여 네 친
구를 통하여 네가 듣게 된다는 이 세
상의 이치를 어찌 깨우쳐 알지 못하는
가?
31 그와 같이 돌아오는 것이 너희들의 인
간 세상에 살아가는 형태이니라.
32 그 하나의 이치를 깨닫는다면 너희들
이 살아가는 자세요, 마음의 형태를
어찌 살아가야 하는지 그 이치를 알

아야 할 것이니,
33 그리하여 오늘 내가 너희들에게 보화
가 그득히 들어 있는 금고의 문을 여
는 것처럼 너희들의 입을 다스리며 너
희들의 입을 그리 조심하여,
34 너희들이 한마디 입을 열었을 때는
반드시 정답이요, 그를 듣고 많은 백
성이 깨우칠 수 있는 말만을 할 수 있
도록 그와 같이 훈련을 하라 함이니,
그 뜻이 여기에 있음이니라.
35 그러한 이치를 너희들이 깨우쳐야 할
것이니라.
36 너희들이 화살이라는 것은 앞에 보이
는 목표가 있어야 그를 맞출 것이며,
너희들이 현대 문명의 과학이라는 그
무기도 목표물이 보여야 그를 맞추며
목표를 향하여 쏠 수 있음이니라.
37 그러나 너희들이 친구에게 비밀을 말
한 그 비밀이 친구의 입을 통하여 또
친구의 입을 통하여 너희들에게 다시
돌아오는 그와 같은 웃지 못할 형국
이 생기는 것이 이 세상의 삶이니,
38 너희들이 남을 타박하며 남을 비방하
여 남에게 시시비비를 하는 것은 너
희들이 목표가 없는 그와 같은 것임을
알아야 할 것이며, 쏘는 목표가 없는
살상무기보다 더 무서운 것이니라.
39 쏘는 목표를 향하여 날아가는 화살보
다도, 목표를 향하여 날아가는 탄환보
다도 더 무서운 것이 너희들이 말 한
마디 잘못하여 깨우치지 못하는 그와
같은 행위에서 이루어진다는 그 무서
움을 알아야 할 것이니,
40 이 이치를 깨우쳐 오늘 너희 것으로
만들어 너희들의 마음의 아픔을 다스
리도록 그리하라, 사랑하는 나의 백성
들아!

4,242 번째 하나님 말씀

2002년 12월 17일 21시 12분

1 사랑하는 나의 아들아!
2 "네, 아버님! 말씀하옵소서."
3 너희들의 가장 위대한 깨우침이요, 너
희들의 가장 큰 변화의 그 역사는, 나
의 성경을 가지고 공부하며 깨우치며
그 강론을 듣는다 하여 너희들이 위대
한 깨우침의 역사를 얻는 것이 아니며
변화가 되는 것이 아니며,
4 나의 법전을 너희들이 정독하고 깨우
친다 하여 그것이 너희들이 행함에 있
어서 제일 깨우침이요, 너희들이 바로
살아갈 수 있는 그와 같은 깨달음을
얻는 가장 위대한 가르침이 아닌 것이
니라.
5 너희들은 성경이요, 나의 법전이요,
계명대로 살아가기 위하여 너희들이
변화되는가 하면, 너희들 육의 부모
요, 인간관계에 의해서 변화되는 것이
있으며,
6 또 그와 같은 역사 속에서 변화되는
것이 너희들의 변해 가는 모습이니라.
7 너희들이 너희 부모요, 또는 형제요,
그들과 같이 더불어 살아가는 속에서
변하고 깨우치는 것이 있는가 하면,
8 이웃을 보고 깨우쳐 이웃에게 부끄러
움이 없는 삶을 살기 위하여 너희들이
깨닫는 역사의 가르침이 있음이니라.
9 그러나 너희들이 성경보다도, 나의 법
전보다도, 십계명보다도, 너희 부모

요, 형제요, 이웃의 평범한 인간관계
보다도, 너희들의 사회의 직함의 위에
있는 상사요, 너희들의 스승이 가르치
고 깨우치는 것보다도 너희들의 가장
큰 산 교육이요, 깨달음은
10 너희들보다 못한 자, 무능한 자, 그들
이 살아가는 그 봉사와 희생정신을 보
면서 너희들이 거기서 반성하고 깨우
치는 것보다 더 위대한 가르침이 없
음을 알아야 할 것이니라.
11 너희보다 갖지 못한 자가 봉사하며 희
생하며, 너희보다 부족한 자가 남을
위해 살아가는 그 아름다운 모습이요,
12 너희보다 하잘것없고 보잘것없는 사
람이 용서하며 남을 이해하고 살아가
는 그들의 그 아름다운 모습을 보며
거기에서 너희들이 감명을 받으며 깨
달음을 얻었을 때,
13 거기에서 얻는 그 깨달음이 나의 성경
이요, 나의 법전이요, 너희 부모요, 이
웃에게 너희들이 바른 삶을 살아가고
자 노력하는 그 노력보다도 더 깊은
의미의 깨달음을 얻게 되는 것이며 너
희들이 배우게 되어 있음을 알아야 할
것이니라.
14 그리하여 나의 참진리는 가장 낮은 데
있으며, 가장 낮은 곳에 나의 진리가
있다 하였음을 너희들은 깊이 그 의미
를 알아야 할 것이니라.
15 이제 그렇다면 너희들이 성경이요, 성
서 속에서 너희들의 깨달음이 오로지
하늘에 오르는 길이요, 나의 참진리를
안다 그리 가르치는 것이 얼마나 어리
석은 것인지 알겠는가?
16 너희들이 행하는 속에서, 너희들 스스
로 행하며 선을 행하는 속에서 너희들
이 깨달음을 얻을 것이며,
17 너희들보다 못한 자, 낮은 자, 어려운
자들이 선행을 베풀며 아름답게 살아
가는 모습을 너희들이 직접 보고 깨닫
고 뉘우칠 때 거기에서 너희들이 가장
위대한 깨달음을 얻는 것이며,
18 거기에서 너희들이 깨달음이요, 참진
리의 아름다움을 보고 느끼게 되었을
때, 그 마음은 영원히 변하지 아니하
며, 그 배움은 지워지지 아니하는 것
이니라.
19 성서의 가르침을 너희들이 평생 들어
도 그를 잊어버리고 살며 그리 행하지
못하는 것이 너희들이며, 나의 법전을
읽고 정독한다 해도 그리 살아가지 못
하는 것이 또한 너희들 인간이니라.
20 너희 부모요, 스승의 가르침을 듣고
또 들었어도 그를 잊어버리고 살아가
는 것이 너희들이나,
21 가장 어리석고 불쌍한 백성들이 지키
는 그들로 하여금 너희들이 깨달음을
얻으며 배움을 얻는 거기에서 얻어지
는 그 진리는, 거기서 너희들이 깨달
음을 얻은 것은 영원히 지워지지 아니
하며,
22 그로 하여금 너희들이 할 수 있는 용
기를 갖게 됨이니라.
23 너희들보다 못한 자, 부족한 자가 봉
사하며 희생하며 나누며 사랑을 베푸
는 것을 보았을 때,
24 너희들보다 못한 자가 그 역사를 이룸
이니 너희들이 부끄러움을 알며,
25 스스로 너희들 자신이 얼마나 자기만
을 위한 삶을 살아왔는가를 깨닫고 반

성하며,
26 너희들보다 못한 자가 이루는 그 역사
위에 너희들이 할 수 있다는 자신과,
그리해서 그 속에서 너희들보다 못한
부족한 자를 스승으로 생각하며 그 스
승의 가르침처럼 너희들이 거기서 깨
닫고 들을 때, 그것은 영원히 지워질
수 없으며 산 교육이며,
27 그와 같이 너희들이 행하여 변하는 역
사를 이룰 수 있음을 알라.
28 그리하니 너희들이 가장 낮은 곳에서
행하며 가장 낮은 곳에 참진리의 나의
뜻이 있음을 알라.
29 위대한 스승이요, 위대한 과학자요,
이 세상에 이름 석 자를 대면 모르는
사람이 없을 그와 같은 능력이 있는
자로부터 너희들이 배우고 깨달음을
얻는 것보다
30 너희들이 부족하고 못한 자의 행하는
그 행함을 보고 반성하고 깨달음을 얻
었을 때, 그는 영원히 너희들의 산 교
육이며,
31 너희들이 그보다 더 나은 변화의 삶을
살겠다는 각오와 그들에게 부끄러움
을 스스로 느낄 때, 너희들이 정녕 변
화될 수 있을 것이니,
32 가장 낮은 곳에 있는 것이 너희들의
스승임을 알라.
33 그리하여 나의 성전에 오는 너의 제자
그 모두가 다 너의 스승이라 하였으
며,
34 모든 종교 지도자는 그 신도를 스승
처럼 받들며 그들에게서 배워 그들이
가지고 있는 특성을 제 것으로 만들어
종합적으로 변화의 역사를 이루는 그
종교 지도자를 보고 만백성 신도들이
변하는 것이 위대한 것이라 하였음이
니,
35 과연 지금 종교 지도자들이 그와 같은
삶을 살아가는가?
36 그렇지 못할 때 그는 잘못된 집단이며
나와 관계없는 집단임을 너희들이 깨
우쳐 알아야 할 것이니라.

4,243 번째 하나님 말씀

2002년 12월 17일 21시 19분

1 사랑하는 나의 아들아!
2 "네, 아버님! 말씀하옵소서."
3 네가 열심히 기도하며 묵상하여 나의
법전이 세상에 빠른 시간 안에 퍼져
만백성을 구하는 그 역사의 행함을
너희들이 서둘러야 할 것이며,
4 너희들이 잠시도 쉬어서는 아니 됨을
알아야 할 것이니라.
5 지금 나의 피조물 만백성들이요, 나의
사랑하는 백성들이 모든 그들의 악의
뿌리가 너무 깊이 자리를 내리고 있으
며, 그 사악한 뿌리들이 선한 나의 백
성들을 하나하나 무너트리고 있음이
니,
6 이 세상이 끝난 것처럼, 말세의 종말
이 곧 올 것처럼 그와 같이 너희들이
불안과 공포에 떨고 있는 것이 지금
믿음의 길을 가고 있는 자들이며 그
들이 가지고 있는 마음의 자세이니라.
7 그러하니 너희들이 나의 법전을 만백
성에게 전하여, 그들이 무서운 종말이
요, 말세의 그 무서운 심판이 있지 아
니하며, 나의 성령으로써 심판하며 나

의 성령으로써 구할 자와 버릴 자를
선택하는 새로운 시대가 열렸음을 그
들에게 깨우쳐 주어야 할 것이니라.
8 지금 말세에 그 사악한 악의 뿌리에
게 나의 사랑하는 백성이 하나하나
잠식되어 사탄에게 넘어가는 것이며
나의 믿음을 간다는 백성들이 종말이
라며 불안의 공포에 떨고 있는 것은,
9 지금 수천 년 동안 믿음을 가져 온 그
백성들이요, 그 지도자라 하여 가르친
백성들이 정녕 저희 스스로 이대로는
구원을 받을 수 없으며 지금의 믿음과
지금의 삶으로써는 하늘에 오를 수
있는 영광을 얻을 수 없다는 것을 알
고 있으며, 나 여호와로부터 구원을
받을 수 없다는 것을 저희 스스로 알
고 있기 때문이며,
10 나로부터 저희들이 지금까지 살아온
모든 삶이요, 믿음의 형태요, 이끌어
온 그 모두의 감추어진 추하고 추한
그 모습은 절대로 그들이 용서받을 수
없다는 것을, 지금 종교 지도자나 그
신도라 하여 몇십 년 동안 믿음의 길
을 많이 간 자일수록 저희들이 그 깊
이를 스스로 잘 알고 깨닫고 있음이니
라.
11 그리하여 그들은 당연히 말세가 올 것
이며 당연히 종말의 시대에 무서운 벌
의 대가가 내려질 것이라 그리 말하
며, 재앙으로써 세상을 구분하는 시대
가 올 것이라 말함이니,
12 그는 곧 저희들의 마음이 밝고 곱지
못하기 때문임을 알아야 할 것이니라.
13 그와 같은 공포 속에서 허덕이는 너희
들을 구원하기 위하여 내가 나의 성령
을 기록하여 나의 법전이라 하여, 하
늘에 오르는 책이라 하여 나의 아들을
통하여 밤과 낮을 가리지 아니하며 이
와 같이 160권을 세상에 내보내는 대
장정의 역사를 이루며,
14 성서에 기록되기를 예수가 이룬 시대
는 기초를 다진 시대요, 예수가 감으
로 다른 보혜사가 와 너희들을 심판하
며 살아가는 그 모두를 깨우치는 자가
올 것이라 그리 말하였거늘,
15 그리하여 그 보혜사가 지금 160권의
법전으로 내가 나의 아들의 가슴에 이
를 전하니, 너희들은 이를 접하면서도
대수롭지 않게 생각하며, 너희들과는
아무런 관계가 없는 것이며 사탄이요,
사악한 자들이 마지막 말세에 행하는
행위라 그리 치부하며 바라보지 아니
함이니,
16 들여다보지 못하는 너희들이기에 그
리하여 나의 법전 자체를 깊이 연구하
며 깨우침을 얻고자 하는 것이 아니
라, 너희들의 귀를 스스로 닫으며 눈
을 감는 그와 같은 형국을 지금 하고
있음이니,
17 그리하여 나의 아들이 부르짖는 강론
이요, 나의 아들의 제자들이 법전을
읽고 전하는 그 모두의 그들이 전하
는 소리에 너희들이 귀를 기울이지 못
함이니라.
18 그러나 너희들은 알아야 할 것이니라.
19 이는 나 여호와의 뜻이요, 이 모든 나
의 법전만이 만백성 너희들의 형제를
구할 수 있는 것이며, 생명의 길이라
는 것을 너희들이 알아야 할 것이며,
20 너희는 그리 믿어야 할 것이니, 너희

들의 생명이 다하는 날까지 나의 법전
을 만백성에게 깨우쳐 전하는 데 잠
시도 쉬어서도 아니 되며 중단해서도
아니 됨을 너희들은 알아야 할 것이
니라.
21 너희들은 용기를 가져야 할 것이니라.
22 어떠한 굴욕의 견디기 어려운 수모와
두려움이 너희들의 길을 막는다 해도
23 창조주 나 여호와가 너희들과 항상 같
이하고 있으며, 모두의 승자는 너희들
이라는 것을 알아야 할 것이며,
24 너희들로 하여금 하늘과 같은 역사가
이 지상의 낙원에 이루어지는 그 새
로운 시대가 열리는 것이니 너희로부
터 시작됨을 잊지 말며,
25 가장 축복과 영광 속에 선택된 나의
백성들이라는 그 자부심과 긍지를 갖
고,
26 나 여호와가 이루고자 하는 이 대업에
너희들이 한 부분을 맡은 것을 너희들
이 목숨을 다하여 실천하고자 하는 굳
은 결의를 가지고 행할 때, 나의 법전
이 눈이 세상을 덮듯이 이 세상의 만
백성을 덮어 그들을 깨우치는 역사의
대변화가 이루어질 것이니 그리하도
록 하라.

4,244 번째 하나님 말씀

2002년 12월 17일 21시 39분

1 사랑하는 나의 아들아!
2 "네, 아버님! 말씀하옵소서."
3 지금 만백성들이 저희들이 구원의 길
이요, 하늘에 오르는 길이라 믿으며
저희들이 무엇을 더 얻고자, 더 영광
을 얻고자, 그리고 저희들이 확실히
구원을 받으며 축복의 영광된 나의 나
라에 오고자, 지금 구원을 받았다는
자부심과 구원의 길에 저희들은 들어
섰으며 나의 나라에 올 수 있다 그리
생각하고 말하는 나의 백성,
4 그들은 그와 같은 저희들이 더 완전
한 믿음이요, 구원을 받기 위한 그와
같은 기도를 할 때가 아님을 그들에게
깨우쳐 주어야 할 것이니라.
5 지금 그들이 가고 있는 그 믿음의 형
태로써 무엇을 이루고자, 무엇을 얻고
자, 그리고 완벽한 구원을 이루고자
저희들이 기도하는 그와 같은 형국에
서 그들은 그 행위를 바꾸어야 함을
알아야 할 것이니라.
6 그들은 그와 같은 기도를 하기 전에,
저희들의 믿음이 잘못 가고 있으며
지금까지 믿음을 믿어 온 그 자체가
나 여호와와는 아무런 관계가 없었음
이니, 그 믿음에 대한 반성의 기도부
터 그들이 먼저 해야 함을 알아야 할
것이니라.
7 지금 가고 있고 그 믿음에 대한 반성
과 그들이 그를 고쳐 바른 믿음을 갈
수 있도록 그와 같은 반성의 기회로
삼아야 함을 알아야 할 것이니라.
8 그리고 모든 종교 지도자 또한 저희들
이 저지르고 있는 만행에 가까운 그
죄를 짓지 않도록, 저희들이 죄를 짓
고 지금까지 만백성을 구원하는 길로
인도한다 하여 온 그 잘못된 믿음에
대한 것을 반성하고 회개하는 그 기도
부터 먼저 해야 할 것이며,
9 너희들이 무엇을 얻고자, 더 구원을

받고자 하는 너희들의 미래를 위한 그
기도를 할 시간이 없으며, 너희들이
자격이 없는 자들임을 알아야 할 것
이니라.
10 너희들이 무엇을 얻고자 이루고자 하
는 그 기도요, 완전히 구원을 받은 그
길이요, 그리고 나 여호와로부터 더
큰 축복이요, 영광을 받고자 하는 그
와 같은 기도를 해서는 지금 아니 될
것이니라.
11 지금까지 너희들이 가고 있는 믿음의
잘못됨이요, 잘못 가르치고 있는 그
모두를 회개하고 반성하는, 그와 같이
뉘우치고 깨닫는 그 기도부터 먼저 해
야 함을 알아야 할 것이니라.
12 그리하여 너희들 자신이 변화하는 그
와 같은 너희들 자신의 기도를 해야
할 것이며,
13 그 변화되는 것이 곧 하늘에 오르는
길이라는 것을 깨우쳐, 너희들이 진정
한 하늘에 오르는 길이 무엇인가 하여
나의 계명대로 지키고 사는 것이며 나
의 법전대로 지키고 사는 것이 너희들
이 하늘에 오르는 길이라는 것을 먼저
깨우칠 것이며,
14 지금까지 잘못 믿어 오며 나 여호와에
게 너희들이 기도를 했던 잘못된 그
모두를 다 너희들이 회개하며 용서받
는 그와 같은 기도부터 먼저 드린 다
음에, 너희들이 나로부터 용서를 받은
그 후에 구원의 기도를 드려야 할 것
임을 알아야 할 것이니라.
15 지금 너희들이 수다스럽게 말장난으
로써 남의 기도를 할 시간이 없는 자
들이며, 너희들이 너희들의 미래의 구
원을 위하여 그와 같은 구원의 기도
요, 무엇을 얻고자 축복과 영광을 얻
고자 하는 그 기도를 드릴 자격이 없
는 것이 너희들임을 알아야 할 것이
니라.
16 너희들 자신을 위하여 잘못 가고 있는
그 믿음을 바로잡을 수 있으며 그 믿
음 속에서 깨우치는 길을 보는 믿음으
로 가야 할 것이며,
17 그와 같은 믿음을 깨달았을 때, 지금
까지 너희들의 만행이요, 욕심이요,
너희들의 그득한 너희 자신만을 위하
여 사악한 마음으로써 너희들이 구원
을 받는다, 구원을 받은 자라는 착각
속에서 헤매고 왔던 그 믿음의 삶부터
먼저 반성하며 그를 털어 버리는 그와
같은 변화되는 너희들의 기도의 행함
이 있어야 할 것임을 알아야 할 것이
니라.
18 이대로 너희들은 나와는 영영 관계가
없으며 정녕 구원을 받을 수 없는 백
성임을 알아야 할 것이니라.

4,245 번째 하나님 말씀

2002년 12월 17일 21시 57분

1 사랑하는 나의 아들아!
2 "네, 아버님! 말씀하옵소서."
3 너희들이 정녕 하늘에 오르고자 하며
나에게 오르고자 한다 하면, 너희들은
지금 너희들의 믿음의 형태에서 너희
자신을 돌아다보는 그와 같은 대변화
를 이루지 아니한다면 정녕 구원의 그
역사의 길에 들어설 수 없음을 알아야
할 것이니라.

4 너희들은 지금 성경을 공부하면서 그 성경이요, 너희들이 믿어 가는 것이 절대적이며 너희들의 믿음이야말로 절대적이라 믿고 가는 그 틀을 벗어나지 못하며 그곳에서 뛰쳐나오는 그와 같은 개인의 역사를 이루지 못한다 하면,

5 너희들은 그와 같은 지금의 믿음 속에서 나의 법전이요, 계명의 중요함을 알아, 가던 발길을 멈추며 너희들이 깨우치는 대개혁의 변화를 이루지 못한다면 아니 될 것이니라.

6 지금 너희들은 어떠한 믿음을 가고 있는가?

7 구원의 길이라 달려가는 그 믿음이 지금 너희들이 지옥행 열차를 타고 가며, 그 열차에서 내릴 줄 모르며, 내리라 하여도 너희들이 내리지 않는 자들이며,

8 타고 가는 그 열차가 지옥행이라 그리 부르짖어도 너희들은 뛰어내릴 수 있는 그와 같은 용기를 갖지 못하며 그저 즐거운 찬송과 아우성 속에서 지금 그리 가고 있음을 알아야 할 것이니라.

9 그리하여 너희들을 구원하기 위하여 나의 법전이 세상에 내려갔으며, 마지막 시대에 새로운 너희들의 구원할 자와 버릴 자를 지금 다스리는 그 심판의 역사가 진행되고 있음을 너희들은 알아야 할 것이니라.

10 그리하여 내가 그 심판을 너희들에게 함으로 인하여 거기에 남는 자 새로운 나라를 건설하는 것이요, 건설하는 그 기초가 되는 것이 너희들이라는 것을 알아야 할 것이니라.

11 내가 지금 새 역사를 이루고자 하여 나의 법전이요, 나의 성령을 내려보냄이니, 그러한 나의 법전을 보고도 절대 너희들은 이를 들으려 하지 아니하며 깨우치려 하지 아니함이니라.

12 오로지 너희들이 가고 있는 믿음만이 절대적이라는 그 생각을 버리지 못하기 때문에 너희들이 지금 얼마나 잘못 가고 있는지를 알고 있는가?

13 이제는 너희들의 집단의 형태로써는 정녕 너희들이 구원의 길을 볼 수 없으며, 나에게 오를 수 없으며,

14 너희들이 가고 있는 믿음이 잘못된 것이라는 것을 들여다볼 수 없으며 그곳에서 깨우쳐 구원을 받을 수 없는 그와 같은 형국이 되어 있음이니라.

15 너희들이 집단으로 이끌어 가는 지금의 믿음은 쇠사슬로 나의 피조물 만백성들을 엮어 한 명도 옆으로 빠질 수 없도록 그리 꽉꽉 묶어 끌고 가는 것이 하늘에 오르는 대역사의 영광된 길이 아니요, 지옥의 길로 가는 것이 너희들이 지금까지 행하여 온 형태이니라.

16 이를 나 여호와가 더 이상 볼 수 없기에, 이제는 너희들의 집단의 그와 같은 방법으로는 도저히 구원을 받을 수 없기에, 나 여호와가 직접 개개인을 통하여 너희들을 깨우치고자 전하는 것이며,

17 너희들을 다스려 하늘에 오르는 길을 알도록 내가 너희들에게 직접 이제 터치하기 시작함을 너희들은 알아야 할 것이니라.

18 지금과 같이 너희들이 손으로 지은 성
전에서 단체로 기도하며, 너희들이 한
집단을 이루어 나에게 헌금을 바침으
로 인하여 구원의 은혜를 얻을 수 있
다 그리 가르치는 잘못된 집단으로써
는 나의 백성들을 구할 수 없기에,
19 내가 개개인에게 지금 스스로 깨우쳐
구원을 받을 수 있는 그 시대를 열었
으며 그 시대를 시작하였음이니,
20 너희들은 개개인의 잘못된 죄를 이제
는 깨우쳐, 너희들의 잘못된 그 믿음
에서 돌아설 수 있는 그와 같은 길을
가야 함을 알아야 할 것이니라.
21 이제 나 여호와가 너희들이 스스로 깨
우쳐 구원을 받도록 하며, 스스로 깨
우쳐 구원을 받지 못하는 자, 그 대가
를 치르게 됨을 알아야 할 것이니라.
22 이와 같은 개인을 깨우치는 역사가 시
작되었으며 그 역사 위에 심판의 시대
가 열려 가고 있음을 또한 너희들이
깨우쳐야 할 것이니라.
23 나의 법전이 나의 백성을 구하고자 나
여호와가 나의 성령을 직접 전하여 각
자 개개인 자신이 스스로 변화되는 그
와 같은 깨우침을 얻어 구원을 받도록
가르치는 것이 나의 진정한 뜻이며 내
가 이루고자 하는 것임을 너희들은 알
아야 할 것이며,
24 이제 이와 같이 내가 새로운 변화를
이루고자 하는 이 뜻을 위하여 나의
아들을 통하여 법전을 세상에 내려보
냄이니,
25 이를 거부하며 매도하며 이게 사탄의
행동이라 짓밟는 그와 같은 형태를 주
저 없이 저지르고 있는 것이 지금 너
희들의 형국이니라.
26 나의 사랑하는 아들의 제자요, 나의
법전을 읽은 백성 너희들은 그들이 이
를 거부하며 매도하고 사탄이라 짓밟
는 그 무서운 형국이 이루어진다 해도
주저하지 말라, 그리고 두려워하지 말
라.
27 오로지 너희들만이 진정한 길을 가는
자들이며, 새로운 시대의 역사를 이루
는 것이며, 너희들만이 내가 이루고자
하는 그 뜻을 알아 그 틀을 이루고자
기초를 다져 감이니,
28 내가 너희들과 항상 같이 있음을 너희
들은 알 것이며, 두려워하지 말라.
29 오로지 그들을 깨우치는 데 너희들이
최선의 노력을 다하도록 그리하라.

4,246 번째 하나님 말씀

2002년 12월 18일 07시 50분

1 사랑하는 나의 아들아!
2 "네, 아버님! 말씀하옵소서."
3 내가 너에게 무어라 말하였던가?
4 네가 완벽히 깨우쳐 가지 못할 때, 너
의 사랑하는 가장 아끼는 제자들이 하
나씩 하나씩 그 고통과 시련을 분담하
여 맡아 간다 하였음이니라.
5 내가 너에게 이르기를 어떠한 성경의
구절도, 나의 법전 구절도, 또 나의 법
전의 내용도, 너희들이 유능하다는 스
승이요, 선생도, 너희들 부모가 가르
치는 것도, 너희들이 부모에 의하여
한 점의 부끄러움 없이 살아가고자 노
력하는 것도, 사랑을 실천하며 살아가
는 것도, 그것에서 얻고 배우는 것보

다,
6 너희들보다 부족한 자가 선행을 하며
사랑을 베풀며 아름다운 모습으로 살
아가는 것을 보고 거기서 느끼고 깨달
을 때, 너희들이 그는 영원히 지워지
지 않는 산 교육으로써 그보다 더 위
대한 선생이요, 그보다 더 위대한 교
육의 방법이 없다 하였음이니,
7 너의 제자들이 하나하나 다 너의 스승
임을 알아야 할 것이니라.
8 그 제자들이 너에게 하나를 가르쳐 주
기 위하여 얼마나 희생이 따르는가 너
는 그를 알아야 할 것이니,
9 너의 제자들로부터 너를 깨우치고자
하는 것을 네가 얼마만큼 빨리 받아들
여 바로 서고 바로 가느냐에 따라 그
제자들의 고통이 덜어지거나 끝없이
지속됨을 알아야 할 것이니라.
10 네가 가지고 있는 것을 남을 위하여
아낌없이 줄 수 있는 그와 같은 마음
을 네가 갖지 못할 때, 너의 제자로 하
여금 너에게 수없이 갖다 주는 그것을
반복시켜 네가 그것을 받고 또 받는
속에서 탄복하며 감복하며 깨달음의
깊이를 얻도록 해야 하니,
11 수없이 갖다 너에게 바쳐야 하는 그
제자의 고통이 얼마나 힘들겠는가?
12 그 모두는 그들 속에서 하나씩 하나씩
너에게 행함을 하도록 하여 네가 깨우
치도록 내가 너를 다스려 감이니,
13 그리하여 너의 제자들이 너를 바로
서게 하기 위해서 지금 말할 수 없는
희생의 길을 가게 되어 있다 내가 말
하였음이니라.
14 남에게 봉사하는 마음을 네가 갖지
못할 때, 너의 제자로 하여금 끝없는
봉사를 하게 하여, 네가 그를 보고 또
깨달아 봉사하는 마음을 네가 나의 백
성들보다 더 깊이 느낄 때까지 그는
끝없는 봉사의 역사를 네 앞에서 해야
만 됨이니,
15 이게 너를 산 교육으로서 바로 깨우
치는 길이나,
16 네가 그와 같은 것을 빨리 깨우쳐 모
두를 다 행할 때 너의 제자들이 희생
되는 그와 같은 것이 없을 것이니라.
17 그들의 모두를 하나하나 희생하여 너
에게 많은 것을 깨우쳐 주기 위하여
그들이 얼마나 고통스러운 길을 가야
하는 것인가를 들여다보는 나의 아들
이 되어야 할 것이니라.
18 네가 하나의 아름다움을 행하지 못할
때 너의 제자 한 사람이 그 행함을 보
여 줌으로 인하여 너를 깨우치고자 함
이니, 그 제자의 희생과 고통이 얼마
나 심한 것인가를 네가 알겠는가?
19 정의로운 마음을 가지고 사는 것, 그
리고 완벽한 약속을 지키고 사는 것,
네가 그리 가지 못할 때 완벽한 지킴
을 가지고 사는 제자가 네 앞에서 완
벽을 지키며 철저히 살아가는 그 모습
을 수없이 반복하고 반복하여 가르쳐
주고 그를 볼 때 네가 바로 설 수 있음
이니,
20 이와 같은 깨달음으로써 내가 너를
가르친다는 것을 잊어서는 아니 될 것
이니라.
21 그러하니 네가 너의 제자들의 그 고통
을 덜어 주고자 한다면 네가 얼마나
바로 서야 되는 것인가를 알아야 할

것이니라.
22 없는 자가 베푸는 것은 네가 그와 같
이 남에게 베풀지 못할 때 너는 그가
베푸는 모습을 수천수만 번을 보아야
할 것이니,
23 네가 깨달을 때까지 너의 제자들이 그
와 같은 일을 반복해야 함을 너는 알
아야 할 것이니라, 사랑하는 나의 아
들아!
24 이제 그러니 네가 나의 법전에 기록된
내용이요, 내가 성령으로써 너를 가르
치며 세상의 기초 질서에 어긋나지
않는 그 삶을 너 스스로 해 가는 그와
같은 길만이 너의 제자들이 힘들고 어
려운 길에서 풀려나도록 할 수 있는
것임을 알라.
25 너의 제자들은 다 한 가지씩 너에게
장점을 보여 주기 위하여, 네가 완벽
히 그들 것을 배워 네 것으로 만들 때
까지 그들은 시련과 고통의 반복 훈련
이 연속되어 감을 잊어서는 아니 될
것이니라, 사랑하는 나의 아들아!
26 그리해서라도 너를 내가 가르치고자
함이니라.
27 너의 제자들이 그와 같은 아름다운
일을 할 때, 스승인 너로서 그들보다
열배 백배 더 변하여야 한다는 그와
같은 각오로써 네가 변화되는 역사로
다스리고자 함이니라.
28 내가 이와 같이 해서라도 너를 바로
세우고자 함은, 지금 만백성들이 가고
있는 것이 너무나도 잘못 가고 있으며,
29 나의 아들 예수를 그리 처참히 고통
속에 죽게 하면서까지 너희들을 깨우
치려 하였으나 너희들이 바로 서고 바
로 깨우치지 못하였으니,
30 이를 보는 나 여호와의 분노한 마음과
내가 너희들을 사랑하여 버리지 못하
는 마음이 엇갈려 있는 나 여호와의
아픈 마음을 너희들은 과연 어찌하여
들여다보지 아니하며 깨우치려 하지
아니하는가?
31 그저 사랑의 아버지요, 용서하는 아버
지라 하여 너희들이 그리 울부짖으며
기도하며 소리 지르지 말라.
32 나 여호와도 분노함이 있으며, 나 여
호와도 아픔이 있으며, 나 여호와의
사랑도 있으며, 사랑이 또 무한대한
사랑이며,
33 또한 무한정한 사랑으로 내가 너희들
을 구원하고자 하며 사랑함이니,
34 이와 같은 엇갈린 나 여호와의 마음을
너희들은 들여다볼 수 있는 백성이 되
어야 함을 잊어서는 아니 될 것이니라.

4,247 번째 하나님 말씀

2002년 12월 18일 07시 57분

1 사랑하는 나의 아들아!
2 "네, 아버님! 말씀하옵소서."
3 너희가 가고 있는 이 길이 하늘나라
창조주 나 여호와의 품으로 오는 길이
라 그리 믿으며 평생 기도하며 울부짖
으며, 너희들의 육의 삶에서 어렵게
모은 그 재물들을 바쳐 구원을 받으
며 너희들이 지은 그 죄를 사함을 얻
고자 하여 너희들은 그와 같은 행위를
즐거운 마음으로 행하고 있으며, 너희
들이 광란의 믿음 또한 구원의 길이라
그리 가고 있는 것이니라.

4 그러나 너희들이 그와 같이 재물을 바
치며 광란의 짓으로써 무엇인가를 얻
으며 구원의 길을 가고자, 창조주 나
의 품으로 오고자 하는 그 모든 행위
가 너희들이 사탄에게 힘을 주는 행위
였으며,
5 사탄이 세상을 지배하도록 너희가 계
속 그 사탄의 심성에 따라, 악한 마음
의 뿌리를 뽑는 것이 아니요, 너희들
의 가슴속에 사악한 마음이요, 자신만
구원을 받으며 자신만을 먼저 생각하
는 그와 같은 마음의 사악한 뿌리를
내리도록 그리 변화되어 가고 있다 하
면, 너희들은 정녕 어찌하여야 하겠는
가?
6 너희들이 선한 백성으로서 악을 제거
하며 아름다운 마음으로 변하는 것이
아니요, 자신만을 위주로 자신만 위
하여 사는 그와 같은 사악한 악마의
마음을 너희 가슴속에 심는 그와 같은
행위를 지금까지 하고 있다 하면 과연
어찌하겠는가?
7 너희는 이를 믿지 않으려 하며 이를
정녕 따르려 하지 아니하며,
8 너희들은 이와 같은 곳에서 뛰쳐나와
바른길을 볼 수 있는 그와 같은 삶을
사는 것은 절대로 용납할 수 없으며
그와 같은 행동을 할 수 없는 것이 너
희가 지금 가지고 있는 마음이요, 잘
못된 너희들의 깨달음이니라.
9 너희들이 마지막 구원의 길이라 하여
소리 지르는 성전에 가 매달리며 울부
짖는 그것만이 천국에 오르는 길이라
하나,
10 그곳은 이미 나와는 관계없는 죄의
온상이 되었으며, 사탄이 그 모두를
다 지배하고 있으며,
11 나의 성전이 아니라 사탄이 지배하는
성전이요, 너희들이 말하는 죄의 온상
인 것을 이제 알아야 할 것이니라.
12 사탄의 그 근거지를 몰락하도록 하지
아니하며, 그를 몰락시키지 아니하면
너희들은 정녕 나로부터 구원을 받을
수 없음을 알아야 할 것이니라.
13 그곳이 정녕 사탄의 온상이요, 죄의
온상이 아니라면, 나 여호와가 그를
몰락시키기 위하여 오늘 나의 아들을
통하여 160권의 법전을 세상에 내보
내지도 아니하였을 것임을 알아야 할
것이니라.
14 이제는 그 뿌리를 뽑아 버리며, 그곳
에서 나오는 자, 너희들만이 구원받게
된다는 것을 잊어서는 아니 될 것이니
라.
15 너희들이 지금의 믿음의 길을 정녕
그대로 가는 것은 너희들은 지옥으로
달려가는 길의 선상에 서 있으며, 지
옥으로 달려가는 데 그 모두를 다 바
침이니,
16 너희들이 하늘에 오르는 길에 영광의
나의 품에 오고자 함이 아님을 알라
내가 수천수만 번 나의 법전에 기록하
여 전하거늘,
17 너희들은 정녕 어찌하여 그와 같은 것
을 받아들이려 하지 아니하며, 나의
법전의 뚜껑을 열어 깨우침을 얻지 않
으려 하는가?
18 이는 아무도 절대적인 자가 없으며 절
대적이 없는 이 세상에서 너희들의
성서에 너희들의 믿음만이 절대적이

라는 그와 같은 어리석음에서 벗어나
지 못하기 때문이니, 너희들은 이 이
치를 알아야 할 것이니라.
19 내가 나의 계명대로 살아가는 것이 하
늘에 오르는 길이요,
20 너희들이 나의 계명대로 지키며 아름
다운 쪽으로 변화되는 그 삶이 구원
을 받는 길이라 하였으며,
21 나의 법전을 읽고 깨우쳐 그대로 행하
는 것이 너희들이 심판을 받는 기준이
라 내가 그리 너희들에게 전하였건만,
22 너희들은 이 또한 인정하지 아니하며
들으려 하지 아니하는 것이니라.
23 그러나 너희들은 알아야 할 것이니라.
24 나의 계명대로 너희들이 천사와 같은
마음으로 변하지 아니하는 자, 나의
법전을 읽어 그와 같이 변하지 아니하
며 나의 뜻을 따르지 아니하는 자, 정
녕 너희들은 구원을 받을 수 없으며,
25 나의 법전을 정독하고 깨우치는 길밖
에 너희들이 구원을 받는 길이 없음
을 알라.
26 나의 법전을 정독하지 않는 자, 아무
도 구원의 길에 들어설 수 없으며 구
원의 빛을 볼 수 없는 이 엄연한 사실
을 너희들이 받아들여야 함을 알라.

4,248 번째 하나님 말씀

2002년 12월 18일 08시 03분

1 사랑하는 나의 아들아!
2 "네, 아버님! 말씀하옵소서."
3 지금의 모든 종파의 건물이 바로 지옥
의 상징임을 너희들은 알아야 할 것
이니라.
4 내가 만든 이 성전의 아름다움 속에
너희들이 구원을 받는 길이라 하여 너
희 손으로 지은 그 모든 종파들이 안
주하고 있는 그 건물들이 다 지옥의
상징이며, 세상을 어지럽게 만들며,
5 그 속에서 이루어지는 모든 행위가 곧
지옥으로 가는 역사의 기초이며,
6 너희들이 나의 아름다운 세상을 오염
시킨 그 형태가 바로 지옥에서 사악한
자들이 움직이는 그와 같은 형국으로
써 지금 있는 것이니,
7 너희들은 그와 같은 나의 뜻을 깨달아
그 세상을 들여다봐야 할 것임을 알
라.
8 그들이 하고 있는 행위요, 그들이 관
장하고 있으며 안주하고 있는 그 건물
이 지옥의 상징인 것이니라.
9 그리하여 문을 닫아야 하며 내가 그
문을 닫게 하고자 하는 것이니, 그러
한 역사가 지금 시작되고 있음이니라.
10 그를 위하여 나로부터 선택된 자가 너
의 제자들이며, 그 역사를 그 제자들
만이 이룰 수 있다는 것을 너희들은
알아야 할 것이니라.
11 그 역사를 이루어 내기 위하여 내가
너희들을 선택하였음이니,
12 지금 너희들은 나 여호와가 새로운 시
대를 열고 있음이며, 내가 버릴 것은
버리며 추릴 것은 추리는 그 역사의
전사로서 너희들이 변하며 너희들이
그 대명을 수행함을 알아야 할 것이니
라.
13 그와 같은 새로운 역사요, 새로운 시
대를 여는 너희들이 그 감당키 어려운
회오리바람보다도 더 무서운 소용돌

이가 몰아칠 것이며, 너희들이 상상할
수 없는 그와 같은 엄청난 종교 개혁
의 바람이 불어올 때,
14 너희들은 여기서 좌절하지 말며, 두려
워하지 말며, 물러서는 나의 백성이
되어서는 아니 될 것이니라.
15 너희들이 나의 피조물 만백성들을 구
원하는 그와 같은 역사를 이루지 아니
할 때, 나 여호와의 노여움은 더할 것
이며,
16 나 여호와의 노여움이 더 이상 견딜
수 없도록 너희들이 사악한 방법으로
세상을 지배하고 가며 사탄과 마귀들
이 이 세상을 지배하는 그와 같이 된
다 할 때, 나 여호와가 내리는 법전을
보고 너희들이 바로 서지 못하며 내가
선택한 백성 너희들이 그들을 바로잡
지 못할 때, 세상은 너나 할 것 없이
얼마나 무서운 결과를 초래할지 너희
들은 알겠는가?
17 한 치 앞을 못 보는 깜깜한 세상으로
변할 수도 있으며, 너희들이 도저히
지탱하고 살 수 없는 세상으로 변할
수 있음이니,
18 나 여호와의 이 노여운 마음으로 세상
의 너희들을 직접 다스려 앞을 못 보
는 깜깜한 세상으로 만들 수 있으며,
너희들이 말하는 그 무서운 재앙의 세
상을 만들 수 있음이니,
19 나 여호와의 마지막 그 노여운 마음을
달래고 있음을 너희들은 알아야 할
것이니,
20 이 세상이 얼마나 무서운 형국으로
되어 너희들이 받아야 할 것인가를
알아야 하며 깨달아야 할 것이니라.
21 그와 같이 믿는 자, 믿지 않는 자, 이
세상에 내가 손을 놓았을 때 어찌 되
는 것인가?
22 그 무섭고 처참한 그와 같은 나의 노
여움의 세상의 그 변화를 이루지 아
니하기 위하여 나의 아들을 밤낮으로
독촉하고 그를 다스려 나의 법전을 세
상에 내려보냄이니,
23 이와 같은 뜻을 알고 듣는 백성이요,
나로부터 선택된 나의 아들딸 너희들
은 이 만백성을 구하는 데 너희 모두
를 다해야 할 것이며,
24 그리하여 나의 법전이 세상을 덮었을
때 너희들 스스로 종교 개혁이요, 변
화가 이루어짐이니,
25 그 소용돌이 또한 무서우며 감당하기
어렵다 내가 너희들에게 말하였음이
니,
26 스스로 너희들이 변화되어 하늘에 오
르는 나의 아들딸이요, 백성으로서 그
길로 달려오는 역사를 이룰 때, 그 선
택된 백성만이 이 세상에 존재하는 지
상의 낙원을 이루는 그 역사를 이루는
것도 무서운 회오리요, 소용돌이가 불
어닥치고 한 번은 거쳐 가야 함이니,
27 그때 너희들은 두려워하지 말며 주저
하지 말며 물러서지 말라.
28 나 여호와가 같이하고 있으며, 너희들
에게 내리는 더 무서운 재앙을 막기
위함이며 더 무서운 소용돌이를 내가
막기 위하여 그와 같은 역사가 이루
어짐을 너희들만큼은 알아야 할 것이
며, 이를 만백성에게 전하라.
29 나의 아들을 통하여 법전으로써 깨우
치며 너희들을 바로잡고자 하는 나의

역사를 너희들이 그리 거부하며 이를
찢어 버리며 태워 버리며 나의 아들을
세상에 존재치 못하도록 할 때,
30 나의 아들 예수를 너희들이 죽음으로
몰았듯이 지금의 나의 아들 또한 그와
같이 죽음으로 몰고자 하는 그와 같은
역사를 너희들이 할 때, 나 여호와의
노여움은 너희들이 감당치 못할 것이
니,
31 그때의 무서움을 너희들은 상상할 수
없을 것이니라.
32 이를 막기 위하여 나의 법전을 하얀
눈이 세상을 덮듯이 너희들의 모두를
다하여 전하라 함이니,
33 너희들은 나의 이 간곡한 뜻을 알아야
할 것이며 하늘의 뜻을 알라.

4,249 번째 하나님 말씀

2002년 12월 18일 08시 12분

1 사랑하는 나의 아들아!
2 너의 제자들이요, 나로부터 선택된 백
성 너희들은 이 법전을 3회 이상 정독
하지 않는 자는 나의 법전의 뜻을 이
해 못 하는 나의 백성들이니라.
3 그리하여 나의 법전을 3회 이상 읽어
나의 법전의 뜻이요, 내가 원하는 뜻
을 깨우치지 못한 자는 어떠한 백성
과도 갑론을박하는 그와 같은 시시비
비를 해서는 아니 되며 그와 같은 행
동을 하지 말라 전하라.
4 나의 법전을 갖고 시시비비한다 하면
너희들은 어찌하겠는가? 지금의 모든
종파에 달려가는 백성들은 성서라는
것을 너희들 앞에 펴 놓고 말하고자
할 것이며, 그러한 자들과 너희들이
시시비비를 해서는 아니 됨을 알아야
할 것이니라.
5 그들의 머릿속에는 성서만이 절대적
인 것이며 그들이 가고 있는 믿음만
이 절대적이라는 생각에 젖어 있는 자
들이기 때문에, 그들을 깨우치고 가르
치기가 그리도 어렵고 힘듦을 너희들
은 알아야 할 것이니라.
6 이 세상에 절대적인 것은 없느니라.
7 내가 너에게 일찍이 말하였듯이, 성서
를 갖고 잘못 이해한 종교 지도자가
가르치는 것이 또한 잘못 가르치며,
받아들이는 자가 잘못 가르침이니,
8 너희들이 성서 속에서 절대적인 깨달
음을 얻었다 말하는 자는 제가 이를
전한 나 여호와라 생각하는 오만함임
을 알아야 할 것이니라.
9 성서를 갖고 이것이 절대적이요, 절대
적인 가르침을 가르친다 말하는 자는,
그를 기록하여 전한 나 여호와 외에는
아무도 그 깊이의 뜻을 모르며 그대
로 전할 수가 없음이니,
10 오로지 절대적인 자요, 절대적인 것은
나 여호와가 성령을 설명하며 이해하
며 가르칠 때만이 절대적인 것이며,
11 절대적인 자는 나 여호와 하나뿐이며,
절대적인 것은 너희들에게 없다 함을
알라.
12 그와 같은 이치 하나도 깨우치지 못하
는 자, 저희들이 받아들이고 배우는
제자들의 생각이 다 천태만상으로 다
르다 하였음이니라.
13 그리하여 그들이 듣고 또 전하고 전하
는 것이 저희들이 절대적인 것이다

그리 말하고 있음이니, 이게 얼마나
어리석은 것인가를 알아야 할 것이니
라.
14 너희들이 나의 법전을 3회 이상 정독
하여 그 깊이를 깨닫지 못하며 그를
알지 못하면서 다른 백성들과 갑론을
박한다는 것은 너희들이 잘못 가르치
는 오류를 범하기 때문이니,
15 너희들이 잘못 가르쳐 듣고 배운 그
백성이 또 잘못 전한다면 그를 누가
감당하겠는가?
16 너희들은 나의 법전을 3회 이상 읽어
그 뜻을 이해한 다음에 만백성과 갑론
을박하는 그와 같은 자세로써 살아가
야 할 것이니라.
17 그리하여 내가 너희들에게 갑론을박
하지 말라 하였음이니, 너희들이 남들
과 시시비비할 때, 나의 법전의 뜻을
전할 수 있을 때만 해야 할 것이며, 너
희들은 함부로 입을 열어서는 아니 될
것이니라.
18 너희들이 정녕 입을 열고자 한다면,
귀중한 물건을, 금은보화보다도 더 소
중한 것을 보관해 놓은 금고라는 문
을 열 때보다도 더 신중에 신중을 기
하여 너희들의 입을 열어야 함을 알아
야 할 것이니라.
19 오로지 너희들은 나의 법전만을 가지
고 그들과 대화하며 그들을 깨우쳐 가
야 하기 때문이니,
20 저희들이 절대적이라는 사고를 가진
자들을 깨우치기가 얼마나 힘든 것인
가를, 그들의 마음을 돌려놓는다는 것
이 얼마나 힘들고 어려운 길인가 너희
들은 알겠는가?
21 그러하기에 너희들이 나의 법전을 읽
고 또 읽어서 너희들이 입을 열 때는
가장 보배롭고 가장 소중한 것을 담
아 놓은 그 금고의 문을 열 때보다도
열배 백배 더 신중히 생각해서 그를
열어야 함을 알아야 할 것이니라.
22 또 너희들이 살아가면서 너희들이 하
기 쉬운 말이요, 남을 비방하기 쉬운
말이요, 남의 허물을 보기 좋아하며
남의 소문을 전하기 좋아하며 남을 비
방하기를 좋아하는 너희들의 그 마음
또한 그와 같이 말을 함부로 해서도
아니 됨이니,
23 그 또한 너희들이 잠겨진 금고를 여는
것보다도 더 어렵고 힘들게 수백 번
수천 번 생각하고 또 생각하여 너희들
의 입을 열어,
24 남의 소문이요, 남의 잘못된 것을 비
방하는 그와 같은 행동을 너희들이 해
서는 아니 될 것이니,
25 그를 행하지 못하며 그를 지키지 못하
는 자, 너희들은 나의 백성이 될 수가
없을 것이며,
26 너희들이 나의 법전을 가지고 만백성
을 깨우치고자 하나, 나의 소중한 법
전의 그 보화가 너희들을 깨우치는 아
름다운 가르침이 아니요, 낙엽이 되어
퇴비로 떨어지는 그와 같은 형국으로
떨어짐을 알라.
27 너희들은 나의 아들을 통하여 내가 내
린 나의 하늘에 오르는 길이요, 나의
성령이요, 나의 법전을 보화보다도 더
소중한 가르침으로 간직하겠는가, 그
렇지 아니하면 떨어지는 낙엽만도 못
한 것으로써 나의 법전을 너희들이

세상에 전할 것인가?
28 이 선택의 길은 너희들에게 달렸음이
니 그리 전하도록 하라, 사랑하는 나
의 아들아!

4,250 번째 하나님 말씀

2002년 12월 18일 08시 17분

1 사랑하는 나의 아들아!
2 "네, 아버님! 말씀하옵소서."
3 너희들 마음속에 자리 잡고 있는 그
악한 마음을 버리지 못하며 지우지 못
한다 하면, 너희들이 평생 성서 공부
를 하며 너희들이 지은 성전에 가 너
희들이 말하는 종교 지도자의 가르침
이요, 설교를 들으며 재물과 금화를
바치며 눈물의 기도를 드린다 하여 선
한 사람으로 변할 수 있다 생각하는가?
4 정녕 너희들은 그 악의 마음을 너희
스스로 버리지 못할 때, 천년만년 죽
을 때까지 너희들이 손으로 지은 성전
에 가 울부짖는 그 기도를 한다 해도
선한 사람으로 변화될 수 없는 것이
너희들 마음임을 알라.
5 너희들의 마음의 변화가 중요함을 알
라.
6 스스로 깨닫고 스스로 노력하여 너희
들이 계명을 외우며 나의 법전을 읽고
깨우쳐 마음의 변화의 역사를 이루는
것이 너희들의 구원의 길이요, 사람으
로서 하늘에 오르는 길이요, 내 품에
돌아올 수 있는 그 빛을 볼 수 있는 것
임을 알아야 할 것이니라.
7 너희들의 마음을 비우는 것을 너희들
이 변화를 이루지 아니하는 것은 너희
들이 곧 나의 법전을 아무리 읽고 깨
우친다 하여도 변화될 수 없음이니라.
8 지금 너희들이 가고 있는 믿음이요,
성서요, 너희들의 종교 지도자들이 갑
론을박의 가르치는 그 설교로써는, 그
수다스러운 가르침으로써는 너희들
이 정녕 변화될 수 없기에 나의 법전
을 전하여 너희들을 깨우치고자 함이
니,
9 나의 법전만이 너희 가슴속에 있는 악
한 마음의 뿌리를 뽑을 수 있다 함을
너희들은 알아야 할 것이니라.
10 나의 법전을 읽고 또 읽어 정독했을
때만이 너희들이 수십 년 믿음의 세계
에 가서 깨우치고 얻고자 했던 그 빛
을 알게 되며, 너희 가슴에 있는 마음
을 열게 되며, 선함이 무엇이며 악함
이 무엇인지를 알게 됨이니라.
11 수다스러운 기도로써 수다스러운 말
로써 모든 축복을 받는다 그리 생각
하는 것이 너희들이 몸소 행하고 실천
하는 속에 그 영광이 있는 것을, 나의
법전을 읽는 자만이 그를 깨달음을 너
희들은 알아야 할 것이니라.
12 여기서 너희들이 하나의 간단한 하늘
의 이치를 알아야 할 것이니라.
13 너희들이 지은 성전에 매일 나간다 하
여 너희가 선한 자로 될 수 없으며,
14 그저 가서 설법을 들으며 눈물의 기도
를 하고 울고불고 광란의 짓을 한다고
하여 너희들이 절대로 선한 사람이요,
천사와 같은 마음으로 변할 수 없음을
알아야 할 것이니라.
15 나의 법전을 읽고 강론을 듣는다 하여
너희가 또한 진정한 선한 자로 변할

수 있는 것이 아니니라.
16 너희들 스스로 마음을 다스릴 줄 알
며, 너희들이 아름답고 선한 것을 보
며 행동하며 실천하는 그와 같은 삶
속에서만이 너희들이 변화될 수 있다
는 것을 알아야 할 것이니라.
17 너희들이 밀림의 동물이 우글거리는
그 동물의 세계에 가서 자연 속에서
뛰어논다 하여 인간이 그와 같은 동
물로 변할 수 없는 것이 아니던가?
18 아무리 야생의 동물들이 살아가는 것
처럼 해도, 너희들이 동물을 사랑한다
하여도 인간이 동물로서 변할 수 없
음이니라. 동물원이라 하여 많은 짐승
을 가둬 놓고 너희들이 보는 그곳에
매일 가서 그들을 바라본다 하여 그
동물로는 절대 될 수 없는 것이 너희
인간이 아니던가?
19 너희들이 동물이 될 수 없듯이, 아무
리 재주가 뛰어난 동물이 그 지능이
있다 하여 온갖 재롱을 떨며 능력을
너희들에게 보인다 하여도 그 짐승 또
한 사람이 될 수 없는 이와 같은 엄연
한 이치를 너희들이 깨달아야 할 것
이니,
20 수다 떠는 것으로써 너희들이 선한 백
성이 될 수가 없으며, 나 여호와의 심
성으로 변할 수 있는 것이 아님을 알
아야 할 것이니라.
21 스스로 모두를 보며 스스로 선함을
행하며 행동으로써 너희들이 살아가
는 그와 같은 삶을 살 때, 거기에서 너
희들이 부닥치는 것이 있으며 얻어짐
이 있으며 그리하여 굳건히 너희들이
변할 수가 있음이니라.
22 그리하여 가장 어리석은 자요, 부족한
자가 너희들의 스승이라 하였음이니,
그들이 선한 행위를 하는 것, 아름다
운 행위를 하는 것은 너희 스스로 부
끄러움을 알며, 저들과 같이 어렵고
힘든 자도 선행을 베풀거늘, 육신이
멀쩡하고 가진 것이 있는 너희 자신
이 갈 수 없다 한 그 부끄러움을 느꼈
을 때, 너희들이 변화의 대혁명이 이
루어지는 것임이니 그리 알라.

4,251 번째 하나님 말씀

2002년 12월 18일 20시 35분

(강론을 마치며)

1 사랑하는 나의 아들아!
2 "네, 아버님! 말씀하옵소서."
3 나의 모든 백성 너희들은 정해진 나
의 계획에 의하여 그 틀에서 살며 한
시적인 인간의 삶을 살아가고 있음이
니라.
4 너희들은 내가 정해 준, 만들어 놓은
그 틀 속에서 존재함을 깊이 깨우쳐야
할 것이니라.
5 너희들이 한평생을 60이요, 70이요,
80이라 하는 생명을 산다 하여도 너
희들이 일순간에 그 생명을 그대로 한
번에 다 살 수가 없는 것처럼,
6 너희들이 하루하루 삶을 살아가면서
나로부터 받아 간 생명의 삶을 다 살
듯이, 너희들은 하루하루 사는 것이
소중한 삶임을 알아야 할 것이니라.
7 여기서 너희들이 좀 더 깨우쳐 깊이
들어가 세상사를 본다 하면, 너희들은
바로 하루하루 사는 것이 소중한 것이

아니요,
8 한 시간을 사는 삶이요, 1분을 사는
삶이요, 그리고 1초를 사는 것이 너희
들의 삶이라는 것을 잊어서는 아니 될
것이니라.
9 너희들이 변화되는 것은 1초요, 1분
이요, 10분이요, 1시간 안에 너무나
많은 변화의 역사를 이룰 수 있는 것
이 너희들이 지금 처해 있는 운명이라
는 것을 알아야 할 것이니라.
10 그러기에 너희들은 하루하루 삶을 사
는 것이 아니요, 1초 1초를 다스리며
살아가는 것이 너희들이 살아가는 삶
이라는 것을 잊어서는 아니 될 것이니
라.
11 그와 같은 속에서 살아가는 너희들이
과연 삶을 어찌 살아야 할 것이며 행
함을 어찌하며 살아야 할 것인가 너희
스스로 깨우침을 얻어야 할 것이니라.
12 너희들이 나로부터 세상에 생명을 받
아 가지고 나갔음이니, 그 생명이 스
스로 단축되는 그 선상에서 살아간다
는 것을 내가 너희들에게 일찍 깨우쳐
주었음이니,
13 너희들이 살아가는 그 속에서 남을 시
기하고 질투하며 그와 같은 마음을
갖고 단 1초라도 살아서는 아니 되는
것이라 내가 너희에게 깊이 깨우쳐
주었음이니라.
14 초를 다투는 속에서 살아가는 것이 너
희들의 삶이요, 너희들의 생명력이 존
재하는 그 흐름이 거기에 같이 맞추
어 간다는 것을 너희들은 잠시도 잊어
서는 아니 될 것이니라.
15 그렇다면 초를 다투는 속에서 살아가
는 너희들의 삶이 과연 어떠한 삶을
살아야 되는 것인가를 오늘 너희들이
스스로 깊이 깨우쳐 깨달음을 얻도록
해야 할 것이니 그리 알라.

4,252 번째 하나님 말씀

2002년 12월 19일 07시 10분

1 사랑하는 나의 아들아!
2 "네, 아버님! 말씀하옵소서."
3 너희들이 나에게 하는 진정 가장 아름
다운 기도는 너희들이 위급할 때에 나
여호와를 부르는 그 마음처럼 애절하
며 진실하고 아름다운 기도가 없다 하
였음이니라.
4 너희들이 그와 같은 마음의 기도로써
역사할 때 못 이룰 것이 없다 내가 너
희들에게 일찍이 그리 깨우쳐 주었음
이니라.
5 그와 같이 너희들이 생명의 위협을 받
을 때 마지막으로 나 여호와에게 부
르짖는 그 마음처럼 애절하게 나를
향하여 갈구하는 마음 자세로 평소에
너희들이 나에게 갈구한다면 못 이룰
것이 없으며, 나의 음성을 듣지 못할
자가 없다 내가 그리 말하였음이니라.
6 그와 같은 마음 자세로써 나에게 기도
하며 경배하는 것이 너희들이 가야 할
길이니, 과연 그와 같은 마음을 갖고
너희들이 평소에 살아갈 수 있는 백성
이라 생각하는가?
7 그러나 너희들은 생각할 수 있는 지혜
가 있는 백성이기에 바로 그와 같은
역사를 할 수 있으며 지킬 수 있다 내
가 말하였음이니라.

8 그리하여 세상사의 모든 것은 너희들
이 마음먹기에 달렸으며 어찌 생각하
느냐에 따라서 너희들은 극과 극을
달리는 그와 같은 길을 갈 수 있다 하
였음이니라.
9 오로지 너희들이 나의 계명을 지키고
사는 것이 영혼의 구원의 양식이요,
그 길이 하늘에 오르는 길이라 하였으
나, 너희들은 인간이기에 그를 지킬
수 없다 말하고 있음이니라.
10 이웃에게 거짓 하지 아니할 수 없으며
남을 용서하며 그와 같은 마음으로 살
아갈 수 없는 것이 너희들이기에 이
는 지킬 수 없다 그리 말한다 하였음
이니라.
11 여기서 사랑하는 아들아, 너는 알아야
할 것이며, 너의 제자들 또한 깨달아
야 할 것이니라.
12 종교 지도자란 무엇이더냐?
13 너희들의 세상에 지도자도 많이 있으
며 스승 또한 많이 있음이니라.
14 나라를 다스리는 지도자가 있는가 하
면 너희들을 일깨워 주는 훌륭한 스승
이 또 세상에 있음이니라.
15 그 모두의 지도자요, 스승은 육의 삶
의 그 생활 속에서 너희들을 가르치고
다스리는 것이 일반 지도자요, 또한
너희들의 세상에 살아가는 너희들의
집단을 지도하는 자들이 하는 길이니
라.
16 그러나 너희들은 단순한 지도자라 하
여도 종교의 지도자요, 믿음의 길을
인도한다는 지도자는 그가 비록 가진
것은 없으며 초라한 선생이라 할지라
도 나라를 다스리는 지도자요, 학문을
가르치는 선생의 지도자와 엄연한 차
이가 있는 것을 너희들은 알아야 할
것이니라.
17 모든 선생이요, 지도자는 육의 세상에
이루어지는 그 세속에서 이루어지는
것이며 그 세속에서만 행하여지는 그
지도자의 자리이니라.
18 그러나 종교의 지도자는 바로 무엇이
더냐?
19 영원히 나의 품에 와 살고 살지 못하
는, 그와 같이 영원히 사는 그 생명이
요, 영혼을 죽이고 살리는 그와 같은
지도자이기 때문에 그는 인간의 지도
자와는 다름이니라.
20 그러면 인간 세상의 지도자와 다른
것은 무어라 하는가?
21 인간의 지도자가 넘을 수 없는 그 어
떠한 환경이요, 어떠한 길에서도 그를
인내하며 바로 설 수 있는 것이 종교
의 지도자이니, 그 지도자가 바로 무
엇이던가?
22 너희들이 위험에 처했을 때, '앗! 하나
님, 살려 주옵소서.' 하고 기도하는 그
보다도 더 진한 마음으로 기도하는 것
이 나를 가장 아름답게 경배하는 것
이라 하였음이니,
23 너희들이 기도하는 순간보다도 더 바
르고 곱고 희망을 가지고 살아갈 수
있도록 지도하는 것이 종교 지도자임
을 너희들은 알아야 할 것이니라.
24 종교 지도자는 그러기에 유리로 비추
어 봐 저 자신이 한 점의 부끄러움이
없으며, 남이 유리로 비추어 들여다봤
을 때 한점의 부끄러움이 없는 그 삶
을 위하여 가는 것이 종교 지도자라

하였으니, 그 뜻을 이제 알겠는가?
25 인간의 지도자는 인간의 세속에서 가
르침을 주나, 영혼을 지도하고 영혼을
살리는 종교 지도자가 바로 만백성을
구하는 지도자이니라.
26 그는 육의 삶을 위한 지도자가 아니
요, 영혼의 삶의 지도자요, 영원히 사
는 나의 나라에 나의 백성이 와 살 수
있도록 그 길을 가르치는 지도자이니,
그들이 얼마나 인간의 선생의 지도자
와 차별화되는 마음의 자세로 살아가
야 되는 것인가?
27 그것은 자신의 깨달음의 경지가 높고
깨달은 자만이 그와 같은 길을 갈 수
있음이니라.
28 인간 세속의 생각을 가지고 너희들이
만백성을 다스리는 것은 그래서 안 된
다 하였음이니라.
29 재물을 걷는 것도 너희들이 인간 세속
의 삶의 선생들이 거둬들이는 수법이
니,
30 영혼을 구하는 종교 지도자가 그와 같
은 수법을 똑같이 행하고 있다면 이는
과연 너희들이 어찌 생각해야 되겠는
가?
31 너희들이 말하기를, 저희들은 특별한
자요, 감히 누구도 저희들을 평할 수
없으며, 저희들을 위해서 모두를 다
바치는 백성이 되어야 된다 그리 말
하느니라.
32 그는 왜 그렇다더냐?
33 나 여호와의 뜻에 의해 가르치는 종
교 지도자이기 때문에 그렇다 말하느
니라.
34 그렇다면 그와 같이 차원 높은 역사를
하는 그들이 저희들은 인간 세상의
스승과 지도자보다 차별화된 대우를
받으면서, 어찌하여 인간 세상의 지도
자들이 가르치고 인도한 그 대가를 거
둬들이듯이 거둬들이는가?
35 향락이요, 즐겁고 저희 육신이 편안한
것은 육의 선생이요, 육의 지도자와
똑같은 행위를 하면서, 저희들의 대
우는 그들보다도 차원 높은 영적인 세
상의 지도자요, 하늘의 법도를 따른다
며 그리 이끌어 가고 있음이니,
36 이것이 얼마나 썩은 것인가를 너희들
은 알겠는가?
37 너희들이 이와 같은 깨달음의 이치를
알아야 할 것이니,
38 이제 신도라 하여 그들의 성전에 모이
는 백성은 스스로 깨우쳐야 할 것이
니라.
39 너희들이 정녕 하늘의 신처럼 그리
대우받고자 하며 너희들이 잘못하는
것을 너희 신도들이 탓할 수 없으며,
오로지 너희들을 기쁘고 아름답게 하
며 너희들 앞에 절대복종하는 것이
백성들이 가는 길이라 하면, 세상의
어느 지도자도 그와 같이 말하는 자는
없음이니라.
40 너희들이 지도자의 차별화된 그 격을
두고자 한다면,
41 너희들이 모든 것을 그와 같이 재물
을 거둬들이며 인간 지도자들이 즐기
는 향락이요, 그들이 갈구하는 목적에
의하여 가르치는 그와 같은 종교 지도
자요, 가르치는 자가 된다면 얼마나
부끄럽고 추한 짓인가를 너희들이 스
스로 알아야 할 것이며,

42 종교 지도자는 인간의 지도자가 가르
치며 하는 그 생각을 단 한 가지라도
갖고 만백성을 인도하는 길로 간다면
그는 지도자의 자격이 없으며 지도자
가 아님을 여기서 알라.
43 그 누구도 갈 수 없는 길이요, 행할 수
없는 길을 넘어서 가는 것이 종교 지
도자니,
44 저 자신이 거울로 비추어 봐 부끄러
움이 없으며 많은 백성들이 유리로
비추어 보았을 때 정녕 한 점의 부끄
러움이 없는 삶을 사는 것이 종교 지
도자가 가야 할 길임을 너는 알며,
45 너의 제자들에게 가르쳐 그 길을 가도
록 그리하라, 사랑하는 나의 아들아!

4,253 번째 하나님 말씀

2002년 12월 19일 12시 05분

1 사랑하는 나의 아들아!
2 자연의 이 아름다움이요, 눈이 오면
눈에 대해 그 눈 속에 굴복하게 되어
있으며 비가 오면 그 비에 대한 대책
을 세워야 하는 것이 너희들이니라.
3 내가 너희들에게 말하기를, 아무리 인
간이 똑똑하며 유능하며, 나 여호와
요, 신과 같은 자세를 갖고자 하는 자,
그리고 죽지 아니하고 영원히 사는 불
로장생의 약을 구하고자 하는 자,
4 그와 같은 생각을 가지고 사는 그 모
두가 인간의 한 시대를 다스릴 수는
있으나 그 자연에 대한 것은 다스릴
수 없다 하였음이니,
5 그 모두를 다스리고 이끄는 것은 나
여호와의 주관하에 이루어지는 것이
며,
6 오로지 그러하기에 창조주는 나 하나
며, 또 너희들에게 절대적인 자는 나
여호와 창조주임을 알아야 할 것이니
라.
7 태양의 빛이 따스히 내리쬘 때 너희
들이 그 따뜻함을 알며,
8 아무리 추운 계절이라 해도 내가 태
양의 빛을 발산할 때 너희들은 더움
을 알며 따뜻함을 아느니라.
9 아무리 따뜻한 계절이라 하여도 찬바
람이 불면 너희들이 추위를 느끼게 되
는 것이니,
10 이 모두를 너희들이 인간의 힘으로 과
연 할 수 있다 생각하는가?
11 청명한 날씨요, 구름이 낀 날씨요, 그
모두의 천지조화는 너희들 인간의 능
력으로써 이룰 수 없는 것이니라.
12 그 모두는 나 여호와가 이루며 나의
주관하에 이루어지거늘,
13 너희들이 어찌하여 나를 믿고 나를 경
배한다는 그 마음이 너희들 인간의
신앙이요, 너희들의 이해관계요, 너희
들의 육의 편안한 생활의 그 모두에
초점을 맞추며 믿음의 길을 가는가?
14 그와 같은 형국이기에 너희들이 정녕
진정한 깨달음을 얻지 못한다 하였음
이니라.
15 나의 아들 예수 자체의 믿음을 따르
며 나의 아들 예수 자체를 믿음으로
신봉하는 것이 아니라,
16 너희들 자신이 예수가 행하고자 했던,
예수가 이루고자 했던 그 역사요, 믿
음의 길을 간 그 길 자체를 깨우쳐 그
뜻을 따르라 하였거늘,

17 너희들은 그와 같은 이치를 모르고 그
리 가고 있음이니라.
18 그러하니 너희들이 과연 나의 뜻이요,
내가 원하는 길을 갈 수 있다 생각하
는가?
19 그러기에 너희들의 믿음 자체를 다시
한 번 반성해 보며 다시 생각해 보며
그리고 너희들이 다시 두드려 봐야 된
다는 것을 내가 강조함이니, 이를 잊
지 말라.
20 너희들이 모두를 다 지배하는 것같이
하나, 쏟아지는 눈을 막을 수 없으며
하늘에서 내리는 비를 막을 수 없으며
불어오는 그 바람을 또한 너희들이
막을 수 없는 것이니,
21 너희들의 능력의 한계가 어떠한 것인
가를 너희 스스로 돌이켜 보도록 그리
해야 할 것이며,
22 너희들이 스스로 너희 자신을 평가하
며, 너희 자신이 낮은 자세로써, 겸손
한 마음의 자세로써 세상사 이치를
깨우쳐 가는 자, 하늘의 뜻을 그나마
볼 수 있을 것이며,
23 그렇지 아니하고 오만한 자, 방자한
자, 정녕 그 뜻을 알 수 없음을 너희는
알아야 할 것이니라.

4,254 번째 하나님 말씀

2002년 12월 20일 06시 28분

1 사랑하는 나의 아들아!
2 "네, 아버님! 말씀하옵소서."
3 이 동양의 작은 나라가 나로부터 선택
된 축복의 나라며, 이곳에 존재하는
나의 백성이 또한 나로부터 축복된 은
혜를 받은 백성이라 내가 말하였으니,
4 너희들만이 가지고 있는 특성이요, 너
희들만이 가지고 있는 기질이 있음이
니라.
5 너희들이 이제는 종교 개혁이라는 거
기에 높이 횃불을 들 백성이며,
6 너희들의 다음의 목표는 나의 법전이
정녕 하늘에서 나 창조주가 만백성을
구하기 위한 법전이라 하는 것을 이제
너희들이 서서히 깨닫기 시작해야 할
것이며,
7 그와 같이 깨닫는 자 있을 때 그 불이
붙어 일어나는 것은 누구도 감당할
수 없는 그와 같은 변화의 바람이 불
것이니라.
8 그와 같은 혁신과 바람이 부는 것은
지금 동양의 작은 나라, 선택된 나의
백성들만이 할 수 있는 것이며, 그 누
구도 그리할 수가 없음이니라.
9 종교의 대혁명이요, 개혁을 이루는 것
이요, 믿음이요, 신앙이라는 것을 다
새로운 개혁의 바람으로써 덮어 나가
며 정립할 수 있는 것은 오로지 너희
들 민족이 가지고 있는 특성이요, 생
각이요, 불과 같은 염원이니라.
10 한번 하고자 하면 물불을 가리지 아니
하며, 하고자 하면 이루어 내고 마는
것이 너희들 동양의 백성이요, 나로부
터 선택된 백성들이니라.
11 그리하여 미리 준비된 나라가 동양의
이 작은 나라며 선택된 백성이 바로
너희들이니,
12 나의 법전을 높이 들어 횃불을 밝히
는 것도 너희들이 아니면 그 누구도
할 수 없는 것이니라.

13 서서히 가는 백성, 재고 따지는 백성,
그와 같은 천 가지 만 가지 생각을 가
진 만백성 중에서, 너희들만이 할 수
있다 하면 할 수 있는 백성이라는 것
을 너희들이 이제 알 때가 되었음이니
그리 알라.

4,255 번째 하나님 말씀

2002년 12월 20일 06시 35분

1 사랑하는 나의 아들아!
2 "네, 아버님! 말씀하옵소서."
3 오를 수 없는 빙산을 오르라 했을 때,
네가 그 빙산을 오르고자 한다면, 네
가 그 빙산을 오르고자 최선을 다했을
때, 내가 그 빙산을 녹여서라도 네가
할 수 있도록 그 역사를 이룬다 하였
음이니,
4 너는 내가 너에게 내린 작은 명령이
요, 작은 깨달음도 그대로 행하라 하
였음이니라.
5 네가 생각해서 그를 행하지 아니하면
그것이 네 생각이며, 창조주 나 여호
와의 뜻을 따르지 아니함이니, 거기서
이루어지는 그 파장을 감내할 수 없
다 하였음이니라.
6 내가 너에게 사람을 불러 쓰라 하였
으면 그를 쓸 것이며, 그에게 명하라
했으면 그리 명하면 되는 것이니라.
7 그 모든 것을 네가 생각해서, 이는 할
수 없는 일이라 또는 할 수 있는 일이
라 생각한다면, 그것은 네 생각이지
나의 뜻이 아니니라.
8 모든 종교 지도자들이 저희들이 무엇
을 이루어 달라, 그리고 행해 달라 기
도하면 다 이룰 수 있다는 것과 바로
무엇이 다르던가?
9 그들은 저희들의 머릿속에서 저희들
의 환상이요, 저희들의 착각 속에서
부르짖고 있음이니,
10 네가 네 머리로 생각하여 해서는 안
될 일과 할 일을 구분한다 하면, 그 모
두는 다 네가 이룰 수 없는 무서운 결
과를 가져온다 내가 말하였거늘,
11 사람을 불러 쓰라 명하였으면 그를
불러 쓰라 하였으니, 와서 임무를 주
도록 네가 명하면 되는 것이니라.
12 하고 안 하는 것은 그의 뜻이며, 그 후
에 이루어지는 역사는 네가 책임질 일
이 아니나,
13 네가 지금 내가 명하는 작은 일들이
요, 큰 일들을 네 머리로 생각하며 너
의 제자들의 생각으로써 행하고 행하
지 아니하면 이는 안 됨이니라.
14 큰 기계를 움직이는 것도 작은 부속
하나가 제자리를 지키지 못할 때 그를
움직일 수 없듯이,
15 작은 나의 뜻을 네가 그대로 충실히
수행하지 아니하고 따르지 아니할 때,
순종하지 아니할 때, 거기서 이루어지
는 파장은 감내할 수 없음이니,
16 작은 하나의 핀으로 인하여 큰 기계가
움직이지 못하는 그와 같은 역사의 결
과가 나옴을 알아야 할 것이니,
17 너는 그와 같이 해서는 아니 될 것이
니라.
18 오로지 나의 법전이 세상에 나가 만백
성을 구하는 것도 나의 주관하에 이루
어질 수 있는 역사며, 이가 만백성을
구하는 역사를 이루지 못하는 것도 또

한 나의 뜻임이니,
19 그 모두를 너는 나의 명에 따라 움직
이면 되는 것이니라.
20 너는 죽은 자라 내가 말하였으며, 너
는 너 자신이 아니요, 내가 너를 쓰기
위하여, 내 뜻을 이루기 위하여 내가
너를 이리 선택했다 하였음이니,
21 너는 그저 보낸 나 여호와의 뜻에 따
라 움직이면 된다는 것을 잊어서는 아
니 될 것이니라.
22 그와 같이 네가 따르지 아니하며 그와
같이 행하지 아니할 때 나의 법전이
세상의 만백성을 구하는 역사가 이루
어질 수 없으며,
23 그 많은 파장이 이루어짐을 너는 알아
야 할 것이니,
24 이를 엄히 지켜 행하는 자세로써 모두
를 임하여 가도록 그리함을 굳건히 너
자신이 고치라.
25 모두는 네 의사가 아니며 네 뜻이 아
님을 알아야 할 것이니라.
26 그리고 세월이 지난 다음에 그 결과의
답이 올 것이며, 거기에는 항상 정답
이니라.
27 나 여호와가 내리는 것이 가장 정답이
거늘, 그를 따르지 아니한다면 너희들
은 오답을 갖고 정답이라 말하는 자와
같으니,
28 너의 제자들 또한 네가 명한 것을 철
저히 따르고 지킬 때 거기에 너희들이
왈가왈부의 답이 있어서는 아니 됨을
깊이 깨우쳐 주어야 할 것이니라.
29 모두는 다 내가 생각이 있으며, 내 주
관하에 돌아가는 것이며, 내 뜻에 의
하여 움직여짐을 너희들은 잊어서는
아니 됨이니 그리 알라.

4,256 번째 하나님 말씀

2002년 12월 20일 06시 41분

1 사랑하는 나의 아들아!
2 "네, 아버님! 말씀하옵소서."
3 네가 나로부터 선택된 아들이요, 만백
성을 구하는 목자로서 세상에 나간
것은, 만백성이 너를 믿고 안 믿는 것
은 너의 행동에 따라 행해짐이라 내가
말하였음이니라.
4 그리하여 내가 일찍이 너에게 뭐라 말
하였느냐?
5 동정을 지키는 나의 아들로서 네가
살다 나에게 오라 하였음이니,
6 너는 만인을 똑같이 대중적으로 사랑
하며 아끼라 하였음이니,
7 네 마음속에 차별이 있어서는 아니
되는 것이니라.
8 너에게 동정을 지키라 내가 명한 것
은, 네가 동정을 지키지 아니하며 여
인을 가슴속에 둔다 하면 너는 만인을
똑같이 평등히 사랑할 수 없는 자가
되기 때문이니라.
9 나 여호와의 이 깊은 뜻을 너는 과연
알겠는가?
10 "아버님! 저는 정녕 그 깊은 뜻을 알
지 못하였으며, 그와 같은 생각을 하
지도 못하였으며, 그와 같은 것을 깨
닫지도 못하였사옵나이다.
11 이 죄인을 엄히 다스려 주시옵소서."
12 내가 너에게 일절 거짓을 하지 말라
하였으며 동정을 지키라 하였음은,
13 네가 동정을 지키지 아니하며 한 여

인을 은애하고 한 여인을 사랑한다
하면,
14 은애하는 마음속에서 네가 공정히 만
백성을 사랑할 수 없으며 네 마음이
흔들림이니, 네 마음이 치우침이니라.
15 그리하여 어찌 세상의 만백성을 구하
며, 똑같은 마음으로써 똑같이 백성을
사랑하며 가야 할 네가 자리를 지킬
수 있다 생각하는가?
16 이제 네가 바로 가고 바로 서 있기에
내가 너에게 말함이니,
17 바로 이 뜻이 또한 여기 있음을 깨우
쳐 그리 행하도록 해야 할 것이니라.
18 네가 한 여인을 은애하며 한 사람을
은애하며 네가 동정을 지키지 못하는
그와 같은 삶을 살 때,
19 네 마음이 곧고 바르게 갈 수 없으며
네가 공평한 마음의 자세로써 세상을
바라볼 수도 없으니,
20 그게 얼마나 무서운 결과를 초래하는
지 알겠는가?
21 내가 너에게 말하여 깨우쳐 주지 아니
하였더냐?
22 하나의 꽃을 선물하는 것을 하지 말라
하였음이니라.
23 여인에게 꽃을 선물하는 것은 그 여인
의 아름다움을 감춘다 하였음이니,
24 너희들이 그 여인을 사랑하며 은애하
며 그를 소중히 생각하고 바라보는 그
마음이, 꽃보다도 더 깊고 아름다운
것이 너희들의 마음이요, 그와 같은
마음으로 바라보는 것이 사랑하는 사
람을 보는 마음의 자세라 내가 그리
너에게 깨우쳐 주었듯이,
25 바로 내가 동정을 지키라는 그 깊은
뜻이 여기에 있음이니,
26 그와 같이 네가 철저하며 완벽한 자세
로 서라 함이니, 그 뜻을 이제 깨우쳐
네가 네 것으로 만들어야 할 것이니라.
27 작은 하나에 네 마음이 공정하지 못
하며 네 마음이 바로 서지 못하면, 네
마음에 편파적인 생각을 갖게 된다
하면, 너는 나의 아들로서 만백성을
구하는 목자로서 자격이 없음이니,
28 거짓 하지 말라 가르쳤으며 동정을 바
쳐 오는 마음이라 하였음이니,
29 네가 정을 주고 안 주는 그 마음의 자
세가 사람에 따라 다르다면 한두 사람
을 네가 은애하고 사랑하는 그 마음으
로써 만백성을 볼 수 없기 때문이니라.
30 그리하여 네가 사랑하는 사람들을 볼
수 없으며 모두를 사랑해야 하는 네
마음에 너 자신의 걸림돌이 되기 때
문에 내가 너에게 그리 명하였으니,
31 네가 이 깊은 뜻을 알아 깨우쳐야 할
것이니 그리 알도록 하라, 나의 사랑
하는 아들아!

4,257 번째 하나님 말씀

2002년 12월 20일 06시 49분

1 사랑하는 나의 아들아!
2 "네, 아버님! 말씀하옵소서."
3 너희들이 나의 법전을 읽고 깨우쳐 공
부하며 나의 성령을 들어 깨우치는 그
변화의 삶 속에서 너희들이 가장 고통
스럽고 인내하기 힘든 것이 무엇인 줄
알겠는가?
4 너희들이 하얀 마음으로 변하며 너희
들의 깨우침이 높으면 높을수록 너희

들이 알게 모르게 살아온 지난날의
과거에 너희들의 가슴에 안고 있는
죄목 하나하나의 그 아픔은 이루 말
할 수 없을 것이니라.
5 그리하여 알든 모르든 지은 죄를 너
희들이 갚을 길이 없으며 그를 면죄
받을 길이 없으므로 너희들이 얼마나
고통스럽고 괴로운 삶을 살겠는가?
6 지난날의 잘못 살아온 그 죄에 대한
것 때문에 너희들이 그와 같이 마음의
괴로움이요, 고통을 받는 것이니라.
7 그러나 너희들은 여기서 하나 더 깨
우쳐야 할 것이니라.
8 너희들이 나의 법전을 읽고 깨우치며
나의 아들의 강론을 들어 지난날의 잘
못 살아옴과 제대로 살아옴을 구분하
게 되며,
9 잘못 살아온 그 삶 때문에 너희들이
고통스러우며 괴로운 그 마음의 상처
는 너희 자신이 감내하기가 어려울
만큼 후회하며 눈물의 회개 기도를 하
게 되어 있음이니라.
10 그러나 나의 법전을 읽고 깨우쳐 살아
가는 지금의 너희들이 알든 모르든,
작든 크든 죄를 지으며 도덕적으로 부
끄러운 삶을 살아간다면,
11 5년, 10년 후에 너희들이 변하여 만백
성의 지도자로 앞에 섰을 때, 너희들
이 후회하고 반성하며 나 여호와에게
용서받을 수 있는 기도를 드릴 수 없
는 너희들의 아픈 가슴이 얼마나 저려
오는지 알겠는가?
12 그리하여 내가 너희들에게 완벽하라
하였으며, 나의 법전을 읽고 깨우친
후에 너희들이 알면서 죄를 짓지 말
라 하였음이니라.
13 내가 너희들을 바로잡기 위하여 얼마
나 하늘의 천기를 알려 주었던가?
14 하나의 사과를 훔치는 자가 열 개를
갖다 주었을 때 너희들이 면죄를 받
을까 말까 한다 하였음이니,
15 그리하여 너희들이 그만큼 고통의 시
련 속에서 너희 자신이 견딜 수 없는
그와 같은 아픔을 감내해야 하느니라.
16 너희들의 깨달음이 높고 높아졌을 때,
너희들이 나의 법전을 접하며 나의 아
들에게 성령의 가르침을 들으며 내가
존재한다는 것을 알면서 지은 그 죄
는 너희들이 눈물로써 기도를 드려도
그를 용서받지 못하는 아픔을 너희 스
스로 알게 될 것이니,
17 그리하여 너희들에게 완벽한 삶을 살
아가라 나 여호와가 강조하는 것이며,
18 한 점의 부끄러움이 없는 삶을 살라
하는 뜻이 여기에 있음을 너희들은 알
아야 할 것이니라.
19 너희들이 깨닫고 변화가 시작된 후에
너희들이 변하지 못하며 정녕 마음을
비우지 못하여 죄를 짓고 살며 도덕
적으로 부끄러운 삶을 산다 하면,
20 10년, 20년 너희들이 깨우쳐 많은 백
성의 지도자가 되었을 때, 그 죄의 용
서를 받는 기도가 얼마나 아픈 것인가
를 알아야 할 것이니라.
21 무릎 꿇고 앉아 기도하는 너희들의
눈물이 바위를 뚫어야 하는 그와 같
은 고통의 회개와 반성으로써도 너희
들 자신이 너희를 용서 못 하는 그와
같은 아픔을 너희 스스로 겪을 것이니,
22 이를 내가 너희들에게 면제해 주기

위하여, 그와 같은 고통과 시련을 너
희들이 겪지 아니하도록 하기 위하여
내가 완벽한 삶을 살아가도록 그리 강
요하며 바라는 뜻임을 너희들이 깊이
알아야 할 것이니,
23 내가 너희들을 얼마나 사랑하고 소중
히 여기면 오늘의 너희들에게 이와
같이 전하겠는가 그 뜻을 음미하도록
하라.

4,258 번째 하나님 말씀

2002년 12월 20일 06시 55분

1 사랑하는 나의 아들아!
2 "네, 아버님! 말씀하옵소서."
3 만백성 너희들이 말하느니라.
4 나이를 많이 먹었든, 적게 먹었든, 노
후에 백발이 되어 있는 사람이든, 너
희들이 지금 가는 세월을 막을 수 없
으며,
5 나이를 먹으면 먹을수록 너희들이 죽
음에 대한 불안과 공포요, 또한 너희
들이 얼마 남지 않은 인생에 대해서
후회하며, 하루의 날짜가 가는 것을,
젊어서 가는 세월보다 나이가 먹어 너
희들이 노쇠해지면 그 가는 세월이
걷잡을 수 없이 흘러간다 그리 말하며,
6 너희들은 나이 먹고 늙은 것을 후회하
고 반성하느니라.
7 그리고 얼마 남지 않은 그 삶에 대하
여 애착을 가지며 그 삶에 대한 아쉬
움을 가지고 살아가는 것이 너희들이
니라.
8 그러나 나로부터 선택된 백성 너희들
은, 그리고 나의 아들딸 너희들은 이
제 깨우침이 있어야 하느니라.
9 너희들은 지난날 죄를 지으며 잘못
살아온 그 인생을 백 년, 2백 년 살면
무엇을 하겠는가?
10 너희들이 나의 법전을 접하며 나의 아
들을 통하여 내리는 강론을 들으며
너희 마음이 천사와 같이 아름답게 변
해 간다 하면, 너희들이 아름답게 변
하는 삶의 그 남은 인생이 얼마나 소
중하고 귀한 것인가를 알아야 할 것
이니라.
11 죄를 지으며 잘못 살며 너희들이 혼
탁한 세상에서 살아온 그 삶의 아픔에
연연하지 말고 그 세월을 그리워하지
말며, 너희들이 젊고 발랄했던 시절을
생각하며 후회하지 말라.
12 너희들이 잘못 살아온 그 인생을 나이
들어서 지금이라도 깨우쳐 바르고 고
운 길을 살아간다 하면, 너희들이 얼
마 남지 않은 그 인생이 지금까지 살
아온 너희들의 삶보다 더 소중하고
위대하다는 것을 알아야 할 것이니라.
13 그와 같은 이치를 깨닫지 못한다면 너
희들처럼 불행한 사람이 없음을 알아
야 할 것이며, 나의 법전을 읽고 깨우
친 백성 너희들은 그 축복과 영광을
알라.
14 잘못 살아온 50년이요, 60년이요, 그
긴 세월보다 너희들이 몇십 년 남지
않은 그 삶이 아름답고 깨우치며 하
얀 마음과 같이 살아가도록 변화되는
그 세상의 이치를 보는 눈이 뜨인 그
와 같은 새로운 삶을 살아가는 너희들
이 얼마나 앞으로 남은 삶이 소중하
며 그 삶이 얼마나 아름다우며, 그와

같이 선택된 너희들이 얼마나 행복한
자며 은혜와 은총을 받은 자인가를,
그 감사함을 가지고 살며,
15 앞으로 남은 삶에 아름답게 사는 그
길을 위하여 최선을 다하는 그와 같은
삶을 살라.
16 그것보다 더 소중함이 없음을 너희들
은 알아야 할 것이니라.

4,259 번째 하나님 말씀

2002년 12월 20일 11시 10분

1 사랑하는 나의 아들아!
2 "네, 아버님! 말씀하옵소서."
3 내가 세상에 너희들이 취하여 먹고살
수 있도록 아름답고 좋은 세상의 그
모두를 다 주었음이니,
4 그를 먹고 취하는 너희들이 아름다운
말과 아름다운 생각을 너희들 자신의
마음에서 길러 내야 한다 하였으나,
5 너희들은 험악한 말, 써서는 안 되는
말, 그와 같은 해서는 안 되는 사악한
행동이요, 사악한 말들을 부끄러움 없
이 죄의식을 느끼지 못하면서 행하고
살아가는 백성들이 과연 열 명 중에
몇 명이 있다 생각하는가?
6 너희들은 열 명 중에 여덟 명이요, 아
홉 명의 마음이 그와 같이 변해져 있
으니,
7 한 명이 그대로 마음의 자세를 지킬까
말까 하는 것이 너희들의 마음 자세
이니라.
8 그렇다면 수천 년 동안 지금 너희들이
믿음의 길이요, 하늘에 오르는 길을,
내가 내려 준 성경의 뜻을 모르며 내
가 이루고자 하는 그 뜻을 모르고 나
의 뜻을 거역하며 나의 뜻과는 관계없
는 길로 가는 그와 같은 것을 수없이
들어 온 나의 백성들의 그 마음의 자
세는 어떠하겠는가?
9 너희들은 여기서 그들의 마음을 생각
해 봐야 할 것이니라.
10 아름다운 세상의 그 자연을 나로부터
얻어 취하며 살아가는 너희들이 험악
한 마음을 가지고 살아가는 것이 지금
열 명 중에 여덟 명이요, 아홉 명이라
하면,
11 평생 잘못된 가르침을 들으며 나로부
터 관계없는 소리를 들으며 나와는 아
무런 관계도 없는 것이 나에게 오르는
길이라 하여 우리 부자의 이름을 파는
그들의 마음은 어떠하겠느냐?
12 좋은 것을 취하고 사는 너희들에게 나
오는 말이요, 너희들의 생각은 열 명
중 여덟 명이요, 아홉 명이 아름다운
말을 하지 아니하며, 잘못된 생각을
하고 그와 같이 살아간다 하니,
13 수없이 믿음의 길이요, 하늘에 오르는
길을 너희들이 참진리가 아니요, 나와
는 관계없는 그 소리를 듣고 들어 세
뇌 교육된 백성들이 생각하는 것은
무엇이더냐?
14 그러니 너희들은 형제를 모르며 이웃
을 모르며 서로 사랑함을 모르며 나눔
을 모르며,
15 너희들과 뜻이 같지 아니한 자, 너희
들과 생각이 같지 아니한 자를 적대
시하며 살아가는 것이 너희들의 마음
속에 지금 굳건히 굳어져 있으니,
16 그 마음 하나를 녹일 수가 없는 것이

니라.
17 그리하여 그들이 나와는 관계없는 백
성들이요, 나와는 아무런 인연이 없는
백성들이요, 내가 그들을 버림이 아니
라 스스로 그들이 나를 버리는 그와
같은 형국이 되어 있음을 너희들은 알
아야 할 것이니라.
18 이제 내가 나의 아들을 통하여 법전을
세상에 내려보내 너희들을 구원할 자
와 버릴 자를 심판하고 있음이니,
19 이는 너희들이 내가 사랑하는 나의
아들딸을 버렸다 생각하나 그렇지 아
니하느니라.
20 내가 구원할 자, 구원하지 아니할 자
를 선택하지 아니하는 것은, 너희들
개개인이 스스로 나를 등지며 나를 버
린 것이 너희들이 나에게서 떠남이며,
내가 너희들을 버림이 아님을 너희들
은 알아야 할 것이니라.
21 그러니 나의 법전이요, 나의 성령을
듣는 너의 제자들은 얼마나 아름답고
고운 뜻을 들으며 얼마나 너희들의
마음을 씻어 내는 훈련을 받고 있는가?
22 그와 같이 훈련을 받는 너희들과 그와
같지 못한 반대의 길에서 가는 백성
들과의 그 차별화가 얼마나 무서운 것
인가를 지금은 너희들이 모르나,
23 그 세월이 천 년에 걸쳐 흘렀을 때, 너
희들의 그 후손과 지금의 사악한 백
성이요, 잘못된 것만을 옳다 고집하며
아집으로 가는 그 백성, 사랑이라는
것은 말로만 하고 타협하며 실천할
줄 모르는 그들과의 그 역사의 변천이
천 년에 걸쳐서 이루어지는 것임을 너
희들은 알아야 할 것이니라.
24 너희들은 곱고 아름다우며 선함을 행
하는 것이요, 너희들이 십계명을 지키
고 살자는 것은 나의 뜻이요, 나를 거
역함이 아니요,
25 내가 내린 나의 법전을 믿고 깨우치는
너희들은 너희 자신도 모르게 악에
고개를 흔들게 되며 선을 받아들이며
그와 같이 듣고 또 들음으로써 너희들
이 변함이니,
26 그리하여 나의 성령이요, 내가 가르치
는 나의 법전을 읽고 또 읽어 너희 것
으로 만들라 함이니,
27 그곳에서 너희들의 사악한 마음을 씻
어 내게 되며 너희들의 잘못된 마음을
바로잡아 깨우쳐 가는 그와 같은 삶을
살게 되어 있느니라.
28 이제 너의 제자들에게 네가 전하여 주
라.
29 너희들이 지금까지 살아왔던 방법이
요, 그 수법으로써 살다 나에게 와 심
판을 받을 때, 얼마나 처참하며 비참
하며, 너희 자신이 어찌할 바를 모르
는 그와 같은 삶을 살아온 것이 아니
던가?
30 그러한 너희들이 나의 법전을 보고 접
하며 나의 아들을 통하여 성령을 들으
며 너희들의 마음을, 하나하나 보이지
않는 그 마음의 죄를 씻어 내고 있음
이니,
31 너희들이 얼마나 아름다운 길로 가고
있는가?
32 그 하나의 변화가 너희들이 세상의
어떠한 것과도 바꿀 수 없는 그와 같
은 가장 소중하고 위대한 것임을, 그
이치를 너의 제자들에게 일깨워 주라.

33 너희들이 잘못 살아온 삶을 그대로 살다 죽음이라 하여 내 앞에 와 심판을 받았을 때, 너희들이 돌아갈 수도 없으며 되돌릴 수도 없으며 용서를 빌 수도 없으며 용서를 받을 수도 없을 때 너희들이 치러야 하는 죄가 얼마나 무서운가?
34 그것을 너희들이 하나하나 씻어 나가며 새로 태어나는 생명으로서 하얀 마음으로 살아가는 길을 알며 그 방법을 아는 것으로써 너희들의 모두를 다 바쳐도 아까움이 없을 것이니라.
35 너희들이 생명의 은혜를 받은 자, 신세 진 자에게 은혜를 갚고자 할 때 뭐라 하느냐?
36 너희들의 그 소중한 머리카락을 잘라 그의 짚신을 삼아 줘도, 그의 신발창에 깔아 줘도 부족함이 없다 그리 말하는 것이 너희들의 세상이니,
37 영원히 사는 너희들의 생명의 구원의 길을 받는 나의 법전이요, 나의 아들을 통하여 내리는 강론을 듣는 너희들이 과연 머리카락을 잘라서 신발창에 깔아 주는 그와 같은 마음으로써 나를 경배하고 따름으로써 너희들이 다했다 생각하는가?
38 너희들은 아님을 알라.
39 그보다 열배 백배 천배 너희들이 마음의 자세를 다스리며 감사하며 은혜에 보답할 수 있는 마음을 갖고 살아가야 할 것이니라.
40 내가 너희들에게 갚으라 함은 너희들이 가지고 있는 물질을 바치라 함이 아니니라.
41 지금의 모든 종파들이 가고 있는 것처럼 재물을 많이 하늘에 쌓으면 은혜를 받으며 재물을 많이 쌓아 놓은 자가 구원받으니 재물을 바치라는 것이 아니니라.
42 너희들이 마음 하나 변하면 될 것이라, 마음 하나 다스려 달라 나 여호와가 그리 부르짖으니,
43 그것 하나 못 들어주고 못 따라온다면 너희들이 어찌 감히 고개를 들고 나 여호와 앞에 와 아버지라 부를 수 있으며, '이 딸이 왔습니다, 아들이 왔습니다.' 할 수 있겠는가?
44 그와 같은 기회가 정녕 없음을 알라.
45 너희들이 잘못 살다 죽어 왔을 때는 오로지 심판만이 있으나,
46 너희들이 깨우쳐 나에게 왔을 때는 나를 볼 수 있으며 나를 어버이라 부를 수 있는 그 영광이 있음을 너희들은 잊어서는 아니 될 것이니, 나 여호와의 이 간절한 마음의 뜻을 알라.
47 나의 사랑하는 예수가 십자가에 못 박혀 죽어 가는 그 형국을 바라보는 아픔보다도 지금 너희들이 잘못 가고 있는 것을 바라보는 나 여호와의 아픔이 얼마나 더 아픈지 알겠는가?
48 내가 너희들을 벌하고자 하는 그 손을 멈추고 있으며 그 마음을 멈추고 있음이니라.
49 예수의 죽음은 역사가 지나갔음이니, 이미 지나간 과거사가 되지 않았더냐?
50 앞으로 너희들이 변하는 것이 더 소중함이니,
51 나의 아들딸 너희들 하나가 변하는 것을 세상에 내가 만든 그 무엇과도 바꾸지 못하는 아비의 마음을 어찌 그리

도 모르는가?
52 내가 너희들을 정녕 손을 놓아야 하며, 내가 분노하는 만큼 너희들을 벌하는 그와 같은 무서운 재앙을 과연 내리기를 바라는가?
53 그 모두를 막고 다스릴 것은 너희들임을 잊어서는 아니 될 것이니라.

4,260 번째 하나님 말씀

2002년 12월 20일 11시 16분

1 사랑하는 나의 아들아!
2 너희들의 구원의 삶이란 무엇이라 말하였는가?
3 그리고 육의 삶은 과연 무엇인가?
4 너희들은 육 속에서 죄를 짓지 아니하고 살 수 없다 말하며,
5 수단과 방법을 가리지 아니하고 사는 것이 너희들의 삶의 목적이며,
6 남으로부터 뒤지지 않는 삶을 살기 위해서는 너희들은 모두를 다 동원하여 그와 같이 얻고 남에게 뒤지지 않는 삶을 살고자 하는 것이 육의 삶이라 그리 생각하느니라.
7 그러나 너희들은 여기서 엄연히 알아야 할 것이니라.
8 너희들이 노력하며 거래하고 사는 그 모두는 내가 불로써 직접 써 내려 너희들을 다스리고자 하며 너희들의 영혼의 양식인 십계명의 그 틀 속에서 노력하며 얻고 귀하게 살라 하는 것이 나의 뜻임이니라.
9 너희들이 살아가는 그 방법이 내가 내린 십계명의 그 틀을 벗어나서 어떠한 것을 취하고 얻는다 하면 그는 곧 너희들의 욕심이요,
10 너희들이 스스로 죄를 짓는 그와 같은 결과가 된다는 것을 알아야 할 것이니라.
11 어떠한 생활의 방법이든 어떠한 형태든 너희들은 살아가는 그 속에서 내가 내린 십계명의 그 틀을 벗어나서 어떠한 것을 취하고자 해서도 아니 되며,
12 거기에 위배된 삶은 잘못된 삶이라는 것을 너희 제자들은 알아야 할 것이며, 나의 법전을 읽고 깨우친 만백성은 이를 알아야 할 것이니라.
13 어떠한 형태든 너희들이 십계명이라는 그 틀을 벗어나서 무엇을 얻고자 하여 얻었을 때, 그는 너희들의 욕심임을 알아야 할 것이니라.
14 이를 명심하여 살아가는 백성으로 너희들이 다시 태어나는 그와 같은 영광을 얻으라 그리 말하라.
15 그리고 그들에게 그리 전하여 줌을 잊지 말라.
16 내가 너희들에게 내린 작은 것 하나도 실천하지 못하는 것이 너희들이니,
17 내가 너희들에게 간단한 이치를 깨우쳐 무어라 말하였느냐?
18 큰 죄를 짓고 있는 자가 작은 죄 지은 자를 탓할 수 없으며 그를 말할 수 없다 하였음이니라.
19 이것이 바로 너희들이 모르고 가는 삶이니라.
20 수많은 죄를 지으며 수많은 악행을 하는 자가 저보다 선하게 가는 자를 깨우치고자 하며 가르치고자 하며 다스리고자 하는 것이 지금의 세상에 너희들이 살아가는 형국이며,

21 하물며 더 많은 죄를 짓고 더 악행을
하는 자가 착하게 살아가는 자를 하
늘에 오르는 길로 인도한다 하여, 저
희들이 그를 위하며 기도하며 복을
빌어 주는 웃지 못할 형국을 하고 있
는 것이 너희들이라 하였음이니,
22 이와 같은 이치 하나를 깨우쳐 바로
세상살이에 살아가는 것을 볼 때, 너
희들은 내가 하늘에서 불로써 직접 내
린 그 십계명이 얼마나 소중한 가르침
인가를 알아야 할 것이니,
23 그 틀을 벗어나서 무엇을 취하고 얻는
것은 너희들의 욕심의 발로에서 이루
어진다는 것을 명심하여 깨우쳐 주도
록 그리하라, 사랑하는 나의 아들아!

4,261 번째 하나님 말씀

2002년 12월 20일 16시 40분

1 사랑하는 나의 아들아!
2 "네, 아버님! 말씀하옵소서."
3 동양의 작은 민족 너희들이 살아가면
서 하는 말이 있느니라.
4 장구를 치며 북을 치며 꽹과리를 치
며 혼자 세 가지의 악기를 다 두드린
다는 말이 있음이니,
5 이는 제가 혼자 다 설치며 제가 다 하
는 행위를 그와 같이 비유하여 말함
이니라.
6 지금 너희들이 가고 있는 믿음의 형국
이요, 지도자의 그 형태가 바로 무엇
인 줄 알겠는가?
7 그야말로 장구 치며 북을 치며 꽹과리
를 치는 그와 같은 형국으로써 지금
나의 피조물 만백성을 구원의 길이요,
하늘에 인도한다 그리 가고 있는 형상
임을 너희들이 알아야 할 것이니라.
8 그들은 위로는 작은 신이 되고자 하며
내 자리를 차지하는 것 같은, 나를 밀
어내고자 하는 그와 같은 행위를 하고
있음이니라.
9 같은 백성인 너희들은 저희들이 죄를
짓는 것을 탓하지 못하며 저희들을 심
판하지 못하며,
10 오로지 저희들을 잘 받들고 잘 섬기는
것이 낳아 준 부모에게 하는 것보다도
더 지극정성으로 효성스럽게 해야 하
며, 그리고 나 여호와보다도 더 위대
한 대우를 받고자 하는 것이 그들이
니,
11 위로는 신이 되고자 하여 저희들이 그
리 울부짖으며, 아래로는 나의 피조물
만백성에게 군림하여, 너희들이 피나
게 노력하여 내가 너희들에게 먹고살
수 있도록 내린 재물이요, 시간과 그
모두를 저희들이 거둬들이는 데 혈안
이 되어 있으며,
12 나의 사랑하는 백성들 앞에 군림하여
너희들을 종과 같이 부리는 자가 그
들이며,
13 너희들의 재산을 긁어모으는 데 혈안
이 되어 있는 자들이니라.
14 그리하여 저희들이 우리 부자의 이름
을 팔아 만백성을 구하는 그 길을 가
르친다 함이니, 그게 바로 무엇이더냐?
15 저희들은 우리 부자의 이름을 팔아 만
백성을 속이는 자가 되어 있으며 사기
치는 자가 되어 있음이니,
16 그들보다 더 사악한 자요, 사악한 악
마가 없음을 알아야 할 것이니라.

17 그들이 오늘과 같이 잘못 이끌어 오
고 잘못 지도해 왔기 때문에 오늘의
너희들이 도적이 들끓는 세상이요,
종말이요, 말세요, 사악한 자들이 세
상을 지배한다 그리 말하니,
18 그들보다 더 큰 집단이 어디 있으며
그들보다 물질적으로 더 준비된 조직
이 어디 있으며 그들보다 더 일사불
란하게 움직이는 조직이 과연 어디
있는가?
19 그리고 저희들과 뜻이 다르다 하여
생명을 바쳐 지키려 하며, 다른 자들
의 생명까지도 사람의 생명처럼 생각
하지 아니하며 그저 짐승의 목숨처럼
생각해 그를 제거하려 하며,
20 이 세상의 모두는 나의 뜻에 의해 이
루어지며 주관된다 하면서 내가 나의
백성을 깨우치고자 내려보내는 이 법
전까지도 저희들이 태워 버리고 찢어
버리며 존재치 못하도록 하고자 함이
니,
21 그 얼마나 그들이 사악한 존재인가?
22 가장 사악한 존재가 지금 잘못 가고
있는 종교 지도자라 하여 가르치는
자들이요,
23 나의 피조물 만백성에게 제왕보다 더
높이 군림하여 너희들을 종과 같이
부리며 너희들의 재물을 저희들이 수
시로 필요할 때마다 거둬들이니,
24 그게 감언이설로써 나의 백성들의 재
물을 갈취하는 것이니라.
25 하나는 저희들이 나의 자리를 밀어내
고자 하며 나의 자리를 차지하고자
하며, 나를 밀어내고자 하는 저희들이
신과 같은 행위로써 나의 피조물 만백
성을 이끌어 감이니,
26 지금의 종교 지도자요, 그 종파들의
잘못된 행위가 장구 치고 북 치며 꽹
과리 치는 이와 같은 행위를 하고 있
는 것이니,
27 그를 따라서 하늘에 오르는 길이요,
그들의 설교요, 강론을 듣고 구원을
받는다 생각하는 백성, 너희들은 영원
히 지옥으로 가는 것이며 하늘에 천국
의 문의 그림자도 보지 못하는 그와
같은 심판을 받게 됨을 잊어서는 아니
될 것이니라.

4,262 번째 하나님 말씀

2002년 12월 20일 16시 44분

1 사랑하는 나의 아들아!
2 "네, 아버님! 말씀하옵소서."
3 너를 따르는 제자들과 나의 법전을 읽
고 깨우친 백성 너희들은 나의 법전을
세상에 전하여 만백성을 한 사람이라
도 구원하는 그 일에 최선을 다해야
될 것이며, 너희 모두를 다 태워야 함
을 알아야 할 것이니라.
4 이 세상의 변화의 역사가 시작됨이니,
너희들이 그때가 언제일 것이며 또한
이 변화가 언제 이루어질 것이며 어떠
한 형국으로 이루어질 것인가 그와 같
은 상상 속에 빠져 있어서는 아니 될
것이니라.
5 지금의 새로운 시대를 열기 위하여 세
상은 역사의 변화가 시작되었으며 심
판의 역사가 시작되었음이니,
6 너희들은 다만 그와 같은 형상이 언
제 이루어질 것인가 상상하며 그것을

생각하며 그곳에 빠져 있는 너희들이
되어서는 아니 될 것이니라.
7 너희들은 미래에 이루어지는 그 역사
에 상상의 날개를 펼 것도 없으며, 너
희들의 머리로 계산하여 생각할 것도
없으며,
8 무서운 재앙이 올 것이라는 생각도 하
지 말 것이며, 크나큰 은혜와 영광의
축복이 너희들에게 내려질 것이라는
그와 같은 상상의 날개도 다 접어 두
고,
9 오로지 나의 법전을 전하는 데 최선을
다해야 될 것이니 그리 알라.
10 그리 너희들이 최선을 다할 때 나 여
호와가 너희들을 기억하게 되며,
11 내가 너희들을 버리지 아니하며, 너희
들이 나의 천국에 올라와 내가 너희들
과 더불어 존재한다는 것을 잊어서는
아니 될 것이니라.
12 너희들은 지금 생각하기를, 내가 사랑
하는 백성, 나의 피조물 너희들을 내
가 버렸으며 던져 버렸으며 손을 놓았
다 생각하나, 그는 너희들이 잘못됨이
라 내가 깨우쳐 주었음이니라.
13 너희들 스스로 나로부터 떨어져 나갔
으며 나에게 등을 돌린 그와 같은 형
국이 되어 있는 것을 알아야 할 것이
니라.
14 그리하여 너희들은 오로지 부와 영광
을 위하여, 육의 행복을 위하여 나의
아들 예수요, 나의 이름을 그저 팔아
살아가는 그와 같은 형국에 치우쳐 있
음이니,
15 여기는 진리가 없으며, 참깨달음이 없
으며, 하늘에 오르는 길이 아님을 너
희들은 알아야 할 것이니라.
16 지금의 모든 종교 지도자들이 법전을
읽고 깨우치는 자, 그들은 그래도 구
원을 받을 수 있을 것이며,
17 저희들이 정녕 회개하고 나의 피조물
만백성을 구하는 데 나의 법전을 들고
앞에서 뛰어나갈 때 그들은 구원의 길
을 볼 수 있을 것이며,
18 그리고 그들 앞에서 구원을 받겠다고
지금 믿음의 길을 가고 울부짖고 광
란의 짓을 따라 하는 그 백성 또한 너
희들이 그와 같이 나의 법전을 들고
뛰쳐나오는 용기가 없을 때, 너희들은
구원을 받을 수 없음을 알아야 할 것
이니라.
19 지금 내가 나의 아들을 통하여 나의
가슴을 태워 나의 성령을 마지막으로
너희들을 구원하기 위해 내려보낸다
하였음이니,
20 바로 이 법전이 너희들의 심판의 기준
이라 내가 그리 수천 번 일러 전했거
늘, 너희들은 어찌 이를 모르며, 이 무
서움을 모르는가?
21 이 엄연한 사실 앞에 너희들은 이를
승복하지 아니하며 따르려 하지 아니
하며 순종하려 하지 아니함이니,
22 너희들이 얼마나 무서운 죄를 짓고 있
는가 알아야 할 것이며,
23 너희들이 이다음에 죽어 내 앞에 와
밀어닥치는 너희들의 그 죄목을 하나
하나 열거하여 들을 때, 그때 너희들
이 얼마나 잘못 살아온 것인가를 후회
하게 될 것이니, 그때는 이미 때가 늦
음을 알아야 할 것이니라.
24 모든 백성들이 회개하며 바른길을 가

며 나의 법전을 읽어 깨우쳐 구원받기
를 원하는 것이 나 여호와의 뜻이니,
25 너희들이 이 나의 애절한 뜻을 저버리
는 백성이 되지 않도록 그리하라.
26 십계명대로 지키고 살며 나의 법전을
읽고 정독하여 깨우쳐 너희들이 바른
구원의 길을 얻는 그것을 내가 원하며,
27 그와 같이 깨우쳐 나의 품에 오기를
바라는 것이 나 여호와며, 모두를 구
원하고자 하는 것이 나의 뜻임을 잊어
서는 아니 될 것이니라.

4,263 번째 하나님 말씀

2002년 12월 21일 07시 13분

1 사랑하는 나의 아들아!
2 "네, 아버님! 말씀하옵소서."
3 너희들이 인간사에 살아가면서 너희
들끼리 약속을 지키며, 그 약속을 지
키지 아니했을 때 지키지 아니하는 자
를 보는 자 분노하며,
4 너희들이 그 상대방을 믿고 남에게 말
할 수 없는 어떠한 긴박한 상황을 지
켜 주기를 말하여 굳게 약속을 했을
때, 그를 지키지 아니하고 소위 배신
을 하는 그와 같은 이웃 형제를 보고
너희들은 얼마나 격분하는가?
5 그뿐이던가, 인간과 인간의 사업적인
면에서 등을 돌리고 배신을 하며 국가
와 국가 간의 약속을 배신을 하며 지
키지 아니하였을 때, 너희들이 서로
분노함은 얼마나 강하며, 얼마나 너희
들 자신을 다스리기가 힘이 드는가?
6 너희들은 여기서 하나 알아야 할 것
이니라.
7 나의 피조물 만백성 너희들이 아름답
게 세상에 살다 나에게 돌아오도록 모
두가 약속되어 있으며,
8 너희들이 나의 계명을 지키며 나의 율
법에 따라 세상을 산다 하면 너희들
은 반드시 나에게 돌아올 수 있는 그
약속을 지킬 수 있는 것이 나의 백성
들이며,
9 또한 너희들은 내가 창조주로서 너희
들에게 세상에 생명을 주었으며, 너희
들이 구원의 길을 갈 수 있는 그와 같
은 모두를 내려 준 창조주와 너희들이
굳게 약속을 하였음이니,
10 그러나 너희들이 나 창조주와 약속한
것을 지키지 아니하며 내가 명한 것을
따르지 아니함이니, 그를 보는 나 여
호와의 분노의 마음은 과연 어떠하겠
는가?
11 인간 세속에 살아가면서 너희들이 배
신하며 등을 돌리는 자도 너희들 자신
이 그 분함을 참지 못하는 그와 같은
경지에 이를 수 있는 것이 인간 너희
들이니,
12 하물며 창조주인 나와 너희들이 그리
도 약속한 것을 지키지 아니하며 그를
기억하지 아니하는 삶을 살았느니라.
13 그러나 내가 너희들에게 다시 한 번
기회를 주어 하늘에 오르는 백성이요,
너희들이 나와 약속한 그 약속을 지키
게 하려고 나의 아들을 세상에 내보내
너희들을 거둬들이며 바로잡고 바로
깨우치고자 하였으나,
14 나를 대신하여 나의 명을 받고 간 나
의 아들의 가르침이요, 그 뜻을 받아
바로 서고 깨우쳐 가는 것이 아니요,

15 그 보낸 나의 아들까지도 너희들이 그
리 참혹하게 죽게 하였음이니,
16 나 여호와의 그 분노함이 과연 어떠
하겠는가 너희들은 생각해 보았는가?
17 너희들이 말하는 불의 재앙이요, 모든
재앙에 대한 그 대가요, 세상의 말세
요, 종말이라는 그 무서운 형국을 내
리고자 한다는 것은 너희들이 그만큼
죄를 지었음을 직접 시인하는 것이니,
18 나 여호와가 그와 같은 재앙으로써 너
희들을 버리고자 하는 그 분노한 마음
이 얼마나 내가 지금 격노해 있는가
너희들은 생각해 보았는가?
19 너희들 인간사에 너희들을 배신하며
등을 돌리며 너희들과 원수지간인 그
와 같은 인간관계에 너희 자식을 보내
어 또 자식들을 희생하면서까지 모두
를 다 양보해 가면서 화합하고자 하
며 서로의 얽히고설킨 매듭을 풀고자
할 때,
20 그를 배신하고 등을 돌렸다 하면 너희
들은 얼마나 분노하겠는가?
21 나 여호와는 나의 사랑하는 아들의 생
명까지 너희들에게 바쳐 주며 너희들
이 그 약속을 지켜 깨달음을 얻도록
하고자 하였으나, 너희들이 어찌 배신
하였던가?
22 그를 바라보는 나의 격노한 마음을 너
희들은 잠시라도 생각해 보았는가?
23 그와 같은 깨달음은 없이, 나와의 약
속을 지키지 아니하며 창조주 내가
명한 것을 지키지 않는 너희들이 지금
뭐라 말하는가?
24 그저 사랑의 하나님이요, 베푸는 하나
님이요, 기도하며 찬송하고 경배하며
그저 달라, 주십사 그리 너희들이 말
만 하고 있음이니,
25 그를 내가 내려다보기에 너희들이 얼
마나 추한 모습이요, 사악한 행위들을
하고 있는가?
26 나의 격노한 마음을 너희들이 들여다
봐야 할 것이니라.
27 그리하여 내가 나의 이 격노한 마음
으로써 세상에 재앙을 내리고자 하며
내리려 하였으나,
28 내가 지금 나의 아들을 통하여 나의
법전이요, 나의 성령으로써 너희들을
다시 한 번 다스리고 깨우쳐 너희들이
바로 올 수 있도록 하고자 내가 마지
막 이 길을 가고 있음이니, 그리하여
이게 내가 마지막이라 말하였음이니
라.
29 내가 마지막이라 너희들에게 말한 의
미가 내가 격노한 그 마음을 스스로
달래고 있는 것임을 너희들은 알아야
할 것이니,
30 내가 너희들의 손을 놓으며 재앙을 내
리고자 하는 그 마음을 나의 법전을
내려보내며 마지막으로 달래고 있음
이니,
31 그것이 바로 그리하여 마지막이며, 심
판의 나의 법전이라 말한 그 무서운
의미를 너희들이 알아야 할 것이니라.
32 마지막이라는 그 의미가 얼마나 무서
운가를 너희들이 아직도 깨닫지 못하
고 있음이니, 이 의미를 깊이 깨우쳐
야 할 것이니라.
33 내가 지금 나의 아들을 통하여 법전
160권을 세상에 내려보내, 너희들이
이를 보고 깨우쳐 하늘에 오르는 백성

으로 거듭나게 하여 나의 진노한 마음
을 나 스스로 달래고자 하며,
34 너희들에게 그 무서운 재앙을 내려 너
희들과 인연을 끊고자 하는 그 마음
을 내가 지금 법전을 내려보내는 것으
로 대신하고 있으며,
35 이 법전을 읽고 깨우치는 백성만으로
내가 새로운 지상의 천국을 이루고자
하는 것이니,
36 너희들은 내가 지상의 천국을 이루고
자 하는 그 마음이요, 사랑하는 하나
님이요, 너희들에게 베푸는 하나님이
요, 무조건 너희들에게 사랑을 베풀며
그저 바보스러우며 천치처럼 아무것
도 모르고 내가 너희들에게 사랑을 베
푸는 그와 같은 하나님이라는 그 믿
음에서 너희들이 깨우쳐야 할 것이니
라.
37 나 여호와는 격노함이 있으며, 도저히
용서할 수 없는 것은 용서하지 않는
그 무서운 심판하는 창조주 나 여호와
며,
38 너희들이 말하는 공의의 하나님이라
하였음이니, 잘못된 것은 단죄하는 것
이 나 여호와이니라.
39 그리하여 너희들이 지금까지 몇천 년
동안 살아온 그 행위를 볼 때, 내가 너
희들에게 격노한 마음이야 이루 말할
수 없으며 다스릴 수 없으나,
40 내가 나의 법전을 나의 아들을 통하여
세상에 내려보내 너희들을 구하고자
하는 이 마음으로써 모두를 달래고 있
음이니,
41 구름이 낀 날 소나비가 쏟아지는 그와
같은 형국에 있음을 알라.
42 너희들이 나로부터 받을 그 재앙이
문턱에 와 있음이니, 그러나 내가 이
를 참고 있으며, 내가 이를 법전으로
써 대신하여 너희들에게 한 번의 마
지막 기회를 주고 있다는 그 무서움을
알라.
43 이러니 너희들은 지금까지처럼 나 여
호와에게 이루어 달라 하는 기도를 하
지 말라 함이니라.
44 너희들이 나에게 약속을 어겼으며 나
로부터 스스로 등지고 떠났으며 나를
모욕하며 모독하는 행위를 지금도 하
고 있음이니,
45 그 온상이 종교 지도자들이요, 그 앞
에 가 몇십 년 동안 믿음을 가져 구원
의 자격증을 받았다는 너희 신도들,
그와 같은 백성들이 나를 그리도 모
독하며 모욕하며 나를 이리도 마음 아
프게 하는 것이니,
46 너희들이 가장 죄의 온상의 행위를 하
고 있음을 알라.
47 내가 나의 법전을 마지막으로 내려보
내는 그 무서운 뜻을 너희들이 알며,
진노한 나 여호와의 마음이 너희들의
손을 놓지 아니하도록 하는 것은,
48 너희들이 이제 나의 법전을 읽고 깨우
쳐 새로운 백성들로서 태어나는 모습
을 보이는 것만이 내가 인내할 수 있
는 마음이니,
49 너의 제자들과 나의 법전을 읽은 백성
들은 진노한 나 여호와의 마음을 너희
들로 하여금 내가 달래고 있음을 잊어
서는 아니 될 것이니 그리 알라.
50 그리하여 너희들이 세상을 다시 만드
는 역사를 이루며 나에게 소중한 백성

이라 하였음을 잊지 말라.

4,264 번째 하나님 말씀

2002년 12월 21일 07시 27분

1 사랑하는 나의 아들아!
2 "네, 아버님! 말씀하옵소서."
3 너희가 살아가면서 가장 신성시하며
또한 종교 집단의 모든 백성이 구원
의 장소라 지어 놓은 너희들의 그 성
전에서 나의 뜻에 따라 행하며 만백
성을 나의 성령의 뜻대로 깨우치는
것이 아니요,
4 그와 같이 바른길로써 그들이 진정 변
화되는 백성의 삶을 살도록 하루를 와
강론을 듣는 자, 1년을 듣는 자, 10년
을 듣는 자의 그 격차가 하늘과 땅의
차이처럼 너희들의 깨달음이 높아지
는 그와 같은 나의 백성들로 가르치
고 하늘로 오는 길을 인도하는 것이
아니라,
5 너희들은 나를 믿으며 나의 성전이라
하여 지어 놓으며 나의 뜻에 의해 만
백성을 천사와 같이 다스린다 하나,
6 너희들이 그곳에서 그와 같은 역사를
말로는 이룬다 하면서 실질적으로는
나를 욕되게 하며 수억의 나의 백성들
이 스스로 나를 저버려 그리 떠나도록
하는 행위를 하고 있음이니라.
7 그들이 나를 등지며 나를 버리고 나를
떠나도록 하는 행위요, 너희들이 가르
치는 그것이 잘못되었거늘,
8 그것이 진정한 나의 가르침이요, 나의
뜻인 줄 알고 만백성이 눈물의 기도를
하며 환호하며 그와 같이 나를 따른다
하고 있음이니,
9 그것이 바로 그 백성들이 나를 저버
리도록 너희들이 인도하며 그들을 유
혹하여 사악한 마음으로 만드는 것이
며, 그곳에서 너희들이 자행하고 있는
행위임을 정녕 알아야 할 것이니라.
10 그리고 나에게서 그들이 모두 다 떠나
며 스스로 자신도 나에게서 떠나는
것을 알지 못하도록 하며,
11 그들이 하늘에 오르는 길이 아니요,
지옥으로 가는 그와 같은 행위를 너희
들이 지금 하고 있음이니,
12 지금까지 너희들이 많은 나의 피조물
만백성을 지옥으로 보냈으며, 나에게
올 수 있는 백성들의 눈과 귀를 가리
는 그와 같은 행위를 하였으나,
13 지금은 더 많은 너희 손으로 지은 성
전이 열 발짝을 가지 못하여 하나씩
터를 잡고 있으며 지상의 아름다운 낙
원을 오염시키는가 하면,
14 지금까지 흘러온 몇천 년 동안 너희들
이 나의 백성들을 버린 것보다도 너
희들이 그 성전에서 더 많은 나의 백
성들을 나로부터 등 돌리게 하며 스
스로 그들이 떠나도록 그와 같은 길을
인도하고 있음을 알아야 할 것이니,
15 지금 많은 백성 너희들은 지금의 가는
길이 구원을 받는 길이요, 하늘에 오
르는 길이라 하여 지도하고 가르치는
그들의 가르침을 돌아다볼 때가 되었
음을 알아야 할 것이니라.
16 너희들이 지금 가고 있는 길이 나를
모독하여 나를 모욕하며, 너희들이 알
지도 못하면서 스스로 멀리 나 여호와
를 버리고 있음이니라.

17 너희들이 정녕 하늘에 오르는 것을 원
하지 아니하며 나 여호와 창조주에게
감사하며 기뻐하는 마음으로써 경배
하고 기도하고자 하지 않는 것이 아
니라,
18 너희들은 그리하고자 가고자 하고 있
으나 종교 지도자들이 잘못 가르치며
잘못 인도하기에 너희들 자신도 모르
면서 스스로 나를 저버리며 나를 모
독하며 나를 욕하며 나를 괴롭히는 그
와 같은 행위를 하여, 나의 분노가 지
금 바로 재앙의 벌로써 너희들을 다
스리고자 하는 그 직전까지 나의 마
음을 그리 만들어 놓고 있는 것이 너
희들임을 알아야 할 것이니라.
19 터지기 직전인 나의 마음을 더 자극
하며 더 나를 인내하지 못하도록 하는
것이 너희들이니,
20 그리하여 지금 내가 나의 법전을 마지
막 시대에 내려보내는 것으로써 너희
들에게 기대를 걸며,
21 너희들이 변하는 것을 바라면서 내가
지금 격분하는 마음을 스스로 참고 있
다는 것을 전하였으니,
22 이 뜻을 너희들이 깊이 음미해야 할
것이니라.
23 나는 잘하고 잘못하는 자를 심판하는
공의의 하나님이요,
24 무조건 너희들에게 그저 내리기만 하
며 사랑을 주는 하나님이 아님을 너희
들이 알라.
25 나는 바른길을 가지 아니하는 자를
체벌하며, 바른길을 가는 백성에게 무
한한 사랑을 주며 계산 없는 나의 사
랑을 베푸는 것임을 너희들은 알아야
할 것이니라.
26 지금 너희들의 종교 집단에서 육의
삶과 안일함을 위하여 너희들이 모르
고 가르치기에,
27 착하고 선량한 나의 백성들까지도 그
저 너희들의 성전에 가 기도하고 경
배하며 재물을 많이 바치면 구원을 받
는다 하여 그리 세뇌시켜,
28 그들이 아무런 사고나 판단력을 갖지
못하고 무기력하게 만들었으며, 사고
력과 자신의 판단력까지도 분별할 수
없도록 나의 피조물 만백성을 만들었
음이니,
29 너희들이 나의 피조물 만백성을 이와
같이 무능하며 자신을 판단할 수 없을
정도로 만든 그 자체가 너희 자신이
하늘에 오르는 길이라 착각하고 가르
치는 것임을 나 여호와는 알고 있음이
니라.
30 너희들 자신이 모르면서 하느니라.
31 알면서 죄짓는 자도 있으나, 너희들이
하는 행위요, 지도자 너희들이 하늘을
향하여 한 점의 부끄러움이 없는 삶을
살지 못하며, 이것은 진정한 길이 아
니요, 나 여호와를 위하여 가는 길이
아니라는 것을 너희 스스로 알면서 너
희들이 변하지 못하여 사악하고 추한
행위를 계속하고 있는 자가 있는가
하면,
32 또한 모르면서 오로지 그것만이 구원
의 길이라 하여 만백성을 구원하고자
발버둥치는 너희들의 그 마음을 알며
그 노력을 나 여호와가 모르는 것은
아니나,
33 너희들이 하고 있는 행위가 잘못되어

있음을 알라.
34 너희들은 나의 피조물 만백성의 판단력까지지도 흐리게 하여 악마에게 힘을 실어 주는 행위를 계속하고 있음을 알라.
35 나의 백성들이 바른길이요, 진정한 하늘에 오르는 길을 볼 수 없도록 그와 같이 세뇌시켜 무기력하게 만든 그것이 바로 나의 백성들을 사탄에게 넘겨주어 사탄에게 힘을 실어 주는 행위이며,
36 그와 같은 행위를 하고 있는 것이 지금 종교 지도자가 가르치는 것이요,
37 그를 따라가는 자들, 재물을 바치는 자들이 사탄에게 힘을 실어 주는 그와 같은 역사를 하고 있음을 알아야 할 것이니라.
38 이제 내가 더 이상 참을 수 없이 분노하며 재앙으로써, 너희들이 말하는 불의 재앙이요, 물의 재앙이요, 세상이 뒤집히는 그와 같은 무서운 재앙으로써 너희들을 다스리고 바로잡고자 하나,
39 내가 지금 나의 성령으로써 나의 책으로써 너희들을 깨우치고자 단 한 번의 기회를 너희들에게 주었음이니,
40 이를 거부하며 이를 보지 못하도록 하며 이를 찢어 버리도록 하며 태워 버리는 자는 지금 전염병을 전염시키고 퍼트리는 그와 같은 병균보다도 더 무서운 행위를 하고 있는 것임을 알아야 할 것이니라.
41 너희들이 그와 같이 나의 백성들에게 전염병을 감염시키지 않는다면 나의 백성들은 나의 법전을 볼 것이며,
42 나의 법전을 읽고 깨우치는 그와 같은 개인의 변화요, 새 시대의 역사를 이루는 것을 천 년이 아니라 단축시킬 수 있으나,
43 지금 모든 종교 집단들이 너희들이 말하는 전염병이 그 병균을 전염시키듯이 나의 피조물 만백성을 전염시켜 죽도록 하는 것이니, 곧 무엇이더냐?
44 참진리요, 하늘의 뜻을 보지 못하도록 하는 것이 바로 너희들이며,
45 한번 걸리면 죽어 가는 그 무서운 전염병보다도 더 무서운 행위를 하며 병균의 역할을 하고 있는 곳이 지금 종교 집단에서 너희 손으로 지은 성전이며,
46 그곳이 병균을 오염시키는 온상이라는 것을 알아야 할 것이며, 만백성은 그 뜻을 알라.
47 내가 너희들에게 말하여 가르치기를, 지금의 종교 지도자가 저희들이 모르기에 그것이 하늘에 오르는 길이요, 진정한 깨달음의 길이라 발버둥치며 가르치고자 하는 자들도 있다 하였음이니라.
48 그러나 저 스스로 종교 지도자의 자질이 없다 생각하면서도 제 육의 삶을 위하여 지금 그대로 가는 자들도 있다 하였음이니라.
49 내가 그들을 구분하지 못함이 아니니라.
50 그 마음을 다 알며 구분하고 있음을 알라.
51 그러나 지금 너희들이 하고 있는 행위가 구원의 길이 아니요, 지옥으로 가는 길을 인도한다는 것을 너희들이

스스로 깨우치기를 바라며 인내하는
나 여호와의 마음을 알라.
52 내가 너희들을 재앙으로써 모두를 다
스리고자 하나,
53 너희들이 모르면서 가르치는 자, 또
모르면서 따라가는 그와 같은 나의 백
성 너희들이 있기에,
54 나와의 약속을 어기며 내가 내린 그
명을 거역한 너희들에게 나 여호와가
분노함을 지금 인내하고 있음이니,
55 이제는 너희들이 전염시키는 병균처
럼 만백성을 죽이는 그와 같은 행위를
중단하도록 하고, 나의 법전을 보고
깨우치라.
56 나의 법전에 잘못된 부분이 있으며
너희들에게 잘못 살라는 부분이 있더
냐?
57 너희들이 수십 년 동안 다닌 그 성전
이요, 교회라는 곳이요, 또 법당이라
는 곳의 모든 종파 속에서 공부하고
깨우친 것처럼, 그보다도 너희들이 나
의 법전 한 권을 읽고 너희들의 머리
에 더 와 닿는 것이 있으며 깨달음이
있으며 얻는 것이 있다 하면,
58 너희들은 나의 법전이 나 창조주의 뜻
이요, 성령이기에 너희들의 마음속에
감화를 이루는 것임을 잊지 말라, 사
랑하는 나의 백성들아!

4,265 번째 하나님 말씀

2002년 12월 21일 07시 40분

1 사랑하는 나의 아들아!
2 "네, 아버님! 말씀하옵소서."
3 지금의 모든 종파요, 믿음의 길을 가
고 있는 모든 백성들은 무서운 심판
이 내려짐을 알아야 할 것이니라.
4 내가 천 년에 걸쳐 서서히 너희들을
버릴 것이며 너희들의 뿌리를 뽑고자
하는 그 역사가 이루어짐을 알아야 할
것이니라.
5 지금의 너희들의 모든 물리적인 힘이
요, 그 집단의 힘이 영원히 존속될 것
이며 그리하여 그것이 나의 뜻이라
그리 생각하고 있으나,
6 지금의 모든 종교가 무서운 심판을 받
지 아니하며 그들의 문을 닫지 아니
한다면, 그리고 그들이 손으로 지은
그 성전에 거미줄을 치며 그곳에 지금
까지 살아오며 너희들이 속고 속은 그
모든 것을 분히 여겨 너희들이 돌팔
매질하는 그와 같은 변화가 이루어지
지 아니한다면,
7 내가 하늘의 낙원을 지상에 이루고자
하는 그 낙원을 이룰 수 없으며 그것
은 실현될 수 없기 때문이니라.
8 너희들이 도저히 인간으로서는 돌릴
수 없는 굳어진 그 마음이요, 오로지
너희들의 믿음만이 구원을 받는다는
그 절대적인 생각에서 너희들을 돌이
킬 수 없음이니,
9 이는 내가 너희들을 심판함이 아니요,
스스로 너희들이 그 죄에 대한 심판을
받고자 하여 나에게 애원하는 그와 같
은 형국임을 알라.
10 너희들이 찬송 부르며 광란의 짓을 하
며 기도하는 그 모든 소리는 나와는
관계가 없다 하였음이니,
11 그는 너희들을 심판하여 빨리 하루아
침에 지옥으로 보내 주기를 바라며 너

희들의 뿌리를 잘라 주기를 바라며
지금 아우성치는 형국임을 알라.
12 내가 너희들에게 말하였음이니, 더 이
상 내가 인내하고 싶은 마음이 없으
며, 더 이상 내가 격노한 마음을 참을
수 없다 그리하였음이니라.
13 그리하여 마지막 나의 법전을 내림이
니,
14 여기서 너희들이 더 사악한 방법으로
간다면, 너희들은 무서운 심판을 나로
부터 받지 아니한다면 내가 이루고자
하는 새로운 시대가 이루어질 수 없기
에, 내가 반드시 너희들에게 심판을
내림을 알아야 할 것이니라.
15 너희들에게 나의 법전을 통하여, 나의
아들을 통하여 수없이 마지막 법전이
며 마지막 너희들을 구원하는 길이며
너희들의 심판이 시작되었다 하였음
이니,
16 심판이라는 그 무서운 뜻을 너희들이
깨닫지 못하고 지금과 같은 형국으로
간다 하면, 너희들 스스로 나 여호와
로부터 그 무서운 심판을 받기 원하며
너희들이 그 죄의 대가를 치르겠다고
나에게 아우성치는 그와 같은 형국이
니,
17 내가 너희들을 그대로 놔둔다면 나의
새로운 역사가 이루어질 수 없으며,
18 내가 수천 년 동안 기다려 오늘의 새
시대를 열며 내가 만든 이 지상을 영
원히 하늘의 낙원과 같이 만들고자
하는 그 뜻을 이룰 수가 없음이니라.
19 너희들의 믿음은 사랑이요, 사랑의
믿음이요, 그것이 내가 원하는 길이며
하늘에 오르는 길이라 내가 그리 가르
치고 수없이 너희들에게 부르짖었으
며,
20 너희들은 말로써 '사랑, 사랑, 이 세상
의 모든 것 중에 가장 위대한 것은 사
랑이라' 그리 노래 부르며 찬송하며
그를 말하느니라.
21 그러나 너희들은 사랑에 대한 믿음이
아니요, 생활의 믿음으로써 가고 있음
을 알아야 할 것이니라.
22 너희들이 그 사랑의 노래요, 구원의
노래를 부르는 것은 너희들이 나 여호
와를 찬양하며 나의 뜻에 따라 만백
성을 사랑하며 베풀며 그와 같이 살아
야 하는 그 사랑을 부르는 사랑이 아
니니라.
23 너희들은 돈에 대한 사랑이요, 명예에
대한 사랑이요, 좀 더 편하고자 하는
사랑이요, 남들보다 앞에 가고자 하는
사랑이요, 너희들의 시련의 고통을 면
하고자 하는, 너희들의 부귀와 영화를
위해 부르는 사랑이며 그를 위한 사랑
이라는 것을 너희들은 알아야 할 것이
니라.
24 지금 너희들의 모든 종교 집단에서
사랑이라 하여 베풀며 나누며 사랑이
라는 것을 말하는 자가, 극소수를 제
외하고 나머지는 돈에 대한 사랑이요,
물질에 대한 사랑이요, 너희들이 남에
게 지지 아니하고 부귀와 영화를 누
리고자 하는 그 사랑을 위해 너희들을
위한 사랑의 노래를 부르는 것임을 알
아야 할 것이니라.
25 내가 너희들에게 뭐라 말하였느냐?
26 남을 위하는 사랑은 남을 돕고 가난한
자요, 불쌍한 자를 돌아다볼 수 있으

나, 저만의 사랑이라는 것은 무엇이더
냐?
27 제 뜻을 따르지 아니하면 적으로 만들
며, 오로지 제 뜻에 의하여 움직여 줘
야 되며 제 뜻에 동조하는 자만을 사
랑하며, 그리고 제가 먼저 이루어야
하며 제가 먼저 가져야 되는, 그리고
제가 남들보다 앞에 가는 그와 같은
자세로 가는 '나'만을 위한 사랑이라
하였음이니,
28 너희들은 너희 자신을 위하는 사랑만
부르짖는 것도 자격이 없음이니라.
29 그리하여 너희들은 지금에 부르짖는
사랑이 무엇인 줄 아는가?
30 재물에 대한 사랑이니라.
31 그리고 명예에 대한 사랑이니라.
32 자기 자신의 돈에 대한 사랑이요, 명
예에 대한 사랑을 지금 가르치고 있는
것이 종교 집단이며,
33 그와 같이 사랑을 베풀며 따라간다는
수많은 나의 백성들이 저희 자신을
위한 사랑이니, 그 사랑을 부르다 너
희들이 죽어 왔음을 어찌하여 모르는
가?
34 너희들이 베푸는 사랑이 그리 전락되
었으며, 너희들이 소리 지르는 그 사
랑은 지옥으로 가는 그와 같은 행위이
니, '나'만을 위한 사랑이요, '나'를 위
해 사랑을 베풀고 가기 때문이니,
35 말로써는 베푼다 말하나 너희들은
'남'에게 베풂이 아니요, 제가 구하고
자 하는 사랑이라는 것을 알아야 할
것이니라.
36 그리하여 너희들은 지금 나의 백성을
인간으로서 생각하며 소중한 형제라
고 생각하기 전에,
37 나의 백성의 재산을 너희들 것처럼
마음대로 유용하며 너희들이 마음대
로 쓸 수 있는 그와 같은 방법만 연구
하는 것이니,
38 그리하여 너희들이 나의 백성이요, 사
랑하는 나의 피조물 만백성들로부터
재물을 거둬들이는 데 세상에 천재라
말하는 자들보다 더 무서운 천재적인
재능을 발휘하며 재주를 발휘하여, 지
금 모든 방법을 다 동원하며 나의 백
성들로부터 재물을 거둬들이는 그와
같은 행위를 하고 있으니, 그것이 너
희들이 바로 재물을 사랑하는 것이 아
니던가?
39 나의 믿음이요, 나의 뜻을 깨우쳐 나
를 사랑하며 나의 진리를 사랑하며 나
의 아들 예수가 너희들을 위하여 죽어
간 그 모두를 사랑하는 것이 아니라,
40 너희들은 돈을 사랑하며 금화와 은화
를 사랑하는 그와 같은 믿음으로 전
락되었음이니, 너희들은 알아야 할 것
이니라.
41 그리하여 지금이 가장 어두운 시대이
며 가장 무서운 시대이며,
42 이 시대가 더 이상 존속될 수 없어 내
가 너희들에게 재앙을 내려 벌로써 다
스리고자 하나, 내가 나의 법전을 내
려 너희들에게 다시 한 번 기회를 주
어 나의 분노하는 마음을 누르고 있음
을 알라.
43 자기 자식을 가장 처참하게 죽게 했던
그 백성, 그리하여 그로 하여금 너희
들이 나의 성령이요, 나의 계명에 따
라 아름답게 살라 하였으나 그를 또

지킬 수 없다 부정하는 자,
44 그러면서 말로써 너희들이 개구리처럼 개굴개굴 대며 복을 달라, 은혜를 달라 부르짖음이니,
45 내가 그리하여 너희에게 '저의 죄를 용서하여 주옵소서.' 그리 비는 기도만이 내가 듣는다는 그 뜻을 이제 너희들이 알았을 것이며 그 의미를 알았을 것이니라.
46 지금 나의 피조물 만백성들이 잘못 가르치는 종교 집단 때문에 너희들이 가장 어두운 시대며 가장 무서운 시대에 살고 있음을 알라.
47 그리하여 가장 어두운 시대요, 가장 무서운 시대에 가장 밝은 등불이요, 너희들을 구원할 수 있는, 그 두려움과 무서움에서 깨어나게 하는 가장 위대한 나의 법전을 너희들에게 내려 보내고 있음이니,
48 이를 보고 깨우쳐 구원을 받아야 할 것이니 그리 알라.

4,266 번째 하나님 말씀

2002년 12월 21일 08시 28분

1 사랑하는 나의 아들아!
2 "네, 아버님! 말씀하옵소서."
3 네가 천릿길을 가야 그 목적이 이루어지며 네 목적지에 도착한다 하자.
4 그러면 네가 천릿길을 가기 위해서 어찌 가야 하는가?
5 첫발을 디디며 한발 한발 디뎌 놓아 그 거리를 단축해야만 네가 천릿길의 목적을 달성할 수 있는 것이 아니던가?
6 네가 힘들고 어렵다 하여 주저앉아 네 다리를 두드리고 앉아 있으며 그 길을 가게 되는 것을 원망한다면, 너는 그 목적을 이룰 수 없으며 그 목적지를 갈 수가 없음이니라.
7 오로지 네 육체요, 네 힘으로 네 두 다리로 걸어서 한 발자국, 한 발자국 그 거리를 줄이다 보면 천릿길의 그 목적지에 도달할 수 있으며 그를 성취할 수 있는 것이 인간의 사는 도리이며 해야 하는 길이 아니던가?
8 네가 지금 나의 법전을 가지고 만백성을 구하기 위하여 160권의 법전을 만들어 세상에 내는 대명을 받았음이니,
9 네가 나에게 묵상하며 기도하며 나의 성령을 듣고 받지 아니한다면 너는 결국 하나도 이룰 수가 없음이니라.
10 천릿길의 그 목적지를 가기 위하여 쉬지 않고 걸어가는 것처럼 네가 쉬지 않고 나에게 묵상하고 기도하여 나의 성령을 받아 가야만 160권의 법전이 세상에 나오게 되어 있음이니, 그렇지 아니하면 160권이 세상에 나올 수가 없음이니라.
11 그러하니 중단하지 말라.
12 너 자신이 고통스럽고 힘들다 하여 주저해서도 아니 되며 멈춰서도 아니 되는 것이 네가 가야 할 길임을 알아야 할 것이니라.
13 오늘 내가 너에게 이 뜻을 깊이 깨우쳐 주며 너를 가르치고자 함이니,
14 아무도 나의 뜻을 받아, 나의 성령을 받아 법전을 대신하여 이어 갈 수가 없으며, 그를 연결하여 줄 자가 세상에 아무도 없음이니라.

15 오로지 160권의 법전을 세상에 내는
것은 너만이 할 수 있으며,
16 나의 성령을 직접 들어 만백성을 구하
는 목자요, 나의 아들 또한 너 하나뿐
임이니,
17 그 누구도 이를 이룰 수 없는 것을 알
아야 할 것이니라.
18 천릿길을 네가 목적을 두고 갈 때 한
발 한발 쉬지 말고 걸어가야만 네가
목적을 이룰 수 있듯이 그리 가야 하
는 것이 네가 가는 삶이라는 것을 잊
지 말라.
19 이를 명심하여 네가 쉬지 말며 주저
하지 말며 가라.
20 네가 나에게 묵상하고 기도하면 내가
너에게 내려 줄 것이며,
21 오로지 네가 묵상과 기도를 쉬지 않
고 하는 속에서 나의 160권의 법전을
세상에 내놓는 그 시간이 얼마나 걸
리느냐가 거기에 달렸음이니,
22 네가 160권의 법전을 세상에 일찍 전
했을 때 만백성을 구하는 것이며,
23 네가 게을리하여 누가 이루어 주겠지,
다음 사람이 이루겠지, 네가 못하면
나 여호와가 누군가를 선택하여 이루
겠지 하는 그러한 생각을 하지 말라.
24 너만이 이를 할 수 있으며, 너를 통하
여야만 이루어지는 역사라는 것을 잊
지 말라.
25 잠시도 쉬지 말며 기도하고 경배하라.
26 그리하여 네가 기록하여 전해야만 나
의 법전이 세상에 나온다는 이치를 깊
이 깨우쳐 행하도록 그리하라.

4,267 번째 하나님 말씀

2002년 12월 21일 08시 47분

1 사랑하는 나의 아들아!
2 "네, 아버님! 말씀하옵소서."
3 네가 만백성을 위하여 기도하면서 뭐
라 말하느냐?
4 그리고 너에게 와 기도하여 무엇을 원
하며 그들이 무엇을 깨우침을 원할
때, 네가 그들의 과거와 현재와 미래
에 대해 그를 예언하여 깨우쳐 줌이
니, 그들이 뭐라 말하는가?
5 선생에게 자기를 깨우쳐 준 보답을 하
고 가겠다는 자가 백이면 백이 다 그
리 말하나, 네가 그리 거절함이니라.
6 네가 말하기를, '나는 여호와 하나님
으로부터 무상으로 받은 것이기에 나
또한 무상으로 전해 주는 것이 하나님
의 뜻이며 도리라' 그리 말하느니라.
7 그러나 사람들은 지금 그와 같은 너의
행동을 이해하지 못하며, 의혹의 눈으
로 바라보며,
8 그들에게 네가 또한 큰 짐을 주기 위
하여, 오늘에 너희들이 말하는 붕어를
낚기 위하여 낚싯밥을 가지고 그를
유혹하듯이 그와 같은 행위가 아닌가
그리 생각하는 자들이 있을 것이니라.
9 그러나 그것이 한 명이요, 백 명이요,
천 명, 만 명이 넘을 때, 네가 진실로
나의 아들로서 행하는 것을 그들은 알
게 될 것이며,
10 그러면서 그들은 생각하지 못했던, 나
의 아들 예수가 병든 자를 고쳐 주고
죽은 자를 살려 주면서까지도 받지 않
은 그 기적의 역사를 이루었던 것을

이해하게 될 것이며,
11 그와 같은 것을 네가 행하고 있다는 것을 알게 될 것이니라.
12 지금은 미약하고 미진하나 그들이 대역사를 이루는 자들로서 다시 돌아온다는 것을 너는 알아야 할 것이니라.
13 예수가 어떠한 역사를 이루어도 그 대가를 받지 아니하였듯이,
14 네가 예수의 행적이요, 예수가 하는 대로 살아가는 것이 예수가 전한 그 성령의 뜻을 알 수 있으며, 그가 원하고자 한 것이며 예수의 믿음이요, 예수의 깨달음을 알 수 있다 하였음이니,
15 지금 네가 많은 백성들의 과거와 현재와 미래를 알려 주는 기도를 해 주면서 네가 그들로부터 어떠한 대가도 받지 않는 것은 나 여호와의 뜻이라 그리함이니, 그게 바로 무엇이더냐?
16 예수가 어떠한 대가를 받지 아니하고 만백성을 깨우쳐 주며 기적을 이루었던 역사와 무엇이 다르던가?
17 그를 바로 네가 행함이니라.
18 모든 종파의 지도자들은 저희들이 와서 기도하고 경배하며 불공드리며 목탁 두드리며 또한 종교의식을 하면 그 시간에 따라서 그들이 그 대가를 받아 가며 그 삯을 받아 가며 품삯을 받아 감이니라.
19 품삯이라는 것은 무엇이더냐?
20 농부들이 땀 흘려 일하며 남을 위해서 일한 자가 그 수고로움이요, 그 시간을 소비한 만큼 대가를 받아 감이니,
21 만백성을 구원하는 종교 지도자가 품삯을 받는 사람과 같이 그리 행동해서는 아니 되는 것이 지도자의 자리거늘, 그들은 그 대가를 반드시 받아 가느니라.
22 시간에 따라서 그 대가의 금화요, 은화의 덩어리가 커지고 작아짐이니, 그 수고한 만큼 그들의 덩어리가 커지고 작아지는 것이 그들이 거래하며 살아가는 방법이거늘,
23 너는 시간과 관계없이 나로부터 무상으로 받았음이니 만백성을 무상으로 깨우쳐 준다는 그것을 실행함이니,
24 나의 아들 예수가 그와 같이 받지 아니하며 거둬들이지 아니하며 기적을 이루었던 것과 똑같으니라.
25 그리하여 예수가 이루었던 그 기적처럼 너는 나로부터 받은 것을 무상으로 만백성에게 깨우쳐 주고 가르쳐 주나, 종교 지도자들은 저희들이 시간에 따라 봉사한 만큼 그 대가를 받아 가니, 품을 팔아 품삯을 받아 가는 자들과 무엇이 다르더냐?
26 그러면서 너희들이 누가 진정한 나 여호와의 뜻이며 하늘의 뜻에 의하여 가는 자인가를 어찌하여 모르는가?
27 네가 그와 같이 품삯을 받지 아니하며 대가를 받지 아니하고 나의 백성을 일깨워 줄 때,
28 그들 스스로 그 대가를 받을 수 없으며 받는 것이 저희 자신이 부끄럽기에 그들은 너를 존재하지 못하도록 하며, 너를 사탄이요, 이단이라 그리 말하며 나의 법전이 세상에 나오는 것을 못 나오도록 막는 것이니,
29 그와 같은 자들이 얼마나 사악하고 잘못된 자들인가?

30 네가 지금 적은 숫자의 나의 백성들
에게 아무런 대가를 받지 아니하고 깨
우쳐 주고 일깨워 줄 때, 그들은 너를
'혹시' 하며 의혹하느니라.
31 그러나 그 숫자가 늘고 늘었을 때 그
것은 세상에 전해질 것이며,
32 이는 곧 예수가 행했던 것과 똑같이
행하는 자가 세상에 왔음이니 그가 바
로 하나님의 아들이라 하여 그와 같
이 만백성이 너를 따르는 기초가 됨이
니라.
33 그러니 너는 이를 괴롭다 힘들다 생각
하지 말며 그를 철저히 지켜 행하도록
그리하라.
34 그것이 지금의 등불이 되기 시작함이
니, 그 등불이 영원히 꺼지지 않도록
그리 네가 잘 행하여 나가도록 그리
하라, 사랑하는 나의 아들아!
35 그것이 나의 아들 예수의 뜻이며, 나
의 뜻이며, 예수가 행한 행적이며, 네
가 나의 아들이라는 증표임을 잊지 말
라.

4,268 번째 하나님 말씀

2002년 12월 21일 23시 22분

1 사랑하는 나의 아들아!
2 "네, 아버님! 말씀하옵소서."
3 너희들이 인간 세상에서 자식들을 가
르치고 깨우침에 있어서 어린 시절에
학업에 최선을 다하며 학업에 열심히
하라 그리 가르침이니,
4 그들이 과연 그와 같은 길을 가지 아
니하며 학업에 충실하지 못할 때 그는
결국 어떠한 길을 가게 되는가?
5 그는 너희들이 바라는 사람이요, 인간
세속에서 살아가는 데 필요한 사람으
로서 곱게 성장하지 못함이니,
6 그가 어려서부터 부모의 가르침을 따
르지 아니하며 어려서 너희들이 최선
을 다하여야 할 그 학업이라는 것에
최선을 다하지 않고 흔들릴 때, 그 결
과는 무엇이 오는가?
7 아무리 세월이 흐르고 흐른다 해도 열
심히 학업에 노력하지 않는 자, 그는
얻어지는 것이 없으며 결국은 흐트러
지는 그와 같은 인생을 살게 되는 것
이 너희들 세상사에서 이루어지는 일
이니라.
8 지금 수천 년 동안 나의 뜻을 따르며
믿음을 가는 길이며 하늘에 오르는 길
이라 하여 공부하고 배우는 너희들이
정녕 어떠한 길을 가는가?
9 바른길을 가지 아니하며 내가 원하는
길을 가지 아니하며, 너희들이 만든
계명에 따라서, 종교 지도자들의 뜻에
따라서 만든 그 계율에 따라 움직이
고 따라간다 하면 너희들은 과연 어떠
한 백성으로서 결국 선택되겠는가?
10 나 여호와가 너희들에게 가르치기를,
사랑을 지키며 사랑을 나누며 살아가
는 것이 하늘에 오르는 길이라 하였음
이니,
11 너희들이 사랑이라는 것을 모르며 나
눔을 모르며, 저 자신의 사랑을 위하
여 사는 그와 같은 삶을 살아오고 있
음이니, 과연 너희들이 결국 어떠한
길을 가겠는가?
12 나 여호와를 향하여 내가 원하는 길을
오지 않는 너희들은 결국 너희 부모로

부터 육신의 세상에서 자식을 다스리
고자 가르치는 부모의 뜻을 거역하며
따르지 아니함보다도 더 무서운 결과
를 초래하는 것을 알아야 할 것이니
라.
13 너희들 스스로 이제는 지금 너희들이
가고 있는 그 믿음의 세상이요, 모든
종파요, 그 종교 지도자들이 행하고
가는 모습과 그들이 가르치는 그 설법
을 들어 깨우쳐야 할 때가 되었음을
알라.
14 너희들이 정녕 하늘에 오르는 믿음의
세상의 길이 아니요,
15 인간 세상의 지도자들이 저희들 인간
의 편안함을 위하여 만들어 놓은 계율
이요, 그 뜻을 위해서 가는 그곳에서
벗어나지 못하며 그게 진정한 하늘에
오르는 길이요, 구원의 길이라 그리
가고 있음이니,
16 이를 바로잡기 위해서 내가 지금 너희
들에게 나의 아들을 통하여 법전이라
하여 세상에 내려보내거늘, 또한 이를
믿지 아니하며 이를 따르려 하지 않는
것이 지금 너희의 마음 자세이니,
17 과연 너희들을 어찌 가르치고 바로잡
아야 하겠는가?
18 결국, 너희들이 창조주 나 여호와의
뜻이요, 내가 이루고자 하는 뜻을 거
역하며,
19 너희들의 그 방대한 집단이요, 인간의
세속의 힘에 의하여 세상 것을 다 지
배할 것 같은 그와 같은 마음으로 너
희들이 존재하며 나의 뜻을 따르지 아
니할 때, 나는 너희들을 놓는 수밖에
없음이니,
20 이는 내가 너희들을 버림이 아니요,
너희들이 나로부터 버리게 하였음임
을 알아야 할 것이니라.

4,269 번째 하나님 말씀

2002년 12월 22일 08시 43분

1 사랑하는 나의 아들아!
2 "네, 아버님! 말씀하옵소서."
3 모든 인간사에 살아가는 백성들은 남
에게 보여 주기 위하여 남에게 세를
과시하기 위하여 남에게 좀 더 저희들
의 집단의 위대함과 결속됨과 그 모두
를 보이기 위하여 형식적인 행사를 하
며, 무대에서 연극배우와 같은 쇼를
하는 것이 너희 인간들의 심리이니라.
4 많은 사람이 모여서 연설하는 것, 그
리고 많은 사람이 참석하는 것, 그와
같은 것을 위하여 모두를 다 바쳐 노
력하는 것이 너희들의 마음 자세이나,
그것이 다 위선이 아니던가?
5 있는 그대로 보여 주며 저 자신의 능
력대로 보여 주는 것이 진정한 아름다
움이거늘,
6 그와 같은 것이 너희들 인간 세속이
요, 인간 세상에 사는 사람들의 생각
이니,
7 너희들 또한 행사를 하며 모임을 가지
며 강론을 하기 위하여 많은 사람을
억지로 참석시키고 불러들이며, 그리
고 남들에게 한 명이라도 더 나온다는
것을 보여 주기 위한 그와 같은 마음
의 자세를 갖는다면, 너희들도 그들과
다른 점이 무엇이며 변화된 것이 무엇
이던가?

8 그와 같은 마음을 너희들이 버리지
못했다면 인간 세속에 살아가는 인간
들과 차별화된 것이 하나도 없으며,
9 여태껏 아무것도 이루어진 것이 없음
을 알아야 할 것이니라.
10 있는 그대로의 모습을 그대로 보여
주는 것, 그 모두가 다 나 여호와의 뜻
이라 너희들이 생각할 수 있는 마음
자세를 가지라.
11 형식적이며 위선적인 행사요, 외형적
인 포장으로써 무엇을 보여 주고자 한
다면 너희들이 아무것도 깨달음이 없
으며 변화됨이 없는 것이니, 너희들
자신이 부끄러움을 알아야 할 것이니
라.
12 그러하니 있는 그대로요, 허례허식이
없어야 함이니, 너희들이 남에게 거짓
하는 것은 남을 속이는 것만이 거짓이
아니니라.
13 너희들이 포장하여 그 속에 있는 내
용물을 속이는 그 자체도 거짓이니,
14 너희들이 많은 행사를 함에 있어서 과
장되게 포장하여 남으로부터 판단을
흐리게 하는 그와 같은 행위도 다 거
짓된 것이며 사기극을 벌이는 것과
똑같음이니,
15 너희들은 그러한 생각을 하지 말라,
사랑하는 나의 아들아!
16 그리고 너의 제자들에게도 그리 깨우
쳐 전하도록 해야 할 것이며, 모든 행
사를 함에 있어서 너희들은 그리해야
할 것이니, 그를 위장하는 백성이 되
지 말도록 하라.

4,270 번째 하나님 말씀

2002년 12월 22일 08시 47분

1 사랑하는 나의 아들아!
2 "네, 아버님! 말씀하옵소서."
3 너희들이 지금 나의 성전에 와 나의
법전을 들으며 나의 강론을 직접 들음
이니,
4 너희들 스스로 선함을 행하고자 하며
선함을 행하면 선함을 또 행하게 되는
것이 나로부터 받은 큰 은혜와 영광이
라 그리 말하였음이니라.
5 너희들과 지금 모든 종파요, 만백성과
의 그 차별화의 의미를 너희들은 이제
알 때가 되었음이니라.
6 너희들과 그들과의 차별화는 바로 너
희들 마음속에 있음이니,
7 너희들은 혼자 있어도 두렵지 아니하
며, 혼자 있어도 당당한 모습이며,
8 세상에 어떠한 변화가 온다 해도 나의
법전을 읽으며 나의 법전대로 행하고
자 하는 너희들은 두려운 것이 없으
며 무서운 것이 없는 것이 너희들의
마음이며, 평온한 것이 너희들의 마음
이니라.
9 그러나 잘못 가는 믿음이요, 사탄이
요, 사악한 자는 정녕 저 자신이 혼자
존재할 수 없으며, 저 자신이 두려워
혼자 있기를 원하지 아니하는 것이 사
탄이요, 사악한 자들의 마음이니라.
10 그리하여 저희들이 지옥으로 가는 길
의 두려움을 알기에 그들은 저희도 모
르게 혼자 있지 못하며,
11 혼자 있는 것을 두려워하여 많은 백성
들을 나의 뜻을 거역하며 지옥으로 이

끌어 가는 행위를 끊임없이 하고 있음
이니,
12 과연 그들과 대적하여 너희들이 나의
백성을 이끌어 가는 것이 얼마나 어렵
고 힘들겠는가?
13 너희들은 혼자 있어도 두려움이 없으
며 무서움이 없으며 당당한 모습이니,
14 너희들이 나의 피조물 만백성에게 하
늘에 오르는 길이라 하여 깨우치며 그
들을 인도하기에, 너희들은 스스로 알
아서 이 길을 선택하도록 그리 가는
것이 지금 너희들이 행하고 있는 마음
의 자세가 아니던가?
15 너희들이 한 사람을 구원하기 위하여
그에게 발버둥치는 것도 아니며, 매달
려 하소연하는 것도 아니며, 애절하게
같이 가고자 하는 것도 아님이니라.
16 그저 너희들은 당당한 모습으로써 그
가 깨우쳐 너희들과 더불어 간다면 그
의 영광이요, 그가 선택하지 못하는
것은 그의 불행이라는 그와 같은 마
음을 가지고 있는 것이며,
17 지금 잘못된 자들은 그저 한 사람이라
도 더 어떠한 방법이든 끌어들이기 위
해서 발버둥치고 있음이니, 그것이 무
엇인 줄 아는가?
18 그들은 두렵기 때문이니라.
19 저희들이 혼자 있을 때 두려우며 공포
를 느끼는 것이 지금 잘못된 백성과
너희들과 차별화된 그 차이임을 너희
들은 알아야 할 것이니라.
20 나의 법전을 읽고 깨우친 너희들은 혼
자 있어도 당당하며, 혼자 있어도 불
안하지 아니한 것이 참진리의 길을
보는 백성이요,
21 그렇지 못하며 불안과 공포를 가지고
두려움을 갖는 것이 나로부터 선택되
지 않은 백성들임을 알라.

4,271 번째 하나님 말씀

2002년 12월 22일 21시 12분

1 사랑하는 나의 아들아!
2 "네, 아버님! 말씀하옵소서."
3 나의 피조물 만백성 너희들이 세상 속
에 살아가면서 질서가 있으며 공중도
덕과 예의범절이 있는 것이 너희들이
살아가는 것이니라.
4 너희들이 지키는 예의는 너희들이 만
들어 놓은 어떠한 법에 의한 순서가
아니요 질서가 아니라, 너희 스스로
남에게 누를 끼치지 아니하며 폐를 주
지 아니하고 사는 그와 같은 예의를
갖추고 살아가는 것이 나의 보통 백성
들이 살아가는 형국이니라.
5 그러나 지금 너희들이 사랑을 베풀며
모범을 보이고 산다는 종교 집단의 그
형태는 과연 어떠한가?
6 사회의 도덕적인 질서요, 예의범절도
모르며 모두를 파괴하는 그와 같은 행
동을 하고 사는 것이 너희들임을 알
아야 할 것이니라.
7 너희들은 남들은 어찌 되든 간에, 남
들이 어떤 불편을 겪든 간에, 남들이
어떤 기다림이 있든 간에, 남들이 고
통이 있든 없든 그런 것은 생각하지
아니하고 의식하지 아니하며,
8 너희들만이 최고요, 너희들이 하는 행
위만이 최고라 하여 남을 의식하지 아
니하고 기초적인 도덕도 지키지 못하

고 사는 것이 너희들이니라.
9 너희들이 사람이 죽은 곳에 가 기도하
며 불공을 드리며 경배를 드리는 자
들이 어찌하는가?
10 너희들은 그곳에 와 많은 사람들이 거
쳐 가야 할 그 시간에도 너희들만의
그 행사를 함에 있어서 부끄러운 줄
모르며 미안한 줄 모르며,
11 남에게 누를 끼치는 그와 같은 것도
하나 인식하지 못하고 너희들이 할 짓
을 다 하며 너희들이 갖출 예의를 다
갖추며,
12 남들이 다음 차례의 순서를 기다리는
것도 무시하면서 너희들의 행사만을
주관하는 것이 아니던가?
13 너희들은 목탁을 두드리며 불경을 외
우며, 또는 찬송을 부르고 설교를 하
며 예배를 보는 그 시간에 많은 사람
들이 거쳐 가며 예의를 갖추고 가야
할 바쁘고 바쁜 사람들이 기다리는 것
까지도 의식할 줄 모르며 생각조차도
하지 못하는 것이 너희들이니,
14 종교 집단이 가장 모범을 보이며 질서
를 지키며 남에게 누를 끼치지 않고
살아가는 것이 사회에 사는 도리이거
늘,
15 그것마저도 무시하는 것이 지금 너희
들이니라.
16 너희들이 애경사요, 어떠한 좋고 슬픈
일에 와서 너희들이 기도하는 시간이
되었을 때, 너희들의 행사를 하게 되
었을 때,
17 그 모두를 다 의식하지 아니하고 너희
들의 할 짓을 다 하며 할 말을 다 하
며 할 행동을 다 하는 것이 너희들이
니라.
18 그리하여 너희들이 많은 사람들이 불
편을 겪으며 관계없는 사람들이 기다
려야 하는 그와 같은 것까지도, 좋은
것에도 생각하지 못하며 베풀지 못하
며 양보하지 못하는 그와 같은 자세를
가지고 살아가는 것이 너희들의 종교
집단인 것이니라.
19 많은 사람들이 너희들이 가는 종교의
믿음과 생각하는 것이 다 다르거늘,
20 너희들 것만이 옳다 하여 그 행사를
지루하게 길게 끌고 가며, 할 짓 안 할
짓을 다 해 가면서 너희들이 하는 그
행동이 과연 아름다운 행동이며,
21 너희들은 과연 진정한 질서요, 도덕을
지키고 사는 사람이라 말하는가?
22 가장 작은 것도 지키지 못하며 가장
간단한 것도 지키지 못하는 것이 너희
들이니라.
23 보통의 살아가는 나의 백성도 지키며
이해하고 행하는 그 모두의 기초 지식
도 갖추지 않은 것이 너희들이며 그것
도 지키지 못하는 것이 너희들이니라.
24 너희들은 또한 어떠하던가?
25 너희들이 그와 같은 행사를 거창하고
장황하게 하는 것에는 무엇이 있는가?
26 이와 같이 너희들이 거창하고 장황하
게 함으로 해서 너희들에게 돌아오는
교통비요, 또 수고비라 하여 주는 그
봉투에 대한 금화와 은화의 무게에 비
중을 두고 그와 같은 행위를 하지는
않는가?
27 그리고 너희들은 말로써 사람이 죽은
집에 가 애도를 표하며 거기에서 금화
와 은화를 받아 가지고 오며 수고비를

받아 오는 것이 너희들이니,
28 이게 개돼지만도 못한 행동이 아니고 무엇이던가?
29 남들은 그곳에 가서 예의를 갖추며 그 수고를 하여 그와 같이 슬픔을 나누며 그를 도와주거늘,
30 너희들은 가장 사랑을 베풀며, 같은 식구요, 같은 형제라 하여 평생을 금화와 은화를 거둬들이며 십일조를 거둬들이며 각종 헌금을 거둬들이는 자의 가족이 죽은 집에 가 너희들이 애도를 표하며 기도하고 경배했다 해서 거기서 금화와 은화의 수고비를 받아오니,
31 이것은 개돼지만도 못한 행위를 하는 너희들의 추하고 더러운 모습이니라.
32 그러고도 너희들이 나의 백성이라 말하는가?
33 남들은 거기에 가서 눈물 흘리며 경배하며 그리고 경건한 마음으로 예의를 갖추며 성의를 표시하고 가거늘,
34 가장 사랑을 베풀며 한 식구요, 한 형제라 하여 평생 거둬들이는 그 신도의 아픔이 있는 곳에 가서 뒷구멍으로 그와 같은 것을 받아오는 자가 있다 하면,
35 받지 않는 자는 종교 지도자이나, 받아오는 자는 개돼지 짐승만도 못하며 버러지만도 못한 인간의 행위임을 알라.
36 어찌하여 그와 같은 역사를 치르고 거기서 받아 올 수 있는가?
37 경사에 경축하는 그 마당에 진정으로 경사를 경축하며 그 즐거운 행사를 위하여 기도하고 경배하는 것이 너희들의 보람이고 영광이거늘,
38 거기 가서 너희들이 또 대가를 뒷구멍으로 받아오는 것이 얼마나 추하고 더러운 것인가?
39 어떠한 인간도 그러한 행태는 하지 않느니라.
40 나의 피조물 만백성이 상갓집에 가서, 사람이 죽은 집에 가서 어떠한 것을 좀 도왔다 해서 손을 내밀고 주는 것을 받아오는 자 보았던가?
41 그보다도 더 추하고 더러운 것이 너희들의 행위이니, 그러고도 어찌하여 사랑을 베푸는 백성이며 나의 아들딸이요,
42 내 뜻을 대신하여 너희들이 모든 역사를 하며 나의 백성을 구하는 행동이라 그리 말하는가?
43 이와 같은 추하고 더러운 모습을 좀 들여다볼 줄 알고 깨우칠 수 있는 백성들이 되라.

부 록

【하나님께서 가르쳐 주신 운동】

천재지변이 일어날 때, 동물이나 미물들은 미리 알고 대피하지만, 인간은 알지 못하고 큰 화를 당합니다. 하나님께서 인간에게 가장 높은 지혜를 주시고 완벽하게 창조해 주셨기에 동물들보다 더 잘 알 수 있지만, 욕심으로 마음이 혼탁해져서 한 치 앞을 보지 못하는 것입니다.

마찬가지로, 인간은 누구나 스스로 필요한 운동을 해서 건강을 지킬 수 있도록 하나님께서 만들어 주셨습니다. 우리의 머리에서 우리 몸에 필요한 동작을 해 달라고 끊임없이 신호를 보내지만, 인간이 혼탁하게 살아서 그 신호를 알아채지 못합니다. 그러니 자연스럽게 자기 몸이 원하는 그 신호를 따라서 운동하는 것이 하나님께서 가르쳐 주신 운동 방법입니다. 바로, 우리의 영이 육을 이끄는 운동입니다.

▶ 하나님 운동법

1. 눈을 감고, 발을 어깨너비로 벌리고 바르게 선다.
2. 몸에 힘을 풀고, 허리를 숙이면서 손과 머리를 아래로 내린다.
3. 허리를 펴고 싶을 때, 천천히 펴면서 하고 싶은 동작을 하면 운동이 시작된다. (사람마다 다르다.)
4. 멈추지 말고, 어떤 동작이든지 자기 몸의 느낌대로 계속 이어서 한다.

▶ 참고 사항

① 눈을 감은 상태로 아무 생각 하지 않고, 자기 몸의 느낌대로 움직입니다.

② 마음을 비우고, 욕심을 버리고, 지난날의 잘못을 반성하면서 몇 차례 시도하다 보면, 자기도 모르게 하고 싶은 동작이 끊임없이 생깁니다.

③ 운동 장소는 방 안이든 운동장이든 관계없으며, 걷거나 달리고 싶을 때는 눈을 떠도 됩니다.

④ 매일 40분 이상, 주 4회 이상, 3개월 이상 하면 음식 조절에 들어갑니다.
- 음식으로 생긴 병은 음식으로 치료하게 되며, 어떤 음식을 먹어야 하는지 스스로 알게 됩니다.
(자기 몸에 필요한 음식만 먹고 싶어집니다.)

⑤ 사랑하는 사람과 함께 운동하면 서로 치료해 주기도 합니다.

⑥ 운동을 하다가 몸의 어느 한 부분을 계속 손으로 자극한다면 그쪽에 이상이 있는 것이니, 의사에게 상담을 받고 적절한 치료를 받으면 됩니다.

⑦ 다이어트 및 기타 건강관리에 효과적입니다.

⑧ 꾸준히 운동하여 영이 맑아지면, 자신의 과거와 미래를 스스로 보게 됩니다.

누구나 스스로 하실 수 있습니다.

간 행 사

《새로운 성경》은:

· 새로운 성경은, 하나님께서 선량하고 선한 자를 선택하여 십계명을 암송하도록 하시고, 십계명을 암송한 다음에 음성으로써 들려주시는 말씀을 듣고 그대로 카세트테이프에 녹음해서 받아쓴 책입니다.

· 90분짜리 녹음테이프 700여 개에 달하는 말씀으로, 1999년 8월부터 2004년 7월까지 총 160권(권당 288쪽)을 완성하였으며, 그 이후에도 현재까지 계속 말씀을 내려 주고 계십니다.

· 새로운 성경은 "하늘을 두루마리 삼고 바닷물을 먹물 삼아 쓰고 써도 다 못 쓴다"는, 끝없이 방대한 하나님의 말씀이 두루마리로 직접 내려오는 것입니다. 이러한 새로운 성경은 구약과 신약을 폐하려는 것이 아니라 "인봉된 성서의 비유의 뜻"을 상세히 설명하여 완성하고자 하나님께서 직접 내려 주신 말씀입니다.

《새로운 성경》의 구성:

· 제 목: 2013년, 160권 모음집을 발간하면서, 본 도서의 제목을 "하나님! 말씀하옵소서"에서 《새로운 성경》으로 명해 주셨습니다.

· 단행본: 각 권당 288쪽(신국판) 책이 160권까지 시리즈로 출판됩니다.
(모음집은 단행본을 16권씩 묶어서, 총 10부로 구성됩니다.)

《새로운 성경》의 성경적 근거:

· 신약 성경 [요한복음] 16장 13절에 "진리의 성령이 오시면 그가 너희를 모든 진리 가운데로 인도하시리니 그가 자의로 말하지 않고, 오직 듣는 것만을 말하며" 하신 말씀처럼 하나님의 음성을 들은 것만 기록하였으며,

· "장래 일을 너희에게 알리시리라" 하신 말씀과 같이 개인, 나라, 인류의 "장래"일을 하나님께서 알려 주시는 것만 기록하여 책으로 만들었습니다.

《새로운 성경》의 기록 방법:

· 1999년 8월부터 하나님께서 저에게 들려주시는 음성을 기록하였습니다. 처음에는 제가 들은 말씀을 불러 주면 저의 아내가 기록하여, 2000년 1월 29일에 1권 초판이 세상에 나왔습니다. 2000년 4월부터는 주시는 말씀을 받아 녹음기에 기록하여 시리즈로 출간하기 시작하였습니다.

· 녹음을 시작하면서 하나님의 말씀을 받는 데 가속도가 붙었고, 2001년 5월 3일에 1부(1~16권까지)를 인쇄하여 출판하였으며, 2004년 7월까지 총160권 분량의 말씀을 받아 기록하였습니다.

하나님께서 저에게 주신 것은:

· 첫째, 만백성을 상대로 내려 주시는 "기도", 둘째, 수시로 내려 주시는 "묵상", 셋째, 개인의 과거, 현재, 미래를 알려 주시는 "개인 기도", 넷째, 개인의 건강을 위해서 내려 주시는 "음식 처방", 다섯째, 하나님께서 가르쳐 주신 "운동"등이 있습니다. 이 중에 첫 번째, "기도"를 책으로 편찬하였습니다. 사람의 생사, 개인의 미래에 관한 천기는 수록하지 말라 하셨습니다.

강론 안내:

· 하나님께서는 지금도 매일 저에게 새로운 하늘의 비밀의 말씀을 내려 주고 계십니다. 수시로 내려 주시는 말씀을 정리해서 제자를 육성하라는 말씀에 따라 매주 강론을 하고 있습니다. 누구나 무료로 들으실 수 있습니다. (book160.com)

《새로운 성경》을 읽는 분들에게 드리는 선물:

· 개인 기도: 개인의 과거, 현재, 미래에 관하여 말씀을 내려 주십니다.

· 음식 처방: 사람은 음식을 먹고살다가 건강을 잃으니, 음식과 운동으로 건강을 되찾는 방법을 알려 드립니다. 단, 하나님이 계심을 믿고, 십계명을 지키겠다고 진실로 서약하는 분들께 알려드립니다.

《새로운 성경》의 은혜와 기적:

· 새로운 성경 전160권은 16권씩 묶어서 총 10부의 모음집으로 구성됩니다. 모음집 한 부를 읽고 깨우치는 자에게 하나님께서 다음과 같은 기적이 있다고 하셨습니다.

· "첫째, 그가 죽어 하늘에 갔을 때 그의 죄를 묻지 아니하며, 구원을 받는 위대한 은혜가 있으며, 둘째, 그의 소원과 소망이 이루어지고, 셋째, 죽은 자(부모, 형제, 자식, 사랑하고 은혜 입은 분)의 이름으로 구입한 책을 읽고 누군가 한 사람이 깨우칠 때, 그 죽은 자가 지옥에서 천국으로 구원을 받게 되며, 넷째, 유산, 중절 수술 등으로 태어나지 못한 아이를 위하여 구입한 책을 보고 한 명이 깨우쳤을 때, 그 아이가 사람으로 다시 한 번 태어나는 은혜를 받는다."

· "새로운 성경"을 3회 이상 정성을 다해 정독하는 자, 성서의 비밀을 알게 되고, 세상의 이치를 알게 되며, 세상을 지배하고 통제할 수 있는 지혜를 다 얻게 된다고 하셨습니다. 이 책은 만백성이 정독하고 이웃에게 전하여, 평생 가슴에 묻은 슬픔과 고통의 짐을 벗고 미래를 위한 힘찬 삶을 살아가도록 하는 책입니다.

끝으로

· 하나님께서는 흰 눈이 세상을 덮듯이 새로운 성경을 온 세상에 전하라고 하셨습니다. 《새로운 성경》을 각국어로 번역해서 온 인류에게 구원의 길을 깨우쳐 주고, 그 수익으로 가난하고 어려운 백성을 구제하여, 만백성의 영과 육을 함께 구원하는 선지자의 임무를 수행하라고 저에게 명하셨습니다.

· 하늘에서 내려 주신 말씀의 보화를 만백성에게 나누어 주는 것이 선지자의 임무라고 하셨습니다. 새로운 성경을 통해서 얻는 재물을 사용할 곳도 하나님께서 일일이 명해 주십니다. 모든 재물은 저의 자의로 쓸 수 없고, 하나님께서 명하시는 대로만 쓰여집니다.

· 어떤 명분으로든 십일조나 각종 헌금을 거두어들이지 말라 하셨으며, 국내뿐 아니라 각국에 성전과 단독 서점을 운영하며, 한국의 많은 젊은이들을 전 세계에 지도자로 내보내라고 하셨습니다.

· 우리는 세계적으로 새로운 성경을 보급하며 어려운 이들을 돕는 역사를 해 나갈 것입니다. 지금까지 비록 몇 명 안 되는 제자들과 함께 이러한 일을 역사했지만, 앞으로도 계속 하나님께서 기뻐하시는 일들을 해 나갈 것입니다. 부족한 저희에게 여러분들의 지혜와 성원을 보내 주시기를 바랍니다. 많은 분들의 참여와 도움을 간절히 기다립니다. 감사합니다.

한국어로 내려온 《새로운 성경》 단행본을 출간하며
2016년 4월 10일

발행인 **김 용 철**

한국어로 내려온

새로운 **성 경** · 4부 · 제57권

지은이 하나님 말씀
대역자 김용철

초판인쇄 1쇄 2017년 4월 3일

펴낸 곳 도서출판 하얀마음
등록번호 제 10-2107호 (2001년 2월 14일)
주소 서울시 노원구 덕릉로86길5, 2층
전화번호 02) 313-1114
팩스 02) 393-5554
전자우편 book160@hanmail.net
편집위원 조나영 김미향 이석교
제작지원 김서영 이상빈 김정기 이병우 이순남 서성자 이규숙

도서상담 1600-7527
ISBN 978-89-5875-157-1 (04230)
978-89-5875-100-7 (세 트)

값 10,000원
잘못된 책은 구입하신 곳에서 바꾸어 드립니다.

※이 책은 10부로 제작되며, 각 부 16권씩 총160권으로 구성됩니다.※

1부	2부	3부	**4부**	5부	6부	7부	8부	9부	10부
1권	17권	33권	49권	65권	81권	97권	113권	129권	145권
2권	18권	34권	50권	66권	82권	98권	114권	130권	146권
3권	19권	35권	51권	67권	83권	99권	115권	131권	147권
4권	20권	36권	52권	68권	84권	100권	116권	132권	148권
5권	21권	37권	53권	69권	85권	101권	117권	133권	149권
6권	22권	38권	54권	70권	86권	102권	118권	134권	150권
7권	23권	39권	55권	71권	87권	103권	119권	135권	151권
8권	24권	40권	56권	72권	88권	104권	120권	136권	152권
9권	25권	41권	57권	73권	89권	105권	121권	137권	153권
10권	26권	42권	58권	74권	90권	106권	122권	138권	154권
11권	27권	43권	59권	75권	91권	107권	123권	139권	155권
12권	28권	44권	60권	76권	92권	108권	124권	140권	156권
13권	29권	45권	61권	77권	93권	109권	125권	141권	157권
14권	30권	46권	62권	78권	94권	110권	126권	142권	158권
15권	31권	47권	63권	79권	95권	111권	127권	143권	159권
16권	32권	48권	64권	80권	96권	112권	128권	144권	160권